Herderbücherei

Band 924

Über das Buch

Die Heiligen der Legende – wie haben sie gelebt? Haben sie überhaupt gelebt? Historische Nachweise lassen sich kaum beibringen. Nur die Legende gibt über sie Auskunft. Trotzdem zählen sie über Jahrhunderte zu den mächtigsten Patronen der Christenheit. Kaum ein Dom, in dem ihre Bilder nicht zu finden sind. In dem Maße, in dem später der Sinn für die Legende verlorenging, erlosch auch ihre Verehrung. Doch die Wiederentdeckung der Legende steht bevor, und damit werden auch die vergessenen Heiligen ins Bewußtsein der Christenheit zurückkehren. In diesem Taschenbuch zeigt Walter Nigg, wie wir Zugang finden können zu der inneren Erfahrung, die aus den alten schlichten Heiligenlegenden spricht. Die Heiligen der Legende – auch sie sind große Zeugen des Glaubens.

Walter Nigg

DIE STILLE KRAFT DER LEGENDE

Vergessene Heilige kehren zurück

Herderbücherei

Gekürzte Ausgabe des im Jahre 1964 im
Artemis Verlag Zürich und Stuttgart
erschienenen Werkes
Walter Nigg, Glanz der Legende

Herder Freiburg · Basel · Wien
Herstellung: Freiburger Graphische Betriebe 1982
ISBN 3-451-07924-0

INHALT

Einleitung

LEGENDEN IN LEGENDARISCHER SICHT

I

Hell leuchtet die Legende in das Dasein der Menschen hinein. Sie verbreitet ein Licht um sich und verleiht allen Dingen einen schimmernden Glanz. Die Legende ist kein Produkt der schnellflüchtigen Zeit, sie überschreitet bewußt die Grenzen des Natürlichen und gehört einer höheren Welt an. In eine Urform der Erzählung eingekleidet, vom Glauben getragen, ist sie auf das Heil der Seelen ausgerichtet und ihrem Wesen nach nur den warmen Sonnenstrahlen vergleichbar.

Die Legende erlebte eine reichhaltige, Aufstieg und Niedergang einschließende Geschichte.

Schon das Alte Testament enthält herrliche Legenden, die vom Leser oft gar nicht in ihrer Eigenart erkannt werden. Statt vieler Beispiele sei nur auf die tröstliche Tobiaslegende hingewiesen: Tobit wird auf seiner weiten Reise von einem guten Engel begleitet; das Wort Raphaels entschlüsselt erst den wahren Sinn der Erzählung: „Das Geheimnis eines Königs verborgen zu halten, ist löblich, Gottes Werke aber kundzutun, ist rühmlich." Die Tobiaslegende ist von heiliger Schönheit, ihre Menschlichkeit von unvergänglicher Leuchtkraft, und dies bis in das kleinste Detail hinein. Für die alttestamentlichen Legenden wurde der Ausdruck „Geschichtslegenden" geprägt, ein Begriff, der die zwei verschiedenen Betrachtungsweisen großartig zusammenfaßt. Der Mensch des Altertums vermochte noch Geschichte und Legende in einer Einheit zu sehen, er riß sie nicht unglückselig auseinander, weshalb die Erzählungen von den Patriarchen, von Moses und Elias überaus beredte und ergreifende Zeugnisse sind, auf die die Menschheit nie verzichten kann, ohne Tiefstes preiszugeben.

Das Christentum hat vom Alten Testament auch das Erbe der Legenden übernommen. Das Urchristentum war ein überaus fruchtbarer Boden für die Entstehung von Legenden, es wußte die zeitlosen Wahrheiten in unübertrefflichen Bildern erstehen zu lassen. Wer könnte je die traumhaft schöne Legende von den drei Weisen aus dem Morgenlande vergessen, die nach dem neugeborenen König fragten und denen der Stern auf ihrer langen Wanderung voranging, bis er endlich über dem Stall von Bethlehem stillstand. Das Christentum hatte die Legende mit der Muttermilch in sich aufgenommen, sie sind seit je Bestand seines Wesens, und es pflegte sie auch liebevoll in seiner Mitte. Die Apokryphen haben stark zur Entstehung der frühchristlichen Legenden beigetragen, und schon zur Zeit der alten Kirche wurde dem Volke öfters das Leben der heldischen Märtyrer in einem Legendengewand nahegebracht. Unzähligen Gläubigen haben die heroischen Legenden einen Halt vermittelt und sie zum standhaften Ausharren ermuntert. Schon in den altchristlichen Jahrhunderten wuchsen sich die Legenden zum Inbegriff der dichterischen Wiedergabe eines geheiligten Menschenlebens aus.

Im Mittelalter erreichte die Legendenwelt ihren Höhepunkt. Legenden sind sowohl ein Stück christliches Altertum als auch bewußtes Mittelalter. Man kann nicht vom Kosmos des Mittelalters reden und dabei die Legenden ignorieren. Wer die Münster und Dome, die Burgen und Rittertourniere, die Troubadourlieder und die gotischen Tafelbilder als abendländische Geistigkeit bewundert, der wird auch die Legenden innig lieben, denn in ihnen verdichtet sich die mittelalterliche Seele zur unmittelbaren Anschauung. Die Fioretti erzählen das Leben des Franziskus mit einer Beschwingtheit, deren Wahrheit sich kein religiös empfindender Mensch entziehen kann. Eine Legende, „wie Sankt Franziskus mit Bruder Leo zusammen wanderte und ihn lehrte, welche Dinge die vollkommene Freude sind", faßt den ganzen Celano unübertrefflich zusammen. Das Hochmittelalter ist eine Blütezeit der Legende; seine Fähigkeit, Legenden zu erleben und sie auch meisterlich zu erzählen, beweist eine jugendliche Lebenskraft. Sie waren für jene Zeit keine bloß poetischen Schilderungen wunderbarer Geschehnisse, im Gegenteil, sie bedeuteten Spiegelungen objektiver Wirklichkeiten. In der damaligen Legendenliebe dokumentierte sich eine erstaunliche Kraft der Vergegenwärtigung heiliger Figuren. Die mittelalterliche Legendenbildung gleicht einem blühenden Rosenstrauch mit einer verschwenderischen Fülle wundervoll duftender Blumen. Die Legenden fanden schließlich Eingang in das kirchliche Stundengebet, der Name ‚legendum' bezeichnet kurzerhand das gottesdienstliche Lesestück. Im Mittelalter zählten die Legenden zur geheiligten Literatur; dieser sachgemäßen Auffassung kann noch heute der Mensch nachfühlen, der unvoreingenommen in ihre Atmosphäre eintaucht und sich in ihr gesundbadet.

Erst das Spätmittelalter brachte jene unerfreuliche Wendung in der Legendenbildung, die den unaufhaltsamen Niedergang einleitete. Der blühende Rosenstock fing an zu wuchern, trieb wilde Zweige und Schößlinge in der Form von Übertreibungen und frommen Sensationen, daß des Guten entschieden zuviel war. Eine zügellose Fabulierlust, die stets noch unglaubwürdigere Arabesken hinzudichtete, bemächtigte sich des Legendenstoffes. Die zuchtvolle Pflege des edlen Paradiesgärtleins begann nachzulassen, wodurch die Legende langsam und unbemerkt in die profane Erzählung hinüberglitt, bis sie schließlich zum Pseudo-Roman herabsank, der dem gewöhnlichen Unterhaltungsbedürfnis diente. Die christliche Einfalt ging sachte verloren, die Legende geriet in eine Erstarrung hinein und wiederholte immer wieder die gleichen Typen. Aus der legendarischen Erzählung wurde ein Klischee ohne individuelle Prägung. Der Übergang von der naiven Reinheit zur tendenziösen Legende förderte die abfallende Entwicklung, es gab Legenden, die der Geschichtslüge dienten, indem sie bewußt das Geschehen zum Zweck des eigenen Vorteils zurechtbogen. Die unreellen Absichten waren dem Ansehen der Legende überaus abträglich – der Teufel hatte das Unkraut unter den Weizen gesät.

Der Niedergang der Legende am Ausgang des Mittelalters traf mit dem Aufkommen der humanistischen Bewegung zusammen, die den ersten Gegenstoß gegen die Legende führte. Zwar gab es auch im Mittelalter sporadisch Menschen, die an einzelnen Legenden Kritik übten und ihnen keinen Glauben schenkten. Doch war der bis zur offenen Ablehnung gesteigerte Zweifel eine Ausnahmeerscheinung. Im humanistischen Zeitalter dagegen nahm das Mißtrauen gegen die Legendenüberlieferung stark überhand. Die Entlarvung der Legende vom Papst Silvester, der Kaiser Konstantin vom Aussatz heilte und dafür den Kirchenstaat geschenkt bekam, bewirkte eine Skepsis gegenüber allen legendarischen Überlieferungen. Die im Dienste der Unwahrheit stehende Zwecklegende hat einen unübersehbaren Schaden angerichtet und hat das im Humanismus enthaltene Aufklärungselement geradezu herausgefordert. Wie hat sich Erasmus von Rotterdam über die Christophoruslegende lustiggemacht! Soweit die Reformation den humanistischen Tendenzen zustimmte, übernahm sie den Argwohn gegen die Legendenwelt. Während Luther zunächst noch die Legende als „nützlich zu lesen" bezeichnete und als Mönch nicht ohne Sinn für ihre Symbolik war, erfuhr sie im Protestantismus in zunehmendem Maße eine bewußte Zurückdrängung, ja, man nannte sie sogar ein Förderungsmittel spätmittelalterlichen Aberglaubens. „Erstunken und erlogen" erschien nun die Legende, und damals kam das fatale Wortspiel von der Legende auf, die eine Lügende sei. Durch die orthodoxe Verfestigung hatte die Legende in der evangelischen Christenheit nur noch einen kleinen Raum, unbedenklich setzte man sie den „ungeistlichen und für alte Weiber passenden Fabeln" gleich, vor denen Paulus seinen Schüler Timotheus gewarnt hatte.

In der durch die Aufklärung herbeigeführten Neuzeit vollendete sich der Sturz der Legende: man gab sie nun der allgemeinen Verachtung preis. Gehörten einst die Legenden zu der Lieblingslektüre des christlichen Volkes, so wandte sich dieses nun von ihnen ab und schämte sich ihrer. Der heutige Mensch ist ihnen gegenüber gleichgültig, er findet die Legenden langweilig und schon der bloße Gedanke an sie bringt ihn zum Gähnen. Er begreift es gar nicht, daß es noch heute Leute gibt, die sich für eine Legende ernsthaft interessieren. Von der Legendenwelt gehen keine Impulse mehr aus, sie wecken nicht das geringste Echo. Jeder rotznasige Schuljunge, der bei der einfachsten Klausurarbeit schlecht abschneidet, spottet über ihre primitiven Geschehnisse, über ihren massiven Teufelsglauben und ihre allzu lehrhafte Erbaulichkeit. Die in einen Winkel gedrängte Legende führt in der Gegenwart ein kümmerliches Dasein und es scheint, im Jahrhundert der Technik und des Sportes, der Ideologien und der Sachlichkeitsstile kein Platz für sie mehr vorhanden zu sein.

Von ihr übrig geblieben ist nur noch ein verzerrter, völlig entleerter Begriff. Infolge des modernen Sprachverschleißes bedeutet das Wort Legende lediglich noch eine unzuverlässige Information, die sich der genauen Nachkontrolle entzieht. Törichte Gerüchte und mißbeliebige Nachrichten werden als Legenden abgetan. Von einer Begebenheit zu sagen, sie sei eine Legende, heißt nach dem heutigen Wortgebrauch so viel wie ein haltloses Gerede. Die moderne Zeit kennt den Begriff der Legende im wahren Sinn des Wortes nicht mehr, dafür werden die Menschen oft von der Boulevardpresse und den staatlich gelenkten Rundfunksendungen mit Lügen geradezu überschwemmt, daß es eine Schande ist.

Die skizzenhaften Andeutungen über die Geschichte der Legende endigen mit einem bestürzenden Scherbenhaufen. Ach, wie ist der schöne Morgenstern gefallen; was einst so hoch am Himmel stand, liegt nun elendiglich im Straßenkot. Die Wiese ist abgemäht, es blieb das Resultat „der versengten Erde“ zurück. Kein legendarisches Blümlein in seinem Duft und seiner Farbigkeit ist weit und breit zu sehen. Die in Trümmer zerschlagene Legendenwelt hat zur Folge, daß der heutige Christ in religiöser Hinsicht wieder einmal mehr mit einem kahlgeschorenen Haupte herumläuft. Die bloße Kenntnis der Legenden ist bei den Gebildeten und auch im einfachen Volk in einem rapiden Schwinden begriffen. Der Mensch der Gegenwart kennt die Legenden gar nicht mehr; über ihren Inhalt befragt, gesteht er ungeniert seine Unwissenheit ein, oder verweist auf seine fromme Großmutter, die darüber noch hätte

Auskunft geben können. Im besten Fall wissen die Leute noch einzelne, herausgerissene Fetzen aus dem Leben der legendarischen Gestalten, vom Ganzen aber haben sie keine Ahnung. Der Verlust der Legenden hat wesentlich zur religiösen Verarmung und zum Schrumpfungsprozeß des Christlichen in der Neuzeit beigetragen; es ging damit ein christlicher Lebensinhalt verloren, der durch keine noch so monströsen Kirchentagungen wettgemacht werden kann. Der Mensch ist dem Rationalismus, dem Utilitarismus und dem Nihilismus ausgeliefert worden. An Stelle der Legenden, die einst mit ihrer Ewigkeitspoesie das Gemüt des Christen erlabten und anspornten, sind jetzt die rein technischen Errungenschaften getreten, die zur weiteren Auskältung der Welt wesentlich beitrugen und die Seele des Menschen immer mehr zum Frösteln brachten.

II

Da die Wissenschaft sich mit allen Vorkommnissen des Lebens beschäftigt, war es gegeben, daß sie auch den Legenden ihr Interesse zuwandte. Verschiedene Zweige der Wissenschaft haben der Legendenwelt ihre Aufmerksamkeit gewidmet, und es ist zunächst einmal zu prüfen, wie der wissenschaftliche Beitrag zum Legendenproblem ausgefallen ist.

Eine nahe Beziehung besteht von Haus aus zwischen Legende und Geschichtsschreibung. Die Historiographie ist fraglos eine interessante Angelegenheit, besonders noch, wenn sie von Geschichtsforschern ausgeführt wird, die innerlich ganz dabei sind und nicht nur mit kalter Teilnahmslosigkeit über den Geschichtsprozeß referieren. Wenn die Geschichtsschreibung von einem künstlerischen Naturell gestaltet wird, hat sie die Fähigkeit, Begeisterung zu erwecken; dies ist sogar eines ihrer besten Elemente. Notwendigkeit und Bedeutung der Geschichtsschreibung stehen außer Diskussion; nur ein dumpfer Mensch wird sie verkennen. Aber bei aller Hochschätzung der Historiographie muß auch einmal wenigstens behutsam auf ihre Grenzen hingewiesen werden. Die Geschichtsschreibung gleicht der Aufnahme eines Protokolls, das im Laufe der Zeit mit einer immer dichteren Staubschicht bedeckt wird. Geschichte ist ein langsamer Versteinerungsprozeß; ihre Fakten werden zu Petrifakten. Mit der weiteren Entfernung geht sie unmerklich ins Archäologische über, ihre Tätigkeit artet zuletzt in Totengräberdienst aus.

Von einem ganz anderen Leben ist die Legende erfüllt, die, auf dem Goldgrund der Ewigkeit aufgezeichnet, das Unvergängliche in sich hat. Von einem Aschenregen ist bei ihr nichts wahrzunehmen, sie gleicht ihrem Wesen nach eher einer Totenbeschwörung. In der Legende findet eine Feier statt, sie errichtet den christlichen Gestalten einen Altar, vor dem der Leser niederknien muß. Sie ist von der Überzeugung getragen, daß die legendären Gestalten unsichtbar leben und nicht tot sind. Die Legenden sind die lebendigste Form geschichtlicher Überlieferung, die die Vergangenheit mit dem Heute verbindet. Sie gehören einem höheren Sein an und wissen um einen viel tieferen Sinn des Lebens.

Legenden und Geschichte können jedoch unmöglich auf eine Ebene gestellt werden. Agnostiker und Skeptiker – Leute ohne seelischen Aufschwung – setzen kurzerhand das Geschichtliche mit der Wahrheit gleich. Nur dem, was wirklich geschehen ist, erkennt die wissenschaftliche Betrachtungsweise einen Wahrheitsgehalt zu, ohne das philosophische Problem zu bemerken, das diese Auffassung in sich schließt. Mochte das geschichtliche Ereignis noch so von einer tristen Belanglosigkeit sein, das war nebensächlich, es hatte stattgefunden und das genügte, während die wunderbaren Begebenheiten der Legende grundsätzlich angezweifelt wurden. Daß die Legende Anspruch auf eine innere und nicht auf eine äußere Glaubwürdigkeit erhebt, entgeht ihnen. Eine legendäre Gestalt wie die heilige Cäcilia ist mindestens so wahr und wirklich wie der absurde Autounfall, von dem gestern die Tageszeitungen berichteten.

Um der Verschiedenheit zwischen Legende und Geschichte willen ist es unrichtig, wenn die Wissenschaft glaubt, sie mit der gleichen Methode behandeln zu können. Gewiß ist es gestattet, die Legenden auch einmal auf ihre historische Zuverlässigkeit zu prüfen und ihren geschichtlichen Kern zu untersuchen. Es käme einer Befangenheit gleich und würde wenig geistige Freiheit verraten, wollte man diese Untersuchung prinzipiell ablehnen. Die historisch-kritische Methode hat auf profangeschichtlichem Gebiet große Leistungen vollbracht. Doch gehört auch die Unvoreingenommenheit dazu, sie selbst kritisch zu überprüfen und sie nicht als eine unantastbare Angelegenheit zu betrachten. Ihr Prinzip der Analogie, nach dem Ereignisse, die heute unmöglich sind, auch in früheren Zeiten nicht geschehen sein können, ist kurzschlüssig und verabsolutiert die eigene Bewußtseinslage. Die Anwendung der kritischen Methode erfordert Besonnenheit; und eine Kritik, ohne Einschränkung und Zügelung, ohne Grenzen und Maß durchgeführt, wirkt sich verhängnisvoll und zerstörend aus. Auf das Gebiet der Legenden angewandt, unterliegt die historisch-kritische Methode starken Bedenken, die mit dem Hinweis, die wissenschaftliche Forderung durchleuchte eben alles kritisch, nicht behoben werden. Ihr dem 19. Jahrhundert entliehener Wahrheitsbegriff ist ganz der Ratio und nicht dem ewigen Logos verpflichtet. Die historisch-kritische Methode in der Erfassung der Dinge ist weder der einzige, noch der ausschlaggebende, sondern nur ein Gesichtspunkt unter anderen und darf niemals mit der Wahrheit identifiziert werden. Um das Wesen der Legende zu erhellen, ist sie ein ungeeignetes Werkzeug, was schon daraus hervorgeht, daß sie mit all ihrem Aufwand wohl viele Legendengestalten aufzulösen vermochten, aber nicht eine einzige zu neuem Leben zu erwecken imstande war. Ihre Unterminierungsarbeit läuft beinahe auf einen geistigen Sabotageakt hinaus, für den sich die verschiedensten Geister interessierten: die einen beschlich ein sichtliches Unbehagen, die anderen dagegen lachten schadenfroh über das in die Luft gesprengte Gebäude, aber weder diese noch jene wurden von der Negation und dem Substanzverlust bis ins Letzte betroffen. Auch die Beziehung zwischen Legende und Theologie erfordert eine Erörterung. Die Theologie erhebt ebenfalls den Anspruch der Wissenschaftlichkeit, sie wird auf unseren Universitäten eifrig gelehrt und hat in der Geschichte des Abendlandes das meiste zu ihrer Entstehung beigetragen. Sie rühmt sich, die älteste Fakultät zu sein und hat im Laufe der Zeit gewaltige „Summen“ aufgestellt, die nur krasse Ignoranz geringschätzen kann. Die theologische Wissenschaft scheint von Hause aus ein besseres Verhältnis für die Legende aufzubringen als die Geschichtswissenschaft, haben doch Legende und Theologie mit dem Göttlichen zu tun, wie sollte da nicht zwischen ihnen ein schwesterliches Verhältnis bestehen? Diese Annahme ist doch naheliegend; leider fällt sie einer Täuschung anheim.

Während sich die Legende bewußt einer Bildersprache bedient und auch stets in Gestalten denkt, hat die Theologie eine völlig andere Denkmethode. Die Theologie – die ein von Gott erlaubtes Spiel ist, in das sich jedoch der Satan gerne einmischt – hat es mit begrifflichen Bestimmungen zu tun. Sie denkt ausschließlich in Begriffen und Definitionen und ist daher beständig in Gefahr, in eine bis zur Unerträglichkeit führende Abstraktion abzugleiten. Hieraus erwachsen ihr ungeahnte Schwierigkeiten, weil die Botschaft der Evangelien nie adäquat in religionsphilosophische Begriffe übersetzt werden kann. An dieser Bemühung ist mehr als ein ehrwürdiger Theologe mit seinem Lebenswerk gescheitert. Die Theologie legt auf Abgrenzungen und Unterscheidungsmerkmale Gewicht, weshalb bis zum heutigen Tag alle Religionsgespräche zwischen Theologen nie zu der gewünschten Einigung der Christenheit geführt haben.

Die religionsphilosophische Begrifflichkeit hat das modern-theologische Denken dazu geführt, den legendarischen Stoff möglichst aus dem Christentum auszuscheiden, es zu entmythologisieren, wie das modische Schlagwort lautet. Die Theologie bezweckt damit, dem neuzeitlichen Menschen keinen Glauben zuzumuten, der mit dem Weltbild des 20. Jahrhunderts nicht in Übereinstimmung steht. Auf dem Weg des Entgegenkommens vermeint sie, ein modifiziertes Christentum für den heutigen Menschen annehmbarer zu machen. Die Bemühung, den Legendenstoff auszumerzen, ist ein verspäteter Nachkömmling der unbewältigten Fragestellung des religiösen Liberalismus, wenn auch bei der Begründung gegenwärtig andere Motive geltend gemacht werden. Schon der Deismus war bestrebt, das Christentum des Wunders und der Übernatürlichkeit zu entkleiden und es auf wenige, dem Verstande einleuchtende Restbestände zu reduzieren. Die Ablehnung der Legenden ist eine Konzession an den neuen Positivismus, der wiederum aus der Welt des Rationalismus stammt und nichts mehr vom symbolischen Weltverständnis der Legenden weiß. Eine Religiosität ohne Bilder geht jedoch der Verkümmerung entgegen; ein inneres Verhältnis zum Bildgehalt ist für den religiösen Menschen geradezu eine unumgängliche Notwendigkeit. Es ist eine bedauerliche Verkennung der gegenwärtigen Theologie, daß sie glaubt, ohne eine neue Beziehung zur biblischen Sprache des Christentums an einer religiösen Erneuerung arbeiten zu können.

Schließlich hat auch die Psychologie ihr Interesse den Legenden zugewendet. Im Unterschied zu Geschichtsschreibung und Theologie ist sie eine junge Wissenschaft, die noch tastend ihre Wege sucht. Sie fand in den Legenden ein reichhaltiges Arsenal für ihre verschiedenen Lieblingsmeinungen und von der „Psychologie der Legende" zu reden, kommt natürlich einem Bedürfnis der Zeit überaus entgegen. Es ist erfreulich, daß sich die psychologisch eingestellte Volkskunde nicht an der allgemeinen Geringschätzung der Legendenwelt beteiligt; sie bringt Interesse und Verständnis für sie auf. Trotzdem geht die psychologische Betrachtungsweise am tieferen Gehalt der Legendenwelt vorbei, wenn sie in ihr nur die Weckung unbestimmter „Menschheitswünsche" wahrnimmt. Eine legendäre Gestalt ist nicht bloß ein Archetypus und ein legendäres Geschehen ist mehr als nur die Enthüllung eines kollektiven Unterbewußtseins, wie es die Tiefenpsychologie wahrhaben will. Die Psychologie kann die Welt der Legende geistreich umspielen, aber sie tut es nicht um der Legendenwelt willen, sondern zur Stützung ihrer Thesen. Sie gelangt nicht in den inneren Bereich der Legende; durch sie kommt niemand der wahren Einfalt näher, und es ist eine Frage, ob die Psychologie bis zu den geistigen Realitäten vordringt.

Ob man die Geschichtsschreibung, die Theologie oder die Religionspsychologie erwähnt, ihnen allen ist gemeinsam, daß sie mit einem wissenschaftlichen Rüstzeug die Legendenwelt bewältigen wollen. Man erfährt aus ihren Ausführungen allerlei Interessantes über die Legende – das Interessante ist jedoch keine Kategorie des Geistes – aber der Seele der Legendenwelt stehen sie alle fremd gegenüber. Die Unzulänglichkeit der Wissenschaft diesem Thema gegenüber hängt bei aller anerkennenswerten Akribie mit ihrer rationalistischen Einstellung zusammen. Bei allem Respekt vor den Hallen der Wissenschaft ist man angesichts ihrer oft überheblichen Haltung genötigt, an die Worte Kierkegaards zu erinnern: „Die Dozenten leben mit ihren Gedanken wohlgeborgen im Dasein, sie haben eine feste Anstellung und sichere Aussichten in einem wohlorganisierten Staat, sie haben Jahrhunderte oder gar Jahrtausende zwischen sich und den Daseinsbeben, sie haben keine Furcht, daß dergleichen sich wiederholen könnte, was würden auch die Zeitungen und die Polizei dazu sagen? Ihr Geschäft im Leben ist, die großen Männer zu beurteilen, und zwar zu beurteilen nach dem, wie es ausgeht. Solch ein Verfahren dem, was groß ist, gegenüber verrät eine sonderbare Mischung von Hochmut und Jämmerlichkeit."

III

Stellt die erwähnte Unzulänglichkeit das letzte Wort über die Legendenwelt dar, das in der Gegenwart gefällt werden kann? Hat die Legende mit der Fragestellung des heutigen Menschen wirklich nichts mehr zu tun oder ist diese Annahme eine der vielen Selbsttäuschungen des modernen Bewußtseins? Ist nicht die ganze Legendenbewertung einer Revision zu unterziehen, weil hierin eine kostbare Sache in allzu voreiliger Unüberlegtheit zum alten Eisen geworfen wurde? Soll inskünftig stillschweigend auf sie verzichtet werden? Ist eine Ehrenrettung der Legende überhaupt möglich? Eine Antwort vermag nur ein sich auf sich selbst besinnendes Christentum zu geben.

Einen ersten Gegenstoß gegen die Verkennung der Legende

führte schon J. G. Herder in seinem Aufsatz „Über die Legende“ aus. Herder hatte dank seiner Beziehung zum tiefsinnigen Hamann einen Blick für Dinge erhalten, die nicht auf der flachen Ebene des gesunden Menschenverstandes lagen. Mit seinem aufgeschlossenen Sinn für das Menschliche im Menschen und auch für das Geniale in der Geschichte ahnte Herder mitten in der Hochflut der Aufklärung wieder, daß man den Legenden Unrecht tut, wenn man sie ausschließlich als historische Dokumente bewertet. Nach seinem Dafürhalten ist auch in ihnen Wahrheit enthalten; er äußerte sogar die Meinung: „die meisten Institute unserer Wissenschaften und Künste nähren sich von den Brosamen dessen, was einst die Männer der Legende mühsam erwarben, andächtig stifteten, heilig bewahrten und der Nachkommenschaft fromm vermachten“. Nach Herder lernt man den dunklen Grund der Seele vieler Völker aus der Erhabenheit, Anmut und Seelengröße mancher Legenden besser kennen als aus ihren sämtlichen Staatsgeschichten. „Eine kleine Legende wird mehr Psychologie, mehr Warnung, Rat und Trost enthalten, als vielleicht ein ganzes System kalter, pharisäischer Sittenlehre.“ Der Verfasser der „Ideen zur Geschichte der Menschheit“ begriff, daß „ein Aufmerken aufs Göttliche“ die Legenden geschrieben hat und daß sie deswegen auch mit der nötigen Ehrfurcht gelesen werden müssen. Um sie zu verstehen ist Teilnahme erforderlich und ein Einfühlungsvermögen in das Zeitalter, aus dem sie stammen. Auf den Einwand, daß sie schlecht erzählt seien, erwiderte Herder ruhig, so erzähle man sie besser und nannte es eine erbärmliche Pedanterie, wenn man nur den klassischen Stil der Römer gelten lassen wolle. „Eine gewisse Innigkeit und schmucklose Einfalt, eine populäre Herzlichkeit und Rührung wird niemand, der die besten Produkte dieser Jahrhunderte kennt, ihnen absprechen können“. Für Herder war es unfaßbar, diese Gestalten im Dunkeln zu belassen und er fand überaus treffliche Worte für die verkannten Legenden.

Herders Ausführungen sind um so erstaunlicher, als sie in einem Jahrhundert geschrieben wurden, das nur freche Spötterei für die Legenden übrig hatte. Niemand verstand mehr den tieferen Sinn der Legende und nun trat plötzlich ein evangelischer Christ für sie ein. Herders Legenden-Aufsatz war eine rühmenswerte Tat, denn er ist als erster wieder für ihre Berechtigung eingetreten, mochte er auch selbst in seinen Verslegenden nicht den richtigen Ton getroffen haben. Obgleich seine Worte mehr aus ästhetischen als aus religiösen Überlegungen hervorgingen, verhallten sie doch nicht ungehört; die Romantiker sind darauf eingegangen und haben sich in ihrer Begeisterung für das Mittelalter auch wieder liebevoll der Legenden angenommen, und zwar nicht nur Tieck und Brentano. Auch von Friedrich Schlegel und Joseph Görres liegen bedeutsame Beiträge zu diesem Thema vor. Doch war ihrem Erneuerungswillen wenig Durchschlagskraft beschieden, dazu waren ihre Blicke allzu stark rückwärts gerichtet. Trotzdem ist Novalis' Einsicht von geradezu leuchtender Evidenz: „Predigten sollten eigentlich Legenden heißen, denn der eigentliche Stoff der Predigten ist der Legendenstoff", eine nachdenkenswerte Erkenntnis, die von der heutigen Homiletik noch nicht eingeholt wurde. Es dämmerte aber den Menschen wieder eine Ahnung auf, daß Legenden aus einem religiösen Bedürfnis und einem künstlerischen Gestaltungsdrang entstanden sind, daß sie ihr Dasein visionären Entrückungszuständen verdanken und zeugnishaften Zielen dienen, die Herz und Gemüt ansprechen.

Wer das Wesen der Legenden in den Blick bekommen will, hat sie als Urerzählungen zu begreifen, die dem Stofftyp näher als dem Formentyp stehen und nicht mit Novellen zu verwechseln sind. Ihr tieferes Motiv stammt weder aus einer Fabulierkunst, noch aus einem Phantasiereichtum, und trotzdem sind sie, vorläufig betrachtet, aus einem schöpferischen Gestaltungswillen hervorgegangen. Kunstvoll erzählte Legenden weisen zunächst eine entfernte Verwandtschaft mit dem Gleichnis auf und bilden mit den alten Hymnen zusammen den Kern der christlichen Dichtung. Die religiöse Dichtung hat nichts mit der makabren Verblüffungsschriftstellerei zu tun, auf die ein ahnungsloses Publikum hereinfällt, und sie huldigt auch nicht der nihilistischen Tendenz, die Verlorenheit des Menschen endlos zu variieren. Die zeitgenössische Ansicht, daß es kein dichterisches Werk gebe, an dem nicht der Dämon mitgearbeitet habe, ist aus einem diabolischen Selbstrechtfertigungsversuch hervorgegangen und wird durch die Legenden Lügen gestraft. Dies alles ist von der christlichen Dichtung weit entfernt. Die Legenden verdanken ihr Dasein nicht der Ruhmessucht und dem Geltungsdrang, in ihnen sind vielmehr die sündhaften Leidenschaften des Menschen im Lichte verbrannt und geläutert. Sie schildern die Seinslage des Menschen nicht in rosigen und idyllischen Farben, aber sie gehen von der Voraussetzung der Anwesenheit Gottes aus, der in allen Situationen gegenwärtig ist und der auf die Fragen der Menschen antwortet; bei ihnen ist der Christ in aller Verlassenheit immer von einem Über-Ich geliebt. Ihre Poesie ist eine verdichtete Dichtung; der poetische Anteil an ihnen ist durch das Heilige hindurchgegangen, vom Heiligen berührt, und das Heilige hat ihnen den Stempel aufgedrückt. Die Kategorie des Dichterischen auf die Legenden angewendet, bedeutet, sie zur sakralen Dichtung zu erheben, die einst der gottesdienstlichen Lesung diente. Das gab es in früheren Zeiten, wenn es auch beinahe wie ein Wunder anmutet, angesichts des kraftlosen Epigonentums der heutigen Belletristik. Gegenüber der sakralen Dichtung ist das biblische Wort am Platze: „Ziehe deine Schuhe aus, denn der Boden auf dem du stehst, ist heiliges Land." Legenden verdienen den Namen heilige Dichtung, weil von ihr heilende Kräfte ausgehen. Vom Geiste der Dichtung angehaucht, sind sie über die profane Literatur hinausgestiegen, ihre Verfasser sind Dichter des Ewigen, deswegen auch ihre Namenlosigkeit. Die Legenden sind von einer poetischen-überpoetischen Spiritualität erfüllt und sind in ihrer Wurzeltiefe von der wahren Sendung des Dichters getragen.

Von den echten Legenden durch einen Abgrund getrennt ist die säkularisierte Legendendichtung, die dem bloßen Unterhaltungsbedürfnis dient. Die weltliche Legendendichtung – angefangen von Gottfried Kellers „Sieben Legenden" bis zu Josef Roths „Die Legende vom heiligen Trinker" – verfehlt mit ihrem ironisch-erotischen Sinn den Geist der Legende gründlich und trägt nichts zum tieferen Verständnis des Themas bei.

In Nietzsches Sprache ausgedrückt ist sie der Affe des Zarathustra. Wesentlich anders verhält es sich mit jenen Dichtern, die sich gegen den Sog der Zerfallserscheinungen auf dem Gebiet der Literatur bewußt zur Wehr setzten und zur wahren Legendenwelt zurückstrebten. Leskows „Versiegelter Engel“, Tolstojs „Drei Greise“, Selma Lagerlöfs „Lichtflamme“ sind leuchtende Beispiele der Kunstlegende, die den Glanz der ewigen Schönheit widerspiegeln. Sie verhalten sich zu der aus der Tiefe der christlichen Volksseele herausgewachsenen Legende in derselben Weise wie das Kunstmärchen zum Volksmärchen.

Da die Legenden Dichtungen des Ewigen sind, sprang ihr heiliger Funke auch auf die Malerei über. Beinahe in jedem Museum findet der Besucher Gemälde, deren Thematik auf eine Legende zurückgreift, und es ist unmöglich, im Anschauen dieser alten Gemälde zur inhaltlichen Essenz vorzudringen, ohne Näheres von der Legendenwelt zu wissen, es sei denn, man bleibe bei der bloß formalistischen Erklärung stehen. Die früheren Meister verstanden die Kunst noch als eine Lobpreisung Gottes, spürten instinktiv, daß in der Legendenwelt das Sakrale mit Macht vorhanden war und versuchten, ihre Thematik in den Gemälden festzuhalten. Nie hat ein wirklicher Künstler danach gefragt, ob der Inhalt einer Legende nach der aufgeklärten Vernunft auch möglich sei oder nicht. Von einer derartig banausischen Fragestellung blieben die Maler dank ihrem künstlerischen Ingenium bewahrt. Sie spürten sogleich das Große, Überragende und Bestürzende der Legenden, begriffen intuitiv ihre Symbolik und verstanden darunter eine zusammengeballte Zeichengestalt und keinen poetisch verdünnten Aufguß. Alle Künstler, sei es nun Grünewald in seinem Gemälde „Das Schneewunder“ oder Memling in seiner „Ursulalegende“, haben die Legenden so real genommen, wie die Tradition sie berichtet und haben nicht in kleinlicher Schnüffelei an der Überlieferung herumgenörgelt. Sie gaben sich der Legende unbefangen hin und ließen sich von ihrem Geist inspirieren. Dieses künstlerische Verhalten ist eine der Voraussetzungen zur Erfassung des tieferen Gehaltes einer Legende. Die Kunst hat hierin aus Instinktsicherheit ein überaus wertvolles Gefühl bewahrt, und darum sind von der großen Malerei einige bedeutsame Winke für das Verständnis der Legenden zu lernen. Goethe hat darüber das einzig richtige Wort gesagt: „Wenn die Alten groß genug waren, uns solches zu überliefern, so sollten wir auch groß genug sein, es zu glauben."

Der Weg über die Dichtung und die Malerei führt näher an den Kern der Legende heran als der Pfad über die Wissenschaft. Als Kunstwerke betrachtet, haben die Legenden Anteil an der christlichen Schönheit, die des Menschen Herz erfreut und ihm als Wegweiser zur höheren Welt dient. Trotzdem sind das dichterische und das malerische Verständnis nur begrüßenswerte Vorstufen zu einem tieferen Begreifen, weil sie in die Nähe der Spiritualität der Legendenwelt führen, aber sie erschließen noch nicht das maßgebende Verstehen.

Wenn wir von der künstlerischen Betrachtung noch einen Schritt weitergehen, erhebt sich die inhaltliche Frage: Was tragen die Legenden zur Erhellung der menschlichen Existenztiefe bei? Ist in ihnen ein richtunggebendes Wort enthalten, das dem Leben einen normativen Wert verleiht? Wer auf den Gehalt der Legenden eingeht, nach ihrem christlichen Anliegen frägt, der erfährt unerwartet eine verborgene Kraft. Über die ästhetischen Vorfelder zum Wesenskern der Legende vordringend, sieht der Leser plötzlich wieder von ferne einen Schimmer von ihrem Glanz aufleuchten und kann nicht umhin, ihr eine bewußte Huldigung darzubringen, meinetwegen eine unzeitgemäße Lobrede auf die Legende zu halten, die nicht an der üblichen Gefahr einer Laudatio leidet: eine Sache sich damit gerade vom Leibe zu halten, sie unter einem Schwall rühmender Worte zu begraben und sich nicht auf die Auseinandersetzung einzulassen, auf die sie Anspruch erhebt. Die Legende ist eine der unvergänglichsten Erscheinungen auf geistigem Gebiet, die lebt und immer leben wird, ob wir sie in unserer modernen Albernheit anerkennen oder nicht, das ändert nichts an ihrer Strahlungskraft, die auch imstande ist, die Dunkelheit der heutigen Zeit zu erhellen.

IV

Nach Rabbi Nachman ist „keineswegs alles, was man vom heiligen Baalschem erzählt, wahr; aber heilig ist auch das, was nicht wahr ist, nur wenn das fromme Volk von ihm, dem heiligen Mann, so erzählt. Eigentlich ist der Mensch sein Leben lang ständig in einen magischen Schlaf versenkt, den er einigermaßen nur beim Erzählen von heiligen Menschen überwindet." Die Aussage des chassidischen Mannes ist für moderne Ohren unbegreiflich, ja direkt stoßend. Das Kopfschütteln verrät jedoch eine innere Hilflosigkeit gegenüber der sakralen Literatur. Rabbi Nachmans Äußerung ist voll heimlicher Weisheit. Die Legenden halten die Atmosphäre des geistigen Erwachens fest; darum vollzieht sich ihre entscheidende Erfassung einzig und allein unter einem religiösen Aspekt. Legenden stammen aus der Welt des Religiösen, infolgedessen werden sie auch nur mit religiösem Spürsinn und ehrfürchtiger Gläubigkeit begriffen. Wem in religiöser Beziehung die Augen gehalten sind, der sollte auf diesem Gebiet seine Inkompetenz ehrlich eingestehen und nicht durch ein geistreiches Gerede die Legenden ins Unwirkliche abschieben. Das christliche Verstehen der Legende sucht in ihr keine gedanklichen Erkenntnisse, es gibt in diesem Sinn keine Philosophie der Legende, sondern jenes Leben, das aller Intellektualität vorausgeht. Legenden in legendarischer Sicht deuten, unterscheidet sich auch grundsätzlich von aller moralischen Interpretation, die eher zur Verdunkelung als zur Erhellung der Legendenwelt beiträgt und namentlich in den letzten Jahrhunderten wie ein Schlinggewächs sie gänzlich überwucherte. Die religiöse Erfassung der Legende redet nicht von einer Idealisierung der Gestalten, der die sakrale Literatur in völliger Kritiklosigkeit huldigte. Nicht idealistisch, sondern im Lichte der Verklärung schaut die Legende den Menschen an und zwar in jenem Verklärungslicht, das auf dem Berge Tabor zum ersten Male aufgeleuchtet ist und das Christus vor den Augen der Jünger verwandelte, so daß sein Angesicht leuchtete wie die Sonne und seine Kleider weiß wurden wie das Licht. Idealisierung und Verklärung sind zwei prinzipiell verschiedene Vorgänge, die nicht miteinander verwechselt werden dürfen, die erstere kommt einer Beleuchtung von unten gleich, während die letztere von oben erfolgt.

Wer dem vom christlichen Licht erleuchteten Legendenverständnis nahekommen will, hat sich vielmehr die gewöhnlich ganz übersehene Frage vorzulegen: Wie verhielt sich Christus gegenüber der Legende? Das Problem ist nicht aus der Luft gegriffen oder gar unbeantwortet. Es kommt in den Evangelien zur Sprache, und die Antwort auf die Frage geht eindeutig aus Jesu Verhalten gegenüber der Eliaslegende hervor.

Die Gestalt des in Gott hineinschauenden Elias war dermaßen überdimensioniert, daß nur die Legende und nicht die Geschichte sie festzuhalten vermochte: Weissagung der Dürre, das Ölkrüglein der Witwe von Zarepta, die Totenauferwekkung eines Jünglings, das spannungsgeladene Gottesurteil auf dem Berg Karmel und die erschaudernde Gotteserscheinung auf dem Horeb. Den letzten Höhepunkt erreicht die Eliaserzählung in der Schilderung vom Ende des Propheten, der nicht wie die Väter in die Grube fuhr. Mitten im Gespräch mit seinem Schüler kam ein feuriger Wagen mit feurigen Pferden daher gesprengt, und der Prophet sprang auf das Gefährt, im Wetter gen Himmel fahrend, während der dabeistehende Elias erschreckt aufschrie: „Mein Vater, mein Vater: Wagen Israels und sein Reiter." Wie der verlassene Jünger vor Entsetzen seine Kleider zerriß, so ist noch heute der Leser über Elias' Entrückung erschüttert. Doch war die ausstrahlende Kraft von Elias' geistesgewaltiger Persönlichkeit mit seiner Fahrt auf dem feurigen Wagen zum Himmel nicht erschöpft. Das Volk fand sich mit seinem übernatürlichen Weggang nicht ab; seine Entrückung verdichtete sich zu dem Glauben an den wiederkehrenden Elias, unmittelbar vor der großen Weltenwende. Der Prophet Maleachi faßt die fermentartig im Volke Israel wuchernde Legende in die prägnanten Worte zusammen: Siehe, ich sende euch den Propheten Elias, ehe der große und furchtbare Tag des Herrn kommt."

Jesus kannte die seine Zeitgenossen stark erregende Legende von Elias' Wiederkehr und erhob keinerlei Einwendungen gegen sie. Er schob sie schon gar nicht wie ein armseliger Entmythologisierungsschriftgelehrter als unkontrollierbares Sagengut geringschätzig zur Seite. Die Jünger fragten den Herrn: „Warum sagen nun die Schriftgelehrten, zuvor müsse Elias kommen?" Diese Frage zielt auf den Sinn und die Berechtigung der Eliaslegende, deren Hintergrund ihnen offenbar nicht recht verständlich war. Jesus nimmt die Problemstellung ernst – Legenden sind immer ernst zu nehmen – und schlüsselt sie mit einer grandiosen, alle Erwartungen in den Schatten stellenden Interpretation auf: „Elias soll zwar kommen und wird alles herstellen; ich sage euch aber, Elias ist schon gekommen, und sie haben ihn nicht erkannt, sondern mit ihm getan, was sie wollten." Die Antwort weist unmißverständlich auf Johannes den Täufer hin; Christus enthüllt seinen Jüngern in neuen Perspektiven, wie sich Legenden zu erfüllen pflegen. Jesus gab damit eine völlig neue Deutung der Eliaslegende, die alles bisherige Verständnis überbot und schloß sie mit der appellierenden Gebärde an: „Wenn ihr es annehmen wollt." Die Ausführungen des Herrn sind eine vorbildliche Anweisung zur Interpretation und Fruchtbarmachung einer alten Legende und sind auch allem skeptischen Argwohn turmhoch überlegen. Er hat sie nicht wörtlich gepreßt – der Buchstabe tötet immer, es ist der Geist, der lebendig macht – sondern hat sie durch ein sinnbildliches Verständnis in ihrer Symbolik erhellt. Wer sich unerleuchtet an den Wortlaut einer Legende klammert, verfehlt ihren Sinn. Christi überraschende Auslegung war eine unmißverständliche geistige Deutung, die ganz auf Erfüllung und gar nicht auf Verflüchtigung eingestellt war.

Jesus selbst zeigt den Weg, die Legenden legendarisch zu verstehen. Sie sind aus dem gleichen Geist hervorgegangen wie die Bibel. Die Evangelien sind im Legendenstil verfaßt, darin ist wesentlich ihre Unvergänglichkeit begründet. „Was auch immer die Legende in der profanen Literatur sein mag, in der biblischen Sprache ist sie die legitime Form, in der von einem höchst Wirklichen ausgesagt wird, was offenbar in anderer Weise nicht ausgesagt werden kann, ohne seinen besonderen

Charakter zu verleugnen. In der Legende erzählt sich das Wirkliche der himmlischen Welt in die Armut der irdischen Sprache hinein" führt eine vom Logos eingegebene Einsicht von Paul Schütz aus, die zugleich die Evangelien in die ihnen entsprechenden Perspektiven rückt. Dank der Legendenform enthalten die Evangelien ein Minimum von menschlicher Theologie und ein Maximum von göttlicher Lebenskraft. Mit dieser Schau wird die Legende als eine der christlichen Botschaften adäquate Form gekennzeichnet und wiederum kann man den Menschen nur die auffordernden Worte zurufen: „Wenn ihr es annehmen wollt!"

Legenden sind gestaltgewordener Geist des Christentums, der alle pragmatische Tatsächlichkeit überflutet. Wer die Geschichtlichkeit der Erzählungen im positivistischen Sinn zum alles beherrschenden Kriterium erhebt, wird das Wesen der Legende nie erfassen. Die Trennung zwischen geschichtlich glaubwürdiger und legendärer Überlieferung zerstört die Eigentümlichkeit der Legende ebenso stark wie die philiströse Reduzierung auf das im Alltagsleben Mögliche. In der Verbindung von geschichtlichen und übergeschichtlichen Vorgängen besteht der innere Gesang der Legende. Es findet keine Vermischung von Dichtung und Wahrheit statt, wohl aber wird alles Geschichtliche ins Übergeschichtliche gehoben. Legenden berichten nicht Ereignisse im üblichen Sinne, sie charakterisieren schon im Erzählen das religiöse Geschehen und verkünden eine Wahrheit, die alle historische Genauigkeit weit übertrifft. Sie sind eine Begegnung mit der Vergangenheit, die in der Seele des Menschen stattfinden möchte; der äußere Ablauf wird ganz nach innen genommen und in eine religiöse Bewußtseinslage verwandelt, in der die Gestalten direkt auf den Leser zuschreiten. Höchst geheimnisvoll wird in der Legendenwelt die Vergangenheit in die Gegenwart transfiguriert. Ihre Berichterstattung ist ein religiöses Tun, das die äußere Zufälligkeit zur inneren Sinnhaftigkeit steigert. Da es den Legenden auf die überzeitliche Wahrheit ankommt, ist für sie die empirische Wirklichkeit auch nicht die letzte Gegebenheit. Sie wissen um eine überirdische Realität; neben den sichtbaren

Ereignissen läuft ein unsichtbares Geschehen parallel. Die Legenden durchbrechen die Oberflächenbetrachtung, sie dringen zur Meta-Historie vor und zerreißen für einen kurzen Moment den Schleier, der über allen Dingen ausgebreitet ist. Vom Willen geleitet, hinter die Kulissen zu schauen, erblicken sie jene geheimnisvollen Vorgänge, von denen der Strudel des Lebens nur ein Wellengekräusel ist. Erst bei diesem Blick hinter die täuschende Maja des Daseins beginnen die wirklich entscheidenden Probleme, die den geistigen Menschen nicht mehr schlafen lassen, und beinahe alles andere sind als bloße Kinderspiele, unberührt von der metaphysischen Leidenschaft und dem wilden Hunger nach dem Absoluten.

Mit der Meta-Historie hängt die andere Eigentümlichkeit der Legende eng zusammen: die wunderbaren Begebenheiten. Gewöhnlich ist das Wunder Kennzeichen der Legende, aber das Wunder wird oft mitleidsvoll belächelt und mit der abgedroschenen Phrase abgetan: „das Wunder ist des Glaubens liebstes Kind." Man pflegt verständnislos zu sagen, die Legende liebe nun einmal die Übertreibung, ihre fromme Erzählkunst berichte mit Vorliebe Dinge, die zwar wahr sein könnten, es aber nicht sind. Die wunderbaren Begebenheiten haben innerhalb der Legende einen unentbehrlichen Sinn, so daß sie niemals als spätere Zutaten gestrichen werden dürfen. Sie gehören unbedingt dazu, weisen auf die Transzendenz der Ereignisse hin und verherrlichen die Macht Gottes, die allezeit umstürzend in das Leben der Menschen eingreift. Legenden sind Loblieder auf Gott, bei denen manchmal auch eine schrille Dissonanz zu hören ist, die sich aber immer wieder zu einer harmonischen Melodie zurückfinden, zum Preis des Allerhöchsten. Der Gesang der drei Männer im Feuerofen ist ein begnadeter Hymnus; wer nicht in ihn einzustimmen vermag, dem zerfällt das tröstliche Danielbuch in lauter unzusammenhängende Geschichten voller Unwahrscheinlichkeiten, die nicht mehr die Allweisheit zum Aufleuchten bringen. Mit den wunderbaren Zügen will die Legende das Eingreifen Gottes im Dasein des Christenlebens manifestieren und sie verkündigt damit gar hell die Macht des Ewigen.

Um der transzendentalen Blickrichtung willen erzählt die Legende nicht einfach das Werden und Vergehen eines Menschen in entwicklungsgeschichtlicher Form. Dies entspricht der Absicht der modernen Biographie, die um das Persönliche kreist, gewöhnlich nur über innerweltliche Perspektiven verfügt und deswegen ins Unterströmige absinkt. Die Legende erzählt nie einen lückenlosen Lebenslauf, sie ist am biographischen Wachstumsprozeß so wenig interessiert wie an Intimität, Dinge, die nicht würdig sind, in den Mittelpunkt gestellt zu werden. Wie vieles im Dasein des Menschen ist Leerlauf, ist Marsch im Staub des grauen Alltags, ist ohne Aufblick und Aufschwung. Die Legende richtet ihre Aufmerksamkeit auf wenige, dafür aber erfüllte Augenblicke, in denen der Mensch in der Entscheidung zwischen oben und unten steht, wo er ins Licht Gottes gerät und das Menschliche plötzlich von einem tieferen Sinn durchleuchtet wird. Über der Legendenwelt wölbt sich ein offener Himmel; sie betrachtet das Dasein des Christen ausschließlich sub specie aeternitatis. Die menschliche Gestalt in der Legende ist ein Werkzeug in der Hand des Allmächtigen, statt als Selbstzweck gerühmt zu werden, empfängt sie ihre Bedeutung allein durch ihre Arbeit im Dienste Gottes. In allem Tun leuchtet immer wieder die Beziehung zum Ewigen auf. Das Leben ist nicht aus sich selbstverständlich, nur diesseitig betrachtet ist die Wirklichkeit von erstickender Grausamkeit, sinnvoll wird es in der Legende, wenn das erhellende Licht von oben in das finstere Dasein einfällt.

Legenden sind vor allem Symbole und erst in zweiter Linie Geschichtsdokumente, eine Einsicht, die in der Neuzeit vollständig der Vergessenheit anheim gefallen ist. Symbole sind Erkennungszeichen, die den Menschen auf dem Weg zum ewigen Ziel helfen und insofern sind sie Zeichen einer Realität, ja, sind selbst Realität. Legenden versinnbildlichen eine Haltung, sie stellen eine bestimmte Verkörperung des Christlichen dar. Sie sind ein Zeugnis dafür, daß ein Mensch ganz real dem Göttlichen begegnet ist, was nie rein verstandesmäßig begreiflich ist und doch gerade die Seele des Lesers aufs stärkste angeht. Legenden als Symbole verstanden, bewirken ein viel tieferes Eindringen in das Leben, als es aller Naturalismus vermag, der oft nur die niedere Wirklichkeit begreift und sie zudem noch mit dem Schmutz verwechselt. In der Legendenwelt, wie in allen Sinnbildern, erschließt sich die Innenansicht der Dinge, in ihr gelangt man in jene Nähe, da alle Dinge zu transzendieren beginnen. Symbole helfen, über den religiösen Seelenzustand eines Menschen und eines Volkes klar zu werden; sie sind daher unendlich mehr denn bloß fromme Erbauung. Legenden als Symbole verstanden, weisen auf das himmlische Festmahl hin, auf das Mysterium des achten Tages. Es hängt mit dem Symbolcharakter zusammen, daß Legenden gelegentlich auch verhüllen und nicht nur enthüllen; ihre Geheimnisse deuten auf noch tiefere Geheimnisse hin – in ihrem Wesen sind sie unauslotbar.

Da die Legenden immer ein Symbol, eine Haltung verdeutlichen, sind sie „nicht ihretwegen aufgeschrieben", sondern vor allem „um unseretwegen", wie Paulus von der Abraham-Erzählung ausführt. Ihre Niederschrift dient keinem Selbstzweck, es geht nicht darum, daß dies wenigstens einmal aufgezeichnet und festgehalten ist. Legenden haben es immer unmittelbar mit dem Leser zu tun, und wer sie nicht zum eigenen Seelenheil liest, nimmt sie nicht mit ihrer ursprünglichen Intention in sich auf. Sie wollen in erster Linie den Glauben bekräftigen, ihrer inneren Struktur nach enthalten sie einen flammenden Aufruf und wenden sich ausschließlich an Menschen, die nach einem beispielhaften Leben Ausschau halten.

V

Das religiöse Verständnis der Legenden schließt eine neue Aufgabe in sich, die gegenwärtig nur von wenigen Christen gesehen wird. Zahlreiche Legendensammlungen finden sich schon in den Martyriologien und Mönchsviten der alten Kirche, in den Dialogen Gregors des Großen, in den Wundererzählungen Gregors von Tours, in den Werken des Cäsarius von Heisterbach und anderswo.

Unter den Legendensammlungen des Mittelalters ragt die

Legenda aurea von Jacobus de Voragine hervor, die vermutlich um 1264 fertiggestellt wurde. Das Werk des Genueser Erzbischofs wurde im Laufe der Zeit wegen seiner Kritiklosigkeit viel geschmäht, man warf ihm sein kompilatorische Arbeitsweise vor, tadelte, er habe Parallelberichte mosaikartig ineinander gefügt und gelegentlich auch den Stoff mit seiner Auffassung vermengt. Diese Bemerkungen aber treffen nicht das Wesentliche. In Wirklichkeit ist die Legenda aurea eine der großartigsten Anthologien aller Zeiten, die Ernst Hellos Lob vollauf verdient: „Dieses sehr seltene und sehr reizvolle Buch besitzt kein geschichtliches Ansehen; aber die Überlieferungen, die es enthält, sind von höchstem Interesse und geben uns kostbare Hinweise auf das Wesen und den verborgenen Kern von tausend Menschen und Dingen." Jacobus de Voragine verarbeitete in dem aus schriftlichen und mündlichen Quellen zusammengetragenen Material eine Unsumme von religiösen Erfahrungen, die eine Fülle von Hinweisen auf jene hinter den Dingen liegenden Wahrheiten enthalten und das menschliche Leben von der andern, der metaphysischen Seite zeigen. Es ist das Ergebnis eines viele Jahrhunderte langen Lebens im christlichen Bereich. Er hat in seinem Werk den ungeheuren Stoff in jahrelanger Arbeit in eine beinahe kultische Form gebracht, wobei ihn ein anerkennenswerter Sinn leitete, das Wesentliche vom Unwesentlichen zu scheiden, was beim Symbolgehalt viel wichtiger ist denn die Trennung des Glaubwürdigen vom Unglaubwürdigen. Jacobus de Voragine hat mit diesem Buch seiner Zeit ins Herz gesehen; nicht die leiseste Spur von Ironie trübt den klaren Quell, und der lautere Glaube des Verfassers beschämt noch heute alle naseweisen Kritiker. In dem auf Goldgrund geschriebenen Werk, das sein deutscher Übersetzer Richard Benz mit der Farbenmystik der Glasfenster mittelalterlicher Dome vergleicht, beweist das legendäre Denken tatsächlich eine bewundernswerte Fähigkeit, „das, was uns nur in Begriffen vorstellbar ist, anzuschauen und zu gestalten". Ein Geschehen mit eindrücklicher Anschaulichkeit plastisch vor die Augen des Menschen so hinzustellen, daß es für ihn unvergeßlich wird, ist eine selten künstlerische Leistung. Jahrhunderte lang haben die Legenden auf die Menschen eine formende Kraft ausgeübt und von unüberschätzbarem Wert sind ihre pädagogischen Ausstrahlungen. Nicht unverdient hat das Genueser Werk schließlich den Ehrennamen „die goldene Legende“ bekommen; unzähligemale abgeschrieben, ist es ein wahres Volksbuch geworden, von dem Ströme des Segens ausgegangen sind.

Die Legenda aurea ist nicht die einzige berühmte Legendensammlung. Von ihr abhängig ist „das Kölner Passional“, das zuerst in Versen verfaßt wurde. Die spätere Prosabearbeitung trägt den Titel „Der Heiligen Leben und Leiden“. Diese Sammlung hat im Unterschied zur Legenda aurea das Leben des Herrn als über allen Heiligen stehend ausgeschieden, aber das Leben der Maria, der Apostel, Märtyrer und Jungfrauen wird geschildert. Auch „das Kölner Passional“ ist ein liebenswertes Buch, das ganz in die Atmosphäre der Legendenwelt eingetaucht ist und eine religiöse Schönheit ausstrahlt.

Rühmenswert ist auch die „Legende der Heiligen“, die Martin von Cochem am Ende des 17. Jahrhunderts herausgab. Er hat eine der ersten Legendensammlungen in deutscher Sprache verfaßt und besaß als Kapuzinerpater eine Verbundenheit mit dem Volksganzen. In seiner religiösen Beziehung zum Stoff verfügte Martin von Cochem auch über einen leisen Anflug von dichterischer Schreibweise. Nur den „Kern und das Mark des geführten Lebens eines jeden Heiligen“ nahm er in seine Erzählung auf und vermied alle unnützen „Ausschweifungen“. Martin von Cochems Legendenbuch wurde immer wieder aufgelegt, noch im 19. Jahrhundert, weil er „Sinn für das Große, Erhabene und Merkwürdige“ hatte.

Schließlich verdient noch die letzte umfassende Legendensammlung, „Der christliche Sternenhimmel“, von Alban Stolz, Erwähnung. Alban Stolz war nach seiner Autobiographie „Nachtgebet meines Lebens“ ein Priester, der nicht darauf bedacht war, der Zeitströmung entgegenzukommen, und er hat dem Dünkel der Gebildeten tapfer Widerstand geleistet. Er hat zwölf Jahre an seinem Legendenwerk gearbeitet, getragen von der Überzeugung, daß das Leben der Heiligen das rechte Bilderbuch der Heiligen Schrift ist, indem die Heiligen das getan haben, was in der Bibel gelehrt wird. „Der christliche Sternenhimmel“ bedeutet nicht nur „das schönste Ereignis“ in seinem Leben, sondern es war dem Werk beschieden, im vergangenen Jahrhundert zu einem katholischen Volksbuch zu werden, weil er darin gleichsam ein „Trio aufgeführt hat, verteilt zwischen den Heiligen, Autor und Leser“, und seine Legendensammlung stand wie ein „Findling“ inmitten seiner rationalistischen Zeit.

Obgleich sich Unzählige an den erwähnten und nicht erwähnten Legendensammlungen gestärkt haben, ist ihre Zeit doch vorbei. Sie sprechen in der Regel den heutigen Menschen nicht mehr unmittelbar an; wenn man in einer oberen Schulklasse ein Kapitel aus der Legenda aurea vorliest, so gehen die Schüler einfach nicht mit. Die Erfahrung ist betrüblich, aber nicht zu bestreiten. Der Mensch der Gegenwart hat kein unmittelbares Verhältnis mehr zu diesen Werken; der Gründe hiefür sind gar mannigfache. Jacobus de Voragines Einleitungen zu den einzelnen Legenden muten ihn fremd an, die mystischen Umschreibungen im Anschluß an den Wortklang stimmen mit den heutigen Auffassungen von etymologischen Erklärungen nicht überein. Was im „Kölner Passional“ über Augustinus oder Franziskus steht, befriedigt den modernen Leser nicht mehr, weil ihm viel umfangreichere Quellenschriften zur Verfügung stehen, gegenüber denen die allzu kurzen Schilderungen notwendigerweise abfallen. Wer heute noch mit Interesse nach den mittelalterlichen Legendensammlungen greift, in ihnen zunächst eifrig blättert, legt sie meistens doch bald wieder mit einer sichtlichen Enttäuschung aus der Hand, weil ihn die Form unbefriedigt läßt und der literarische Geschmack sich zu stark gewandelt hat. Die allzu lehrhaften Ausführungen entsprechen nicht mehr den Ansprüchen, die heutzutage an ein Buch gestellt werden. Die Gestalten sind zu schematisch gezeichnet, die Wunder nehmen einen zu breiten Raum ein und die entscheidenden Ereignisse sind zu wenig plastisch herausgearbeitet. Der moralische Ton drängt sich zu stark in den Vordergrund, angesichts des apologischen Zweckes merkt man die Absicht und ist verstimmt. Stolz' „christlicher Sternenhimmel" kann dem anspruchsvollen Leser der Gegenwart so wenig genügen wie die ausdruckslosen, unkünstlerischen Bilder, die das Werk schmücken. Vor allem rücken die alten Legendensammlungen den asketischen Geist zu breitspurig in den Vordergrund, und zwar auf Kosten des von Gott geheiligten Menschlichen. Gar oft hat man das Gefühl, die in den Legenden geschilderten Menschen seien vorbildlich, weil sie dem Eros strikte aus dem Wege gegangen sind. Eine menschlich rührende Legende wie die von Hilarius und Quieta, die in ihrem beispielhaften Leben sich so innig liebten, daß ihre Liebe nach ihrem Tode durch ein Wunder verherrlicht wurde, hat geradezu Seltenheitswert. Wie schön ist es zu lesen, daß Hilarius nach seinem Tode in der Kirche St. Jean begraben wurde; als darnach Quieta starb, sei sie in der gleichen Gruft beigesetzt worden, wobei der tote Hilarius den rechten Arm hob, ihn um den Hals der geliebten Gattin legte und sie zärtlich an sein Herz zog. Daraufhin wurden die beiden Gatten vom gläubigen Volk umjubelt und auf die Altäre erhoben, nach einiger Zeit jedoch in der Krypta der Kathedrale von Dijon in zwei getrennte Gräber überführt! Die verständnislose Trennung ist beinahe ein Symptom für die Legendensammlungen: sie trennen unrichtig das zusammengehörende Heilige und Menschliche, was dem heutigen Leser naturgemäß den Zugang erschwert und vermauert.

Doch bedeutet es einen allzu großen Schaden, würde man infolge ungeeigneter Vorlagen auf die Legendenwelt überhaupt verzichten. Einer geistigen Erblindung käme es gleich, wollte man die Schätze nicht wahrnehmen, die in den Legenden wie Edelsteine funkeln und nur auf eine Neuentdeckung warten. Legenden sind Brünnlein Gottes, die Wasser der Fülle haben. Wer die in ihnen enthaltenen Urkräfte neu beschwört, wird über alle Maßen belohnt; sie sind eine normative Lektüre, die dem Leser einen Lebensinhalt vermitteln, und niemals darf die Christenheit dauernd sich damit abfinden, daß die Zeit der Legende endgültig vorbei sei. Dieses Verhalten wäre mit einer Kapitulation identisch, wäre feig und unverantwortlich. Vielmehr steht die unaufschiebbare Aufgabe vor uns, den Legendenstoff neu in Angriff zu nehmen und ihn auf eine der heutigen Zeit entsprechendere Art zu erzählen. Der Geist der Legenden bleibt unwandelbar gleich, die äußeren Formen aber wandeln sich und werden sich stets ändern.

Damit der Mensch die Größe und Mächtigkeit der Legenden neu begreift, muß er sie wieder lesen lernen. Da sie der Ausdruck einer irrationalen Welt sind, können sie vom rationalistisch eingestellten Menschen nicht ohne weiteres begriffen werden. Die Augen des modernen Menschen sind durch die Lektüre von Zeitungen und Illustrierten, durch das Anschauen von Film und Television zum mindesten empfindlich „geschwächt", und sehr fraglich bleibt es, ob die gehetzten Frauen und Männer der Gegenwart in ihrer Nervosität überhaupt noch die Ruhe aufbringen, ein Buch zu Ende zu lesen. Ida Friederike Görres nennt das Legenden-Lesen für den modernen Menschen „eine Kunst, die wieder gelernt werden will", eine Äußerung, die die primäre Aufgabe umreißt. Eine Kunst ist nie eine Selbstverständlichkeit, die man mühelos aus dem Ärmel schütteln kann. Das echte Legenden-Lesen darf nicht nur eine ästhetische Schleckerei sein, eine Lust wie die Freude an alten Bauernmöbeln oder exotischen Sehenswürdigkeiten. Davon gehen keine wertvollen Impulse aus, denn eine bloß genießerische Legendenlektüre ist oberflächlich, ist eine Flucht in vergangene Zeiten, die dem Christen nicht gestattet ist. Das Legenden-Lesen hat aus religiösen Motiven zu erfolgen, man muß sie der eigenen Seele wegen lesen und, um innerlich vorwärts zu kommen, muß man das brennende Verlangen nach den christlichen Quellgründen spüren und muß wissen, daß aus ihnen allein eine Erneuerung hervorgeht. Legende heißt auf deutsch „das zu Lesende", präziser ausgedrückt, „das Aus-zu-lesende", wie ein Literarhistoriker einmal bemerkte: „Legende ist in Wahrheit das, was das Wort im nacktesten Sinn besagt: nicht ein Geschriebenes, sondern etwas, das immer neu zu lesen ist, das erst entsteht durch immer erneutes Anderslesen." Tatsächlich darf man eine Legende, wenn sie ihre verborgene Gestalt erschließen soll, nicht nur einmal flüchtig in der Diagonale überfliegen, wie man die Sensationsmeldungen der Tageszeitungen zu erhaschen pflegt. Legenden wollen langsam gelesen werden – Kierkegaard würde sagen „lies laut“, und ich möchte hinzufügen, „lies nur eine aufs Mal“. Man muß sie immer wieder lesen, muß sie mit den Augen des Glaubens lesen und das Gelesene immer wieder überdenken und es zu realisieren versuchen. Erst wenn man mehrfach zu einer Legende zurückgekehrt ist, sich in sie eingelesen hat, mit ihrem Inhalt vertraut geworden ist und sie um ihr Geheimnis befragt hat, öffnet sie sich und man entdeckt plötzlich unter ihrer altertümlichen Oberschicht die Wasser, die in das ewige Leben fließen. Dann teilt sich dem Leser zuletzt eine Melodie mit, die in ihrer inneren Schönheit so himmlisch klingt wie eine Messe von Mozart und Haydn. Wenn Gott nach der Erschaffung der Welt den Menschen gesegnet hat, in der Legende wurde er zum zweiten Mal gesegnet.

Doch genügt das neue Lesen noch nicht, es bedarf noch eines weiteren Schrittes. Auch um bei innerer Bereitschaft, die Legende neu in sich aufzunehmen, kann man dem heutigen Menschen schwerlich die alten Legenden einfach in die Hand geben und sagen: Nimm und lies! Er wird es in der Regel nicht allzu lange dabei aushalten, und zwar nicht aus schlechtem Willen. Er kann die mittelalterliche Darstellung nur aus einem historischen Verständnis heraus würdigen, ähnlich wie er eine gotische Holzfigur bewundert, wenn sie auch nicht mehr seinem eigenen Lebensgefühl entspricht. Der heutige Mensch kann nicht ohne weiteres mitgehen, wenn er ehrlich bleiben und sich nicht in eine ihm fremde Vorstellungswelt künstlich hinein steigern will. Die alten Legenden neu zu erzählen, ist eine der vordringlichsten Aufgaben. Die Neuerzählung hat zugleich die Interpretation einzuschließen, damit dem Leser die Bedeutung aufgeht. Die Legenden sind neu zu überdenken, die neue Formung hat das Wesentliche stärker zu betonen. Dies gelingt niemals, wenn man die Legenden nur im informierenden Sinn erzählt – mit welchem Feigenblatt weltliche und geistliche Literaten die Blöße ihrer opportunistischen Unverbindlichkeit zu verdecken suchen – sondern sie fordern eine richtunggebende Erzählungsweise, welche die maßgebenden Ereignisse der Legende unterstreicht. Wenn die Substanz der Legende selbst nie mit Hilfe der Psychologie ergründet werden kann, weil sie ganz und gar der Metaphysik verpflichtet ist, so darf das psychologische Hilfsmittel so wenig unterschätzt werden, wie die Didaktik in der Pädagogik. Die alten Legenden bedürfen für den heutigen Menschen einer psychologischen Belebung.

Die nachfolgende Erzählung ist lediglich ein Versuch, der nicht vor kleinen Änderungen zurückschreckt, zumal die Legenden auch in früheren Jahrhunderten nicht unantastbar waren. Eine unveränderte Wiedergabe käme einer Erstarrung gleich. Legenden, und namentlich ihre Deutungen befinden sich in einem Wandlungsprozeß. Die Legende der Veronika sah im 12. Jahrhundert ganz anders aus, als im 15. Jahrhundert, was ein Zeichen der Lebendigkeit ist. Zur gegenwärtigen Stunde geht es nicht darum, neue Züge hinzuzudichten, das würde auf eine reformerische Verbesserung hinauslaufen, die gerade der Legende gegenüber unangebracht ist. Aber in einigen Legenden hat die Volksphantasie zu üppig gewuchert, so daß die Fabulierlust den Sinn der Gestalt zu verderben drohte. Es gilt, mit aller Behutsamkeit und Zurückhaltung die wilden Zweige zurückzuschneiden, damit sie nicht das Wesentliche ersticken. Die geistige „Baumpflege" hat nichts mit einer Neudichtung zu tun; das hieße, sakrale Dichtung durch die Künste eines Schreiberlings übertreffen wollen. Schlicht muß die Erzählung sein, schmucklos die Worte und frei von allen poetischen Allüren. Beim vorliegenden Versuch ist die Auswahl auf Legenden gefallen, die jedermann wenigstens dem Namen nach noch kennt; neben dichterisch geschaffenen Volkslegenden sind auch echte Geschichtslegenden erwähnt, damit die Vielseitigkeit der Legendenwelt aufgezeigt ist.

Eine zweifache Überlegung bestimmte den Versuch. Unnötig zu sagen, daß man frei sein muß von dem törichten antikatholischen Komplex, weil die Legenden über allen konfessionellen Hader erhaben, sich an die ungeteilte Christenheit wenden gemäß den Worten Péguys: „Ich bin ein Christ aus dem 15. Jahrhundert, ich bin aus der Zeit vor der Reformation".

Die Neuerzählung nimmt von der heutigen Situation des Menschen den Ausgang. Es ist eine falsche Haltung, würde man sich bei der Legende so gebärden, als wäre man noch ein mittelalterlicher Mensch. Das sind wir nicht mehr und können es auch mit aller Einfühlungsgabe nicht werden. Die neuzeitliche Lage bestimmt alle Menschen, ob sie es zugeben wollen oder nicht, das ändert nichts daran. Der Versuch hat von der Voraussetzung des modernen Bewußtseins mit all seinen Zweifeln und seiner Skepsis auszugehen; wir sind durch diese Nebellandschaft hindurch – und an diesen Abgründen vorbeigegangen und dank einer höheren Fügung nicht in ihnen stecken geblieben. Um in ein reales, und nicht bloß romantisch-sentimentales Verhältnis zur Legende zu kommen, ist es notwendig, zunächst als realistischer Mensch an sie heranzutreten. Man muß sich gegenwärtig halten, daß man selbst ein Wesen der modernen Welt ist mit all ihren Nöten, Glaubensschwierigkeiten und Verzweiflungen, ein Mensch, der sich selbst am ehesten in den erschütternden Worten der Klagelieder Jeremias wiedererkennt: „Gott hat mich vermauert, daß ich nicht herauskann und hat mich in harte Fesseln gelegt." Das tragische Schicksal der religiösen Verschlossenheit des neuzeitlichen Menschen darf weder vergessen noch unberücksichtigt bleiben, es gilt für die eigene Person so gut wie für den größten Teil unserer Zeitgenossen, deren seelische Heimatlosigkeit man in solidarischer Verbundenheit mittragen muß.

Zugleich hat der Mensch, der sich wieder nach einer Beziehung zur Legende sehnt, die Entschlossenheit aufzubringen, das Gehäuse der modernen Denkweise zu durchbrechen. Es wird vom Leser nicht gefordert, sich außerhalb unserer verhängnisvollen Zeit zu stellen, weil das niemand kann, aber er muß den Willen aufbringen, sich von den eingefleischten, rationalistischen Vorurteilen gegenüber der übersinnlichen Wirklichkeit zu befreien. Das moderne Bewußtsein darf nicht verabsolutiert werden, ist niemals der Weisheit letzter Schluß, vielmehr gilt es, die Grenzen und Schranken seiner bloßen

Diesseitsgerichtetheit deutlich ins Auge zu fassen. Von der modernen Mentalität des materialistischen Nützlichkeitsstrebens muß man sich lösen und sei es auch nur für eine kurze Stunde. Der Mensch, der den Weg aus der Zeit in die Zeitlosigkeit unter die Füße nimmt, gelangt langsam zu einem neuen Sehen der Dinge. Aber es gehört dazu, daß man die moderne Bewußtseinslage überwindet und den geistigen Wanderstab in die Hand nimmt, es ist notwendig, wie einst Abraham aufzubrechen, ins Unbekannte hinauszuschreiten und der Legendenwelt entgegenzupilgern.

Die Forderung, von dem modernen Lebensgefühl auszugehen und es doch bewußt zu verlassen, ist natürlich widerspruchsvoll. Aber die Paradoxie bringt die lebendige Spannung in die Lektüre hinein, die allzu lange unter dem Gesichtspunkt der frommen Erbaulichkeit gepflogen wurde. Legenden sind in ihrem tiefsten Wesen mit dem Gebet, dem Hymnus und den Psalmen verwandt, und aus diesem Grunde dürfen sie nicht auf ihre formalistische Genauigkeit und Folgerichtigkeit hin betrachtet werden; sie stehen aller Philologie fern, die in der Gelehrsamkeit gerne den Ausschlag gibt und mit ihrer Mentalität der Exaktheit immer nach jenen Beweisen hascht, die doch nichts beweisen. Was kann daraus anderes erfolgen als Langeweile und seelische Trockenheit? Statt dessen haben es die Legenden vom Anfang an bis zum Ende mit Glaube und Inspiration zu tun, sie versetzen die Seele in heilige Raserei, inbrünstige Glut und ekstatisches Gebet. Ein religiöser Schwung lebt in ihnen, und wer sich ihm hingibt, der bekommt die verborgene Musik des Christentums zu hören, ja, die Musik des Christentums, die so selten vernommen wird und die doch zum Allerherrlichsten gehört, was es gibt. Die Legenden bringen uns paradiesisch reine Lieder, durch ihre Musik springt der Mensch mitten in die Freude hinein, Heiterkeit und Leichtsein zieht als unbeschreiblicher Jubel in sein Herz hinein.

Die himmlischen Klänge vernimmt allerdings nur der Mensch, der die Einfalt in sich aufgenommen hat. Einfalt ist das in der modernen Zeit am wenigsten verstandene Charisma, das Wort hat einen abschätzigen Beigeschmack erhalten, mitleidig redet man von der sancta simplicitas. Sie hat aber nichts mit einer unter dem Durchschnitt liegenden Begabung zu tun. Jesus preist den Vater des Himmels und der Erde, daß er es den Klugen verborgen und den Unmündigen geoffenbart hat, die im – nicht am! – Geiste arm sind. Die Einfalt ist die erstgeborene Tochter der Gnade, sie hat es mit der Reinheit des Herzens zu tun, die nur eines und nicht vieles will. In der Einfalt Christi zu leben, bedeutet seine Arbeit als das von Gott aufgetragene Kinderwerk zu betrachten, das man nur spielend vor ihm tut. So dachten die großen Christen allezeit; stets flehten sie „Mach uns einfältig", und dem Legendenleser rufe ich eindringlich die Worte zu:

„Wenn wir in Einfalt stehen, ist es in der Seele licht,
aber wenn wir doppelt sehen, so vergeht uns das Gesicht".

Vor einigen Jahren bereitete eine Nachricht aus Rom eine große Unruhe unter vielen Gläubigen. Man behauptete, es seien einige volkstümliche Heilige aus dem Kalender gestrichen worden. Die Erregung war nur allzu begreiflich, weil das gläubige Volk das Gefühl hatte, man nehme ihm etwas sehr Teures weg.

Dies aber war ein Mißverständnis, handelte es sich doch um eine einfache Kalenderreform, wie sie in der Kirche stets von Zeit zu Zeit unternommen werden muß. Es war unangebracht, sich darüber aufzuhalten, da eine Neueinteilung sich durchaus als notwendig erwies.

Fragwürdig war einzig eine, bei dieser Gelegenheit vorgebrachte Begründung: „Man könne nicht beweisen, daß jene Heiligen überhaupt gelebt hätten", eine bedenkliche Aussage, die eindeutig abgelehnt werden muß. Die Heiligenverehrung hat mit historischen Beweisen auch nicht das geringste zu tun. Die legendären Heiligen sind keine erfundenen Gestalten, sondern gehören der biblischen Überlieferung und der altkirchlichen Märtyrerverehrung an. Man hat das Leben einzelner Heiligen im Laufe der Zeit ausgeschmückt und weiterentwickelt. Solche Wahrnehmungen zeigen, wie lebendig diese Menschen das Gedächtnis und die Phantasie eines Volkes angeregt haben. Das Volk hat sich damit nicht Unrechtmäßiges angeeignet, im Gegenteil, ein derartiger Prozeß widerfährt nur außerordentlichen Gestalten.

Jedenfalls ist es durchaus sinnvoll, die legendären Heiligen zu verehren, heute mehr denn je.

SANKT MARIA MAGDALENA

Tut Buße, denn das Gottesreich ist nahe herbei gekommen" – mit diesem Ruf begann Christus in der Öffentlichkeit zu wirken. Seit den Tagen der Propheten gehört der Bußruf zum unveräußerlichen Bestandteil der biblischen Botschaft. Allezeit ist dem Menschen eine Sinnesänderung geboten, damit er aus dem dumpfen Schlummerzustand zum bewußten Leben erwache. Ohne die Aufforderung zur inneren Erneuerung versumpft das menschliche Dasein.

Immer wieder erscholl durch die Geschichte der Christenheit der Bußruf. Die Anachoreten des vierten Jahrhunderts, die in die Wüste hinausgeflohen sind, weil sie innerhalb der konstantinischen Massenkirche das ernsthafte Christenleben gefährdet sahen, haben titanische Bußleistungen vollbracht, in denen der Mensch sich selbst überstieg. Eine Bußstrenge lebte auch in den unheimlich düsteren Geißlerzügen, die mit ihren erschütternden Gesängen durch die mittelalterlichen Ortschaften zogen, um den drohenden Zorn Gottes abzuwenden. Luthers erste These von 1517 lautete: „Da unser Herr und Meister Jesus Christus spricht ‚tut Buße', will er, daß das ganze Leben seiner Gläubigen auf Erden eine unaufhörliche Buße sein soll." Noch mönchischer kann man das ursprüngliche Ziel der Reformation, das dann in den polemischen Auseinandersetzungen leider immer mehr zurücktrat, nicht umschreiben. Jean de Bouthillier de Rancé verwirklichte überaus eindrucksvoll in dem von ihm reformierten Trappistenorden den Bußgedanken, ohne daß er dabei das Kloster in eine Todesgruft verwandelt hätte. Auch in Dostojewskijs Skizze „Der Büßer" wird ein junger Mann geschildert, der prahlend eine Wette einging, die darauf hinauslief, auf eine Hostie zu schießen. Hernach hat dieser junge Mann für sein Vergehen dermaßen nach Strafen und Leiden gelechzt, daß er fortan als Büßer über die Erde gekrochen ist. Vom Urchristentum bis zur Gegenwart ergeht die Bußaufforderung, inmitten aller frivolen Lebenslust reckte sich immer wieder gewaltig die Gebärde des Bußpredigers. Wehe einer Christenheit, die nichts mehr von Umkehr und Neuanfang wissen will, sie würde unfehlbar dem zweiten Tod verfallen.

Gegen das Wort Buße wendete man schon ein, es sei eine unglückliche Bezeichnung, weil sich mit ihm keine konkrete Vorstellung verbinde und die Buße daher oft in eine fragwürdige Selbstquälerei ausarte. An Stelle des mißverständlichen Wortes schlug man in Anlehnung an die wörtliche Übersetzung des griechischen Wortes „Metanoia“ die Bezeichnung „umdenken“ vor. Aber der Begriffswechsel hielt nicht, was man sich von ihm versprach. Der Umkreis von Erneuerung und Wiedergeburt stellte sich trotzdem nicht ein. Warum wohl nicht? Es fehlte die Anschauung. Ob man von Buße tun oder von Umdenken sprach, beide Male verband sich damit keine handgreifliche Anweisung. Eine plastische Vorstellung wird einzig durch Gestalten vermittelt, die den Gedanken real verkörpern. Der Mann aus dem Volk begreift letztlich nur, was ihm leibhaftig vor Augen steht; von dem allein geht eine zündende Wirkung aus, alles andere verbleibt im Bereich der Theorie, der Diskussion und des Geredes.

Äußerst anschaulich nahm der Bußruf in Maria Magdalena Gestalt an, die denn auch mit dem Namen ‚die Büßerin‘ in die Geschichte eingegangen ist. Von jeher galt sie als der Prototyp der büßenden Mystikerin, sie hat die Aufforderung „wendet euren Sinn“ aus einem abstrakten Begriff zu einem leuchtenden Bilde in der Christenheit hinaufgehoben und hat es beinahe zu einer künstlerischen Plastik des christlichen Seins gestaltet. Askese und Mystik in ihrer Person geheimnisvoll miteinander verschmelzend, ist Maria Magdalena zu einer in der Kunst oft und oft gemalten Persönlichkeit geworden. Unbegreiflich bleibt, wie sehr sich die Dinge in der Geschichte wandeln, denn während im Mittelalter Maria Magdalena gerade wegen der zahlreichen Abbildungen jedem Kinde vertraut war und sie als gleichbedeutende Frauengestalt neben den Aposteln stand, ist sie in der Neuzeit mehr und mehr verblaßt, bis sie schließlich für viele Christen zu einer völlig unbekannten Figur wurde. Die Entwicklung ist umsomehr zu bedauern, als Maria Magdalena für schlichte Menschen viel leichter zugänglich ist, denn die Briefe des Apostels Paulus, von denen selbst in der Bibel gesagt wird, daß in ihnen „etliche Dinge schwer zu verstehen sind". Dagegen ist das Maria-Magdalena-Schicksal, wenn man es nicht gerade im Hebbelschen Sinn mißversteht, so anschaulich, daß sich immer wieder Menschen in ihm wie in einem Spiegel selbst erkennen. Maria Magdalena ist von einer hinreißenden Beschwingtheit, das Büßerische blüht zu einer wundersamen Blume auf, deren Duft von einer berauschenden Süße ist. Maria Magdalena näher kommen und sie lieben, sind eins; wer sie einmal mit innerem Auge erblickt hat, kann sie nicht mehr aus dem eigenen Herzen reißen. Es gibt wenige weibliche Figuren in der christlichen Geschichte, die es mit Maria Magdalena aufnehmen können.

Die Beziehung zwischen Jesus und Maria Magdalena ist von einem unendlich zarten Hauch umspielt. Anziehend an dem Verhältnis dieser Frau zu Christus ist das Menschliche und Weibliche, das man weder geringschätzen noch verdächtigen darf; dabei geht alles doch über das bloß Frauliche weit hinaus. In keinem der Evangelien steht Maria Magdalena im Vordergrund, alle aber erwähnen sie doch mehrfach, und zwar stets in einer kühnen, gewagten Situation, die in die Atmosphäre des mystisch verstandenen Hohenliedes eingetaucht ist. Über die Gespräche zwischen Jesus und Maria Magdalena wird in den Evangelien ein hauchdünner Schleier geworfen, doch ergeben die Andeutungen sorgfältig zusammengefügt, ein Bildnis von der Dichte einer Vision. Die Theologen haben dies mit ihrer Gelehrsamkeit selten verspürt; ach, sie haben eine Maria-Magdalena-Frage voller Kompliziertheit konstruiert, die sie zuletzt voll Verdrossenheit als eine unlösbare Angelegenheit bezeichneten. Daß sich hierbei der theologische Scharfsinn in der eigenen Schlinge verfing, war eines der vielen Mißgeschicke der Exegeten, die analysierend unterwühlten, was man synthetisch zusammenschauen muß. Die historisch-kritische Methode in allen Ehren, aber diesmal wurde sie zu einem rostigen Schlüssel, der bestimmt nicht zum Schloß der Evangelien paßte, weil sie es lieben, die feinsten Dinge im Zustand der Geheimnisse zu belassen und noch nicht die ängstliche Befangenheit etlicher Kirchenväter kannten, die nicht einmal den Bericht über Jesus und die Ehebrecherin zu erwähnen wagten. Maria Magdalena ist eine Frau, die sich nur mit, und niemals ohne das Mysterium der Gnade erfassen läßt, nie hat sich das menschliche Herz anziehender entfaltet, als in der überfraulichen Beziehung dieses Weibes zu ihrem Herrn.

Über Maria Magdalena, deren Beiname aus der Ortschaft Magdala am See Genezareth stammt, nahe gelegen bei Tiberias, der Hauptstadt des Vierfürsten Herodes, liefen viele Erzählungen um, eine ungewöhnlicher als die andere und alle miteinander von nicht alltäglicher Bewandtnis. Darnach war Maria Magdalena ein Mädchen von ausnehmender Schönheit, nach Albertus Magnus eine zweite Helena, und dem Evangelisten Johannes anverlobt. Auf der Hochzeit zu Kana, da Jesus Wasser in Wein verwandelte, rief der Herr jedoch Johannes von der Tafel weg in die Nachfolge. Maria Magdalena, aufgebracht über die Entfremdung ihres zukünftigen Gemahls, ergab sich hierauf aus Gram, Enttäuschung und Zorn einem Leben der Wollust. Christus wollte aber nicht, daß die Berufung Johannes' seiner Braut zur Ursache der Verdammnis werde und brachte sie daher durch einen einzigen Blick zu einem Leben der Buße. Maria Magdalena kehrte sich ab von den leiblichen Lüsten und wandte sich den höchsten geistlichen Freuden zu. Nach Hieronymus bestätigt die Kirche diese Erzählung nicht, noch verbietet sie, diese zu glauben. Jacobus de Voragine hält sie für „falsch und unziemlich“, während ein unbekannter Mönch aus dem 14. Jahrhundert in seiner ausführlichen Legende der heiligen Maria Magdalena voll köstlicher Naivität dazu bemerkt: „Mir gefällt es sehr zu denken, daß dem so war.“ Doch wird man es hierin mehr mit einem Gerücht zu tun haben, deren es gar viele gab. Einst habe Jesus sie um einen Trunk Wasser gebeten, worauf sie voll Verlegenheit geantwortet habe: „Hätte ich nur eine Silberkanne hier", eine Erwiderung, die der Herr mit der Antwort quittierte: „Wärest du nicht so unrein, ich tränke aus deiner bloßen Hand." Aber mit den Gerüchten verhält es sich eigenartig: gewöhnlich sind sie nicht völlig aus der Luft gegriffen, aber der Wahrheit entsprechen sie trotzdem nicht. Zudem ist die Legende der Maria Magdalena so unbürgerlich und so überflutend, daß sie auf derlei romanhafte Vermutungen verzichten kann; die von den Evangelien überlieferten Geschehnisse sind von einer inneren Schönheit und einer geistigen Gewalt, dagegen alle Geschichtlein der Welt nicht aufkommen.

In den Evangelien wird der Name Maria Magdalena zunächst in einem viel realeren, allerdings ebenfalls ungewöhnlichen Zusammenhang erwähnt. Jesus ging durch die Städte und Märkte Galiläas, das Evangelium vom Reich verkündend. Er war von seinen Jüngern umgeben, ferner begleiteten ihn „auch etliche Frauen, die er gesund gemacht hatte von bösen Geistern und Krankheiten, nämlich Maria, die da Magdalena heißt, von welcher sieben Teufel ausgefahren waren". Dies ist doch wirklich ein nicht alltäglicher Anfang einer Lebensgeschichte, und man muß gleich zu Beginn ein wenig Atem schöpfen. Auf eine solch unvornehme Art pflegt man sonst keine Frau vorzustellen, will man sie nicht gleich zu Beginn Vorurteilen aussetzen. Denn nach diesen einführenden Worten zu schließen, war Maria Magdalena jedenfalls eine Frau mit einer Vergangenheit, und kein unbeschriebenes Blatt. Es gab da dunkle Flecken, sie war, um es mit einem einzigen Wort zu sagen, eine Besessene, kein frei über sich selbst verfügender Mensch, sondern eine von den Mächten geknechtete Frau. Was waren das für sieben Teufel, die in Maria Magdalena hausten und mit ihr ein tolles Spiel trieben? Es war der Teufel der Unzucht, des Hochmutes, der Gaumenlust, der Lüge, der Grausamkeit, der Neugierde und der Launenhaftigkeit. Wie sie auch alle heißen mochten, Teufel sind Teufel, das Evangelium bezeichnet sie nicht näher, weil alle diese sieben Dämonen dem einen bösen Geist verpflichtet waren; doch wer mit allzu großer Neugierde im sumpfigen Moorboden des Spukhaften wühlt, der setzt sich in Gefahr, selbst von den Dämonen in die Tiefe gerissen zu werden.

Von sieben Dämonen besessen zu sein, nun, schlimmer kann auch der modernste Kriminalroman nicht beginnen. Was muß das für ein Mensch gewesen sein, dem dieses grauenhafte Schicksal widerfahren ist? Jedenfalls kein ländliches Mädchen, brav und voll Sittsamkeit, sondern eine Frau, deren Lebensweg von Schicksal und Schuld mitbestimmt war. Von finsteren Mächten überwältigt und in Sünde verstrickt war Maria Magdalena. Sie war mit der tanzenden Salome, der Tochter des Herodias befreundet, und was konnte sie von dem Mädchen Gutes lernen, welches das Haupt des Täufers auf einer Schüssel vor sich hertrug? Beide gehörten zu den Freien und Emanzipierten; das Altertum kennt mehr als eine berühmte Kurtisane. Durch ihre blendende Schönheit war Maria Magdalena zur Phryne geworden, sie war eine damenhafte Hetäre, „eine große Schönrednerin voll unziemlicher Lustigkeit“. Die stadtbekannte Buhlerin hatte sich preisgegeben, hatte Seele und Leib entweiht; dem triebhaften Blut restlos verfallen, sah sie in der Sinnlichkeit den Zweck des Lebens. Sie schlürfte ungehemmt und begierig die Wasser jener schäumenden Leidenschaft in sich hinein, von denen das Wort des Herrn gilt: „Wer von diesen Wassern trinkt, den wird wieder dürsten.“ Maria Magdalena dürstete es auch immer wieder, sie bekam nie genug davon, und darum gewannen die Dämonen stets größere Gewalt über sie. Wenn man den Schatten der Verrufenheit bestreitet und vertuschend meint, so schlimm sei es nun wohl nicht gewesen, dann ist nicht recht einzusehen, warum die Evangelien sie einen von sieben Teufeln besessenen Menschen nennen. Maria Magdalena war die magna peccatrix, eine Vorwegnahme von Dostojewskijs schwer zu deutender Nastassja-Gestalt, denn auch sie war ein auf Vollendung angelegter Mensch, der zunächst wegen der auf ihr liegenden Schuld ihre schöpferische Liebe nicht richtig entfalten konnte. Ohne schwere sittliche Belastung wäre Maria Magdalena auch nie zu der großen Büßerin aufgestiegen, die mit ihrer hellseherischen Sühneleistung alle mißgünstigen Tugendbolde überflügelte.

Doch war Maria Magdalena nicht nur eine Frau, die ihrer ungezügelten Sinnentriebe wegen der Dämonen grausamen Ritt mitgemacht hatte, sie war auch der Mensch, der von Jesus eine einzigartige Befreiung erfahren hatte. Jesus hatte sie von ihrer dunklen Verstrickung erlöst, hatte die Teufel ausgetrieben und sie von ihrer Sündenkrankheit befreit. Maria Magdalena war – was kein Dichter der Gegenwart glaubhaft zu schildern vermag – eine Geheilte; genau wie ihr Bruder Lazarus, war auch sie vom Tode auferweckt worden. Auf Befehl Jesu sind auch bei ihr, dem Gerasener ähnlich, die Dämonen ausgefahren; nun war sie befreit von allen Banden dunkler Verstrikkung, eine wunderbare Errettung, die alles Denken und Verstehen übersteigt. Sie verdankt dem Herrn ihre Gesundung, und aus Dankbarkeit für ihre Befreiung von den teuflischen Mächten wurde sie einige Zeit später mit Johanna und Susanna zusammen eine Nachfolgerin, die Jesus mannigfache Handreichung bot. Vorläufig war sie jedoch noch nicht so weit fortgeschritten, das Band zwischen Jesus und ihr war durch die Austreibung der sieben Teufel erst ganz lose geknüpft, aber es war doch schon vorhanden und zerriß nie mehr.

Am erschütterndsten ist das Verhalten der Maria Magdalena im Hause des Pharisäers Simon; die einzigartige Begegnung steht beinahe außerhalb aller menschlichen Sprache. Der Name Maria Magdalena wird zartschonend verborgen, doch genügte die Bezeichnung Stadtsünderin. Sie, die bis vor kurzem dem Stand der freien Liebe huldigte, kam ungerufen; in den Händen hielt sie ein schön bemaltes Gefäß aus Stein voll kostbarer Nardensalbe, dessen Hals man zerbrechen mußte, um den Inhalt zu gewinnen. Keineswegs nahm Maria Magdalena an dem Gastmahl teil, sie wußte zu gut, daß sie im Hause des sittenstrengen Pharisäers mit scheelen, verurteilenden Blicken angesehen wurde. Deswegen ist in dieser Zusammenkunft kein Gegenstück zu Platos Symposion zu sehen; ebenfalls ist die Sünderin auch keine Parallelfigur zu Diotima. Dies alles sind unhaltbare Vergleiche und verkennen die tränenreiche Einmaligkeit des Vorganges. Trotzdem war Maria Magdalena neben Jesus die Hauptperson bei der Begebenheit. Sie trat ein, zögerte einen Moment beim Anblick der frommen Herren, deren böse Verachtung ihre raschen Schritte hemmte und sie verlegen machte, so daß sie sich Jesus von hinten nahte. Durchaus von hinten und niemals von vorn, das ist keine Erfindung, denn so steht es im Evangelium – da sie es nicht wagte, dem Herrn frei und offen in die Augen zu sehen. Voll Scham stürzte sie sich Jesu zu Füßen, bedeckte sie mit unzähligen Küssen, wie es wörtlich heißt: „sie hat nicht aufgehört die Füße zu küssen". Tränen entströmten ihren Augen, sie badete die Füße des Herrn förmlich damit und schluchzende Laute entrangen sich ihrer Kehle, die niemand verstand. Zugleich überschüttete sie seine Füße mit Salbe, verstrich sie nach allen Seiten, löste ihre schönen Haare und trocknete sie damit, da ihr keine Leinwand hierfür fein genug zu sein schien. Es war der Akt einer unerhörten Demütigung, eine hell-dunkle Rembrandt-Szene, die selbst die Vorstellungskraft der blühendsten Phantasie übersteigt. Und doch hat sie stattgefunden und ist niemals eine dichterische Erfindung des Evangelisten. Die unaufhörlichen Küsse und Tränen eine „heilige Galanterie" zu nennen, ist eine rokokohafte Bezeichnung und wird dem kühnen Rausch der Liebe nicht von entfernt gerecht. Es ist eine mystische Buße, wie sie reiner nicht auftreten kann, und daraus allein ist denn auch ihre Maßlosigkeit zu erklären. Maria Magdalena hatte ein unstillbares Bedürfnis zu küssen und zu sühnen. Aus diesem Grunde ergriff sie nicht Jesu Hände, was der stadtbekannten Sünderin nicht zukam. Sie ist der Mensch, der viel weiter unten stand, der sich zu Füßen Jesu befand, aber diese Füße liebkoste sie offenkundig mit einer Zärtlichkeit ohnegleichen, wurde nicht müde sie zu küssen und trieb beinahe ein süßes Spiel mit ihnen. Auch in einem späteren Zeitpunkt wird sich Maria Magdalena wieder zu Jesu Füßen hinwerfen, seltsam fühlt sie sich von ihnen angezogen. Jesus ließ sich die liebende Berührung der Maria Magdalena zum Entsetzen des scharfblickenden Pharisäers Simon gefallen, der alle menschlichen Beziehungen mit puritanischer Härte in rein und unrein einteilte. Doch der Herr rechtfertigte sie mit den unvergleichlichen Worten, bei deren Klang die Sünderin ohnmächtig zu werden glaubte: „Wer viel geliebt hat, dem ist auch viel vergeben." Diese Äußerung darf nicht auf Maria Magdalenas Kurtisanenzeit bezogen werden – daß Dirnendienst eine vergebende Kraft nach sich zieht, ist ein groteskes Mißverständnis unreifer Jünglinge – sondern zielt ausschließlich auf ihre grenzenlose, verdemütigende Liebe zum Herrn, die ihr das unfaßliche Wunder der Sündenvergebung eingetragen hat. Die Begebenheit im Hause des Pharisäers ist voll von überzärtlicher Sublimität, von unbeschreiblichem Zauber und einem Duft, der noch köstlicher ist denn der Geruch des Salböls, der das ganze Haus erfüllte. Das Unfaßliche der Begegnung wird noch erhöht durch die Wahrnehmung, daß Maria Magdalena kein einziges Wort sprach. Ihre Stummheit aber ist beredter denn alle sich überstürzenden Aussagen, woraus auch deutlich hervorgeht, daß das Letzte im Leben unaussprechbar ist.

Schwer, ja unmöglich ist es, diese urevangelische Szene zu kommentieren. Brigitta von Schweden deutete die Richtung einer Interpretation an: „Maria Magdalena wäscht sich so rein mit den Wassern ihrer Tränen, daß wir nicht wagen, unsere Blicke auf sie zu richten." Maria Magdalenas Demütigung vor dem Herrn ist ein Ausdruck der Buße. Was aber ist Buße? Sie ist Klarheit über die irregeleitete Liebe, ist das erschreckende Aufgehen der Augen über die wahre Liebe. Buße ist Durchbruch zum Göttlichen, Buße besteht in der Einsicht: Liebe deckt der Sünden Menge. Angelus Silesius umkreiste die Gestalt Maria Magdalenas in seinen mystischen Reimsprüchen mehrfach und jubelte zuletzt:

„Was denkt doch Magdalena, daß sie so öffentlich
Dem Herrn zu Füßen fällt und schuldig giebet sich?
Ach frag doch nicht erst, schau die Augen funken
Du siehst wohl, daß sie ist von großer Liebe trunken."

Das Evangelium leitet die Begebenheit mit einem Wort über die ewige Weisheit ein, die sich ihren Kindern zu erkennen gibt. Der kurze Hinweis auf das Geheimnis der göttlichen Sophia ist und bleibt die tiefste Deutung des übergastlichen Gastmahles.

Im Hause des Pharisäers vollzog sich nicht die einzige Salbung, die Jesus von Maria Magdalena zuteil wurde. Eine zweite fand in Bethanien statt, einem kleinen Ort außerhalb Jerusalems, freilich unter andern Umständen. Nicht alle Evangelien erzählen sie gleich, aber sie schlagen alle den Ton einer merklichen Feierlichkeit an, und das Johannesevangelium erwähnt dabei den Namen Maria Magdalenas. Der Herr kehrte bei den beiden Schwestern ein, hörte, wie die sich plagende Martha über die sich erlabende Maria beklagte und gab ihr zu bedenken: „Martha, Martha, du machst dir viel Mühe und Arbeit, eines aber ist not. Maria hat das bessere Teil erwählt." Damit hat Jesus zu der wiederum zu seinen Füßen sitzenden Maria Magdalena die Anleitung über das tätige und das beschauliche Leben gegeben, die heute nur noch von wenigen verstanden wird. Gewiß ist dem Nächsten zu dienen geboten, besser aber ist, still lauschend zu lieben und von dem geliebt zu werden, der immer unsichtbar anwesend ist. Wenn der Mensch die nur zerstreuende Vielfalt zu Gunsten des Einen lassen könnte, er würde die Seligkeit des Göttlichen schon hier erleben. Wiederum griff Maria Magdalena nach der Belehrung zum Salbgefäß und zerbrach es mit einer spontanen Bewegung. Im ersten Augenblick tut es einem fast leid um das schöne Alabastergefäß. Das ist aber eine irrige Reaktion, denn hätte Maria Magdalena es nicht zerbrochen, so hätte sie nichts riskiert. Wer die Dinge für sich behalten, bewahren und an sich ziehen will, der schlägt den falschen Weg ein. Es kommt auf das Zerbrechen des eigenen Ichs an, und nur der sich opfernde Mensch gelangt zu der schenkenden Gebärde, die ihn in seiner Magdalenenhaftigkeit so unendlich verschönt. Maria Magdalena ist durch ihr vorbildliches Tun auf eine höhere Ebene gehoben worden. Seit der Begegnung im Hause des Pharisäers Simon war Maria Magdalena dem Herrn viel näher gekommen und sie machte sich nicht mehr mit Jesu Füßen zu schaffen, sondern goß den kostbaren Inhalt über sein Haupt und wiederum erfüllte der Wohlgeruch das ganze Haus. Weshalb tat dies Maria Magdalena? Sie war keine alltägliche Natur, keine der vielen Nachfolgerinnen Jesu, die aus der Geschichte bekannt sind, sondern in aller Bußgesinnung eine Liebende und zwar eine schrankenlos Liebende. Sie liebte den Herrn mit einer Liebe, die über das weibliche Gefühl weit hinausging und daher in ganz neue, unbekannte Tiefen vorstieß. Das erneute Salben ging aus einem übervollen Herzen hervor, nie konnte sie genug den Herrn mit süßem Duft umgeben. Maria Magdalena war von jeher eine strömende und verströmende Natur, sie mußte geben und schenken, das Letzte und Größte war ihr hierfür nicht gut genug. Die hinreißende Glut war entschieden das Anziehende und Unvergängliche an ihr, mit einer Gebärde vermochte sie anzudeuten, was bis zum Überfluß in ihr lebte.

Da Maria Magdalena in ihrem büßenden Liebesdrang mit feinem Gespür die schickliche Grenze innehielt und niemals überbordete, ließ sie der Herr nachsichtig gewähren und gebot ihr keinerlei Einhalt. Die Jünger aber hielten sich über das Vorkommnis auf, wie früher der Pharisäer Simon. Die ehemalige Kurtisane war offensichtlich eine Frau, die durch ihr bloßes Dasein auf moralistisch eingestellte Männer herausfordernd wirkte, denn stets erregte sie in ihren Augen Anstoß und Ärgernis. Zwar hielten sich die Jünger nicht über die Intimität auf, die sich die Büßerin herausnahm, aber sie schüttelten energisch den Kopf über ihre unverantwortliche Verschwendungssucht. Sie waren Männer mit nüchternem und kaltem Verstand und begriffen die maßlos schenkende Liebe nicht; sie erschien ihnen närrisch und übertrieben zu sein, weil sie selbst noch nie von der göttlichen Minne gekostet hatten. Liebe, die nicht verschwendet, ist nicht Liebe, sondern ist Komiteesitzung, Wohlfahrtseinrichtung und was es noch mehr dergleichen vernünftige Anordnungen gibt. Nach der Meinung der Jünger hätte man das kostbare Gefäß nicht zerbrechen sollen, es wäre besser gewesen, es zu verkaufen und mit dem ansehnlichen Erlös von dreihundert Denaren zahlreichen Armen eine Wohltat zu erweisen. Während bis dahin Jesus das Geschehen schweigend über sich ergehen ließ, stellte er sich in dem Augenblick der rechnerischen Überlegung schützend vor die angegriffene Maria Magdalena: „Lasset sie in Frieden, sie hat mich zu meinem Begräbnis gesalbt, Arme habt ihr allezeit bei euch, und wenn ihr wollt, so könnt ihr Gutes an ihnen tun, aber mich habt ihr nicht allezeit." Christus waren die Armen sicher bedeutsam, aber bei dieser Begebenheit ging es nicht um ein soziales Problem; der Herr gab dem ungewohnten Tun eine ganz andere, in die Tiefe weisende Deutung. Was Maria Magdalena zum zweiten Male tat, war niemals eine Wiederholung dessen, was sich im Hause des Pharisäers Simon abgespielt hatte. Christi Salbung verträgt nicht die geringste kopierende Rekapitulation. Jetzt ging es vielmehr um Weihe, Vorbereitung, Salbung für das bevorstehende Begräbnis, das die Büßerin mit feinem Spürsinn vorausgefühlt hatte. Jesus sah in ihrer Tat das erste Vorzeichen des Todes, der überhängend vor ihm stand und erhob das Ereignis zu einem mystischen Pietà-Vorgang: was man gewöhnlich nur mit dem toten Leichnam tut, das vollbrachte Maria Magdalena vorher am lebenden Jesus, und tatsächlich konnte es von den Frauen am Sonntag nach Karfreitag nicht mehr nachgeholt werden. Dann fügte Jesus noch die prophezeienden Worte hinzu: „Überall, wo man in der Welt das Evangelium predigt, wird man auch das, was sie getan hat, zu ihrem Gedächtnis erzählen." Die Weissagung ging in Erfüllung. Maria Magdalena ist in die Geschichte eingegangen als die Frau, die Jesu Füße und Haupt gesalbt hat, sie hat die erste Pietà vorweggenommen, nicht weniger erschütternd als die späteren gotischen Darstellungen dieses Vorganges. Die Heilige von Jesu Begräbnis ist dem Herrn körperlich so nahe gekommen, wie es sonst nur noch von Johannes erzählt wird, der an des Herrn Brust lag. Dafür wurde sie von unzähligen Menschen glühend beneidet, die das auch gerne erlebt hätten und denen es nicht vergönnt war. Maria Magdalena war es beschieden, weil sie die Frau mit den Augen war, die sahen, was jetzt not tat und die es wagte, ihrem Herzen rücksichtslos zu folgen, unbekümmert über der Menschen Gerede und nur dem einen Ziel nachstrebend, Jesus den letzten Liebesdienst zu erweisen. Die Kraft zu lieben bildet die tiefste Substanz ihres Wesens; in früheren Jahren hatte sie ihr Liebesbedürfnis in einer oberflächlichen, niedrigen Richtung verausgabt, jetzt war es mit gesammelter Kraft auf das Höchste konzentriert. Im christlichen Bereich kommt es einzig und allein darauf an, ob man liebt oder nicht. Man kann Jesus nie genug lieben, man muß ihn mit allen Herzkräften lieben, leidenschaftlich, hingebungsvoll und mit einer stürmischen Kraft der Seele. Maria Magdalena ist das große Beispiel dafür: Wer kein Liebender ist, der ist auch kein Christ.

Die Gelehrten haben später darüber diskutiert, ob hier nicht eine Verwechslung unterlaufen sei und ob die beiden Berichte nicht auf ein einziges Ereignis zurückgehen. Ach, worüber haben die Exegeten nicht räsoniert? Kann aber trockene Gelehrsamkeit über den Brand der Liebe entscheiden? Wissenschaftliche Fragestellung ist hier an einen unpassenden Ort geraten – wer wollte auch angesichts einer blühenden Frühlingswiese nach dem verwendeten Kunstdünger fragen? Aus einer allzu moralischen Einstellung ist der Gedanke hervorgegangen, daß die tugendreiche, zuhörende Maria Magdalena von Bethanien unmöglich zugleich die frühere schlimme Sünderin gewesen sein könne. Wäre aber Maria Magdalena nun eine kleine, in Weiß gekleidete Erstkommunikantin von makelloser Vergangenheit gewesen, dann ist schlechterdings nicht zu begreifen, warum sie die büßende Heilige ist. Nach Raymond Brückberger ist die entscheidende Frage bei Maria Magdalena „das Problem der Identität“; er hat eingehend nachgewiesen, daß es im Leben Christi zwei Salbungen gab und es beidemal dieselbe Frau war, die sie vollzog, es war immer „dasselbe Bild, dieselbe Gebärde, dieselbe Liebe“.

Das vierte Mal wird der Name Maria Magdalena bei der Kreuzigung Jesu angeführt. Als Jesus den Kreuzesbalken nach Golgatha hinaufschleppte, da waren die Jünger geflohen. Nur Johannes kehrte zurück und stützte die Mutter Jesu. Nicht von ihrer Seite wich auch Maria Magdalena. Sie ging mit auf dieser Schmerzensstraße, zwar in einiger Entfernung, dann aber trat sie unter das Kreuz, und war wiederum bei den Füßen Christi angelangt, wie einst beim Gastmahl im Hause des Pharisäers Simon. Maria Magdalena war Zeuge des Sterbens Jesu, sie sah den Herrn zur Ohnmacht verurteilt, empfand seine Todesqualen, ohne ihm im geringsten helfen zu können. Obschon Jesus kein Wort für die unter dem Kreuz sich in stummer Qual verzehrende Maria Magdalena hatte, fühlte sie sich mit Jesus innerlich so stark verbunden, daß sie auch in der Stunde seiner Gottverlassenheit dabei sein mußte. Versunken in einen Abgrund von Schmerzen hielt sie beim Herrn in der äußersten Not aus. Matthias Grünewald hat diese Szene zweimal gemalt: in schrecklicher Verzweiflung ist Maria Magdalena auf die Knie gesunken und erhebt in ringender Gebärde ihre ineinander gefalteten Hände zum Himmel. Auf einem Bild öffnet sie sogar ihren Mund und schreit ihre Trauer in alle Welt hinaus: „Ich kann das Unfaßliche nicht fassen!“ Tränen rinnen ihr über die Wangen und verunstalten ihr einst so schönes Antlitz. Doch hat sie damit nochmals ihre unlösbare Zusammengehörigkeit mit Christus bekundet: „Der Leidenschaft fehlt etwas, wenn sich der Schmerz nicht beimischte, wenn sie nicht ein Kreuz hat, das sie küssen kann. Und andererseits fehlt dem Kreuz etwas und dem Gekreuzigten, wenn jene Maria Magdalena mit bloßen Schultern und aufgelösten Haaren nicht in diesem Bilde erscheint, in das sie für alle Ewigkeit eingegangen ist.“ [Ch. Du Bos]

Aus der Beziehung zwischen Jesus und Maria Magdalena erzählt die Bibel noch eine letzte Begegnung, die die Zartheit eines verschwebenden Hauches an sich hat. Maria Magdalena gehörte zu den ersten Menschen, die den Auferstandenen sahen, noch vor den Jüngern wurde sie dessen gewürdigt, sie aber hielten die Botschaft zunächst für ein Märchen. Voll Jammer und Schmerz weilte Maria Magdalena am Grabe, ihr Herz dachte nur an Christus, alles andere war für sie gestorben und tot. War der lichte Morgennebel oder schwere Tränenschleier schuld daran, daß sie in ihrer Verstörtheit den Auferstandenen nicht erkannte? Die Frage Jesu: „Weib, was weinst du? Wen suchst du?“ wird ihr nur zum Anlaß, den auferstandenen Christus mit einem Gärtner zu verwechseln, zu dem sie sagt – es ist das erste Wort aus ihrem Munde – „Herr, hast du ihn weggetragen, so sage mir, wo du ihn hingelegt hast, und ich will ihn holen." Die Verwechslung von Jesus und Gärtner schließt einen tieferen Sinn in sich und ist nicht in einer Zufälligkeit begründet. Christus ist auch ein Seelengärtner, der in das Herz des Menschen das Ewige einpflanzen möchte. Bei ihrer Vertrautheit mit Jesus ist das Nichterkennen Maria Magdalenas seltsam, es läßt sich nicht anders erklären, als daß gegenüber Christus das gewöhnliche Sehen nicht ausreicht, weil es ein Sehen ist, das doch nicht sieht. Das tiefere Sehen ist immer ein Erkennen der Liebe und des Herzens, das ins Mysterium hinab reicht. Noch war es am frühen Morgen bei Maria Magdalena nicht eingetreten, aber sie stand direkt davor, und als Jesus sie leise bei ihrem Namen rief, da durchzuckte es sie bis ins Innerste. Über alle Maßen erschrocken erkannte sie den Totgeglaubten als den Lebendigen und mit dem stürmischen Drang ihres weiblichen Herzens wollte sie gleich den geliebten Herrn umfangen. Während Jesus den ungläubigen Thomas aufforderte, seine Wunden zu befühlen und zu betasten, gebietet er der aufwallenden Maria Magdalena ein unübersteigbares Halt! Er sprach zu ihr die bei aller Abwehr sanft klingenden Worte: „Rühre mich nicht an." Nicht einmal mit den Fingerspitzen durfte sie ihn berühren. Die Szene ist von einer Subtilität, einer Lautlosigkeit, einer unmerklichen Blässe, die auch mit den zartesten Pastelltönen nicht angedeutet werden kann. Es liegt ein Schmelz, ein Hauch auf der Begebenheit, die schlechterdings ohne Parallele ist. Die Zeiten, da Maria Magdalena die Füße Jesu mit Tränen benetzen, mit den Lippen küssen, mit der Narde salben, und mit den Haaren umschlingen durfte, waren endgültig vorbei.

Die zu ihr gesprochenen Worte „rühre mich nicht an" sind eine zarte Anspielung darauf, daß das geheimnisvolle Flüstern, ein Blick der Augen wirksamer sind denn alles grobklotzige und polternde Dreinschlagen. Im Evangelium geht es um das Leise, Unsichtbare und Nichtbeachtete. „Rühre mich nicht an" ist zugleich eine bis in unsere Zeit hineinreichende Warnung, gegenüber der Auferstehung nicht allzu täppisch vorzuprellen, als wüßte man, was das für ein Ereignis ist, sondern Zurückhaltung, Scheu, Respekt zu üben in der Einsicht, daß die Erscheinung des Auferstandenen jeden menschlichen Horizont unendlich übersteigt. Christi vornehm-abweisende Worte schaffen Raum und Distanz zwischen ihm und Maria Magdalena; obwohl sie der erste Mensch war, dem sich Christus zu erkennen gab, weist er sie im selben Augenblick von sich fort. Mochte ihr liebendes Gefühl darüber zu kurz kommen, sie war in ihrem ganzen Wesen noch eine irdische Gestalt, während der Auferstandene bereits der überirdischen Wirklichkeit angehörte. Aus dieser prinzipiellen Verschiedenheit entstand eine neue Berührung ganz anderer Art, die über alle leibliche Annäherung weit hinauswies. Maria Magdalena aber war der Mensch, der zuerst die Stimme des Auferstandenen hörte; überrascht und beglückt zugleich eilte sie denn auch, es den Jüngern zu melden. Jetzt wußte sie es für alle Zeiten, daß „der Herr lebt“, er lebte außer und in ihr; durch dieses unfaßliche Ereignis ist sie zur Verkündigerin aufgestiegen.

Abälard schrieb einmal an die von lodernder Leidenschaft ergriffene Heloise: „wie wir Maria Magdalena eine Jüngerin vor allen Jüngern heißen“. Die Aussage des Scholastikers hebt Maria Magdalena gar hoch empor, trotzdem muß ihr die Äußerung von Kardinal Newman gegenübergestellt werden, der „von dem Dunkel, das über Maria Magdalena hängt“, sprach. Wer die beiden Aussagen in sich erwägt, begreift, daß Maria Magdalenas Geschichte nach der intensiven Begegnung mit Christus unmöglich schon zu Ende sein kann. Sie ruft förmlich nach einer Fortsetzung, deren Tonfall freilich von dem der Evangelien wesentlich verschieden ist; die Legende gerät vorübergehend in eine üppige Fabulierlust und gewinnt erst später wieder die innere Färbung zurück, die des Anfangs würdig ist.

Nach Christi Himmelfahrt hat Petrus Maria Magdalena der Obhut des Maximinus anvertraut, der einer von den zweiundsiebzig Jüngern war. Er wurde mit ihr und ihrer Schwester zusammen von den Ungläubigen auf ein Schiff gesetzt und ohne Steuer in das wilde Meer hinausgestoßen. Es gelang ihnen aber, in Massilien an Land zu gehen, worauf sie sich in der Nähe eines heidnischen Tempels versammelten. Maria Magdalena, die durch Christi Auferstehung zur Verkündigerin geworden war, begann nun heiteren Angesichts und in großer Zuversicht den heidnischen Bewohnern zu predigen. Das Volk verwunderte sich über die Süßigkeit ihrer Rede und die Schönheit ihres Angesichts. Niemand nahm daran Anstoß, daß eine Frau in aller Öffentlichkeit Christus bezeugte; es war in ihrer mystischen Beziehung zum Herrn begründet, wie die alte Legende so schön sagt, „daß der Mund, der den Füßen unseres Herrn so süße und innige Küsse hat gegeben, besser denn die anderen das Wort Gottes mochte predigen".

Auch der Fürst und seine Gattin hörten der Predigt Maria Magdalenas zu und waren darob so tief beeindruckt, daß ihnen die christliche Verkündigerin noch im Traume erschien. Höchst erschrocken über das Nachtgesicht, sagte der Fürst andern Tages zu Maria Magdalena: „Kannst du den Glauben beweisen, den du predigest?" Sie aber erklärte sich hiezu bereit, worauf ihr der Fürst versprach, den gepredigten Glauben anzunehmen, wenn sie ihm und seinem Weibe von Gott einen Sohn zu erwecken fähig sei. Als Hetäre war Maria Magdalena einst die leiblich Unfruchtbare, aber als mystische Büßerin war ihr die Gabe verliehen, durch ihr Gebet den Schoß der Fürstin in einen gesegneten Zustand zu versetzen. Bald darauf fühlte sich die Fürstin guter Hoffnung. Ihr Mann war von der Annahme des christlichen Glaubens ganz eingenommen und begehrte nun nach Jerusalem zu reisen, um sich an Ort und Stelle über das vom Wunder erfüllte Leben des Herrn zu erkundigen. Seine Gattin sprach: „Willst du ohne mich reisen? Das sei ferne. Fährst du, so fahre ich auch; kommst du wieder, so komme ich mit dir; ruhest du, so ruhe ich auch." Der Mann wollte der Gemahlin angesichts ihres gesegneten Leibes den Gedanken ausreden, sprach von den Gefahren auf hoher See, aber die Frau ertrug es nicht, ohne ihn zu sein und schließlich begleitete sie ihren Gatten. Das Schiff geriet in Seenot, mitten im Sturm kam die Fürstin nieder und gebar ihren ersten Sohn. Maria Magdalena erwies sich auch in diesem phantasievoll ausgeschmückten Geschehen wieder als Helferin, die alles zu einem glücklichen Ende führte.

Die Büßerin selbst setzte ihre abenteuerliche Fahrt fort und kam schließlich nach dem südlichen Gallien. Obwohl nach einem Jesuswort die Christen „niemals fröhlich sein sollten, wenn ihr nicht euren Bruder in Liebe ansehet", begehrte Maria Magdalena nach der Himmelfahrt des Herrn keinen Menschen mehr anzuschauen. Sie war nicht von der geringsten Misanthropie erfüllt, aber kein menschliches Gesicht hatte ihr noch irgend etwas zu sagen, nachdem sie das ewige Antlitz in sich aufgenommen hatte. Das *eine* Angesicht genügte ihr für alle. Um seinetwillen wollte sie sich von allen menschlichen Beziehungen lösen und von ihnen frei werden. Der Grund, fortan auf alles Zusammenleben mit Menschen zu verzichten, lag in ihrer lodernden Liebe zum Herrn. Kein anderes Motiv spielte dabei eine Rolle. Es war ein großartiger Entschluß, wie ihn allein Maria Magdalena fassen konnte. Sie ging in die Einsamkeit und wählte die rauheste Gegend der Provence zu ihrem Aufenthaltsort. Öde und ohne Quellwasser war die Gegend, sie wählte die felsigen Berge, an deren Fuß ein großer Wald sich ausdehnte. Sie fühlte sich von der Kargheit dieser Höhen nicht zurückgestoßen, im Gegenteil, die felsige Gegend paßte zu ihrem heroischen Gedanken, an verborgener Stelle sich nur in das eine Antlitz zu versenken. Eine Höhle des Berges diente ihr als Wohnstätte, in Erinnerung an sie spricht man von der heiligen Grotte „la Sainte-Baume", wo sie zur Patronin der beschaulichen Seelen wurde.

In ihrer Abgeschiedenheit kam die mystische Beziehung der Maria Magdalena zu einer übernatürlichen Entfaltung, denn jeden Tag wurde sie zu den vielen Gebetsstunden von Engeln auf die Höhe des Berges getragen, wo sie „den Gesang der himmlischen Heerscharen" hörte. Der Lobgesang war die himmlische Speise, sie bedurfte daneben keiner leiblichen Nahrung mehr. Hernach trugen sie die Engel wieder zurück. Die tägliche Entrückung bildet den wunderbaren Abschluß von Maria Magdalenas Leben, keine Erläuterung vermag das Wunder zu erklären. Es ist die Krönung ihres vorbildlich büßenden Lebens und das endgültige Zeichen dafür, daß ihre Buße vom Himmel angenommen wurde.

Ein Priester wurde einst in der heiligen Höhle unerwartet Zeuge des mystischen Vorganges. Das ungewöhnliche Phänomen überstieg seine Fassungskraft und er beschloß, die Wahrheit des Gesichtes zu ergründen. Kühn und andächtig zugleich eilte er näher hinzu, und als er einen Steinwurf nahe dem Orte angekommen war, begannen seine Gebeine zu schlottern, und große Ängste überfielen ihn. Ihm wurde klar, daß man eine solche Schau nicht aus Neugierde erforschen dürfe, beschämt kehrte er um, worauf das Zittern von ihm wich. Sobald er sich jedoch wieder dem Ort nähern wollte, stellte sich das seelische Beben erneut ein. Zum himmlischen Geheimnis hatte der menschliche Erforschungswille keinen Zugang, eine Einsicht, die dem heutigen Menschen ganz verloren gegangen ist. Erregt rief der Priester aus: „Bist du ein Mensch oder irgend ein vernünftig Wesen, der du in dieser Höhle wohnest, so gib mir Antwort und sage mir in Wahrheit, wer du bist." Nach einem dreimaligen Anruf antwortete ihm Maria Magdalena: „Komm näher, so sollst du über alles die Wahrheit erfahren, die dein Herz begehrt." Immer noch am ganzen Leib zitternd, ging er bis zur Mitte der Grotte vor, und nun sprach sie: „Hast du gehört von Maria Magdalena, der großen Sünderin, die des Herrn Füße mit ihren Tränen wusch, mit ihren Haaren trocknete und Vergebung ihrer Sünden erlangte? Ich bin dasselbe Weib, und bin nun dreißig Jahre hier, den Menschen unerkannt; und was dir gestern vergönnt war zu schauen, so werde ich jeden Tag von den Engeln in die Lüfte getragen und darf des Tages sieben Mal der himmlischen Scharen Lobgesänge mit leiblichen Ohren hören." Diese Worte vernahm der Priester als eines Engels Stimme, aber er sah niemanden.

Der Priester konnte das Erlebte nicht für sich behalten und teilte es Maximinius mit. Er nahm es mit Freuden auf, und als er einige Tage später allein in der Kirche war, sah er plötzlich Maria Magdalena im Chor der Engel stehen. Sie war zwei Ellen hoch aufgehoben von der Erde, stand mitten unter den Engeln und betete mit ausgebreiteten Händen zum Herrn. Maximinius getraute sich nicht zu rühren, sie aber forderte ihn mit freundlichen Worten auf, näher zu treten und sie nicht zu fliehen. Maria Magdalena strahlte so stark vom immerwährenden und täglichen Schauen der Engel, daß man eher in die Sonne hätte sehen mögen denn in ihr Angesicht. Sie empfing vom Priester noch die Kommunion und hierauf fuhr ihre heilige Seele zum Himmel. Ihr toter Leib aber verbreitete wie einst ihr Nardengefäß in der ganzen Kirche einen süßen Duft, der noch tagelang spürbar war.

Der Ereignisse im Menschenleben sind gar viele, einige verlangen geradezu nach einer Deutung und andere entziehen sich aller Erläuterung. Die Legende der Maria Magdalena verträgt kaum eine ausführliche Interpretation, weil sich alles im unermeßlichen Zwischenreich der Seele ereignete. Ihrem Verständnis am nächsten kommt noch die Einsicht, daß sich vieles von ihr auch in unserm Innern abspielt oder jedenfalls abspielen möchte, sofern wir den Weg der mystischen Buße beschreiten. Maria Magdalena ist und bleibt die von der Liebe Christi verwundete Seele, die mit der Braut des Hohenliedes sprach: „Ich bin krank vor Liebe." Die göttliche Minne zu dem Herrn macht ihren Rang in der geistigen Ordnung aus, den näher zu bestimmen kaum möglich ist. Trotzdem ist sie nicht die Vertraute Jesu. Der französische Sermon, den Abbé Joseph Bonnet aus den Manuskriptbeständen der kaiserlichen Bibliothek in Petersburg hervorzog, preist Maria Magdalena allzu leichtfertig als die heilige Liebende, so daß die Schilderung in eine sublime Erotik ausmündet. Die Hoheit des Herrn verbietet entschieden diese allzu naheliegende Sicht. Hierin hat Peter von Bérulle viel tiefer gesehen, der zu seinen Zuhörern sagte: „Die Wonnen Maria Magdalenas in der Gegenwart Jesu sind in nichts zu vergleichen mit den menschlichen Empfindungen, welche die Nähe des geliebten Gegenstandes erzeugt. Jesus ist ein ganz göttlicher Gegenstand der Liebe, und seine Gegenwart bringt in den Herzen nur göttliche Wirkungen hervor, die würdig sind seiner Heiligkeit, würdig seines durchaus pneumatischen und himmlischen Seins. Lassen wir nichts Niedriges, Menschliches und Irdisches zu bei dem Gedanken an das Entzücken der Seele Maria Magdalenas in Jesu Gegenwart. Magdalenas Herz hat von der Erde nichts mehr als sein Verweilen, so sehr ist es gereinigt in seinen Flammen, ganz unempfindlich für sich selbst und alles andere."

Von allen weiblichen Heiligen wurde Maria Magdalena nach der Mutter des Herrn am meisten gemalt, leider oft mehr in der verführerischen Nacktheit mit den weichen Wellen ihrer langen, blonden Haare, statt im Aufschrei ihres Herzens. Aber diese künstlerischen Darstellungen werden ihrem tiefsten Wesen nicht gerecht, da Maria Magdalena, trotzdem sie alles andere als eine intellektuelle Frau war, die Trägerin einer großen Idee ist. Dem überzeitlichen Gedanken tut auch die allgeorische Deutung nicht Genüge, die in diesem den Leidenschaften des Fleisches hingegebenen Weibe ein Abbild des ungeordneten Heidentums sah, das von Christus überwunden wurde. Die flammende Maria Magdalena ist die Patronin aller reuigen Sünderinnen, vorzüglich derer, die zu viel geliebt haben, weswegen man die bekehrten Freudenmädchen lange Zeit Magdalenetten nannte. Sie ist als Büßerin in die Geschichte eingegangen und hat für alle Zeiten das wahre Wesen der Buße anschaulich verkörpert. Buße war für Maria Magdalena nicht bloße Zerknirschung und anklagende Selbstzerfleischung, sie raufte sich nicht die Haare und zerriß auch nicht ihre Kleider. Für Maria Magdalena war Buße nicht identisch mit nutzloser Selbstquälerei, bitterer Selbstanklage und Hinabsteigen in die eigene Grabesgruft. In der Weise wurde die Buße im Laufe der Geschichte oft aufgefaßt, dies aber endet im Unfruchtbaren. Wohl kannte Maria Magdalena die Tränen, die eines der Hauptgeheimnisse des christlichen Lebens sind und ein verfehltes Dasein zu verwandeln vermögen. Maria Magdalena ist die Sünderin, die den Herrn mehr liebte als ihre Sünde, sie hat sich durch keine noch so dunkle Vergangenheit davon abhalten lassen, sich Jesus zu Füßen zu werfen und durch alle Verirrungen hindurch den Weg zu ihm zu finden, weswegen sie auch Zeugin seiner Auferstehung werden durfte. Sie war erfüllt von dem verzehrenden Verlangen, dem Herrn noch mehr anzugehören als sich selbst. Das Maßlose, das Schwingende ihrer suchenden Hingabe ließ sie zu einer anschaulichen Verkörperung der mystischen Büßerin werden. Sie hat kraft ihrer innigen Liebe zum Herrn die sündige Vergangenheit restlos ausgelöscht und damit die Buße zu einer mystischen Rose des neuen Lebens erhoben. Maria Magdalena steht zwischen Eva und Maria, sie ist die Eva, die zur Madonna aufgestiegen ist und dadurch das lebendige Beispiel für die zeitlose Hoffnung gegeben hat, daß gerade die büßenden Menschen das letzte Wort sprechen werden, auf das wir warten.

SANKT VERONIKA

Die Hast der Zeit bringt es mit sich, daß der heutige Mensch Mühe hat, Bilder richtig anzuschauen. Es fehlen ihm Muße und Geduld hierzu. Gehetzt wie er ist, schaut er schnell hin und schon wendet er seinen Blick neuen Dingen zu. Allzu viele Eindrücke bemächtigen sich seiner, so daß kein Bild mehr zu seinem seelischen Besitz werden kann. Die Fähigkeit, mit den Bildern Zwiesprache zu führen, ist ihm unmerklich abhanden gekommen; selten nur ahnt er noch, daß sie mit ihm reden wollen und er auch mit ihnen sprechen sollte. Rede und Gegenrede ist ihm so fremd geworden, wie die Bildersprache überhaupt. Noch viel größere Schwierigkeiten bereitet es dem Menschen der Gegenwart, vor einem Bild zu meditieren, sich in dasselbe zu versenken und sich stufenweise von ihm in höhere Regionen hinaufführen zu lassen. Die innere Zwiesprache mit den Bildern wird durch die allzu raschen Urteile über Gefallen oder Nichtgefallen verunmöglicht, wobei es doch auf beide Urteile gleicherweise nicht ankommt.

Wohl am nachteiligsten wirkt sich die überhandnehmende Bilderblindheit an den religiösen Gemälden aus, denn sie verlangen nach einer seelischen Begegnung, wo diese aber nicht geschieht, schließen sie sich wie eine Tulpe bei Regenwetter. Auch wenn das religiöse Bild zunächst ein Gegenstand der Außenwelt ist, muß es unbedingt mit den Augen der Innenwelt angeschaut werden. Mit dem religiösen Bild hat es seine eigene Bewandtnis. Es ist vorerst ein Bild wie ein anderes Bild, kreatürlich wie alle Dinge dieser Erde, und doch steht es mit den profanen Bildern nicht auf der gleichen Stufe. Ein Genter Altar ruft im Menschen eine andere Empfindung wach als eine abstrakte Malerei. Das religiöse Bild ragt über das irdische Dasein hinaus und winkt in eine andere Welt hinauf. „Wer ihrer Sprache zu lauschen wüßte, dem können solche Werke den Weg ins Paradies weisen", schrieb der visionäre Dichter Julien Green in sein Tagebuch. Religiöse Bilder sind eine Anleitung, die über aller Endlichkeit stehende göttliche Wirklichkeit wieder zu sehen.

Eine beschauliche Betrachtung mit gesteigerter Ausschließlichkeit erfordert das Bildnis, das mit dem Namen Veronika verknüpft ist. Mit ihm ist eine wundersame Erzählung verbunden, die mehr ist als eine bloße Erzählung. Veronikas Bild ist von einem Geheimnis umwittert, über das man sich in gewöhnlicher Sprache kaum verständigen kann. Eingetaucht im Mysterium, geht von ihm das ewige Schaudern aus. Es ist ein einmaliges Bild, seinesgleichen gibt es nicht, ja, es ist *das* heilige Bild schlechthin. Die meisten Menschen haben schon von der ungewöhnlichen Entstehung ein Wort vernommen, haben in beinahe jeder katholischen Kirche das Bild der sechsten Kreuzwegstation gesehen, haben den Namen Veronika gehört und doch wissen nur wenige darüber Bescheid, woher die Gestalt gekommen, und wohin sie gegangen ist. Die Veronikaerzählung ist nicht in der „Legenda aurea" enthalten, weil sie ihre endgültige Formulierung erst nach der Niederschrift von Jacobus de Voragines Buch gefunden hat. Es ist unmöglich, irgendwo etwas über sie nachzulesen; einen Teil von ihr findet man, ausgeschmückt mit einer fabulierenden Phantasie, in einer dichterisch bearbeiteten Fassung in Selma Lagerlöfs „Christuslegenden". Will man aber die Legende in ihrer urtümlichen Form kennenlernen, dann muß man die zahlreichen Bruchstücke zu einem Mosaik zusammentragen. Dabei ist die Veronikaerzählung von einer geradezu ekstatischen Schaukraft, religiös mächtig, ragt sie über alle Erzählungskunst hinaus und hat einen inneren Atem, gegen den nichts aufzukommen vermag. In ihr wurde Legende zu greifbarem Leben, sie ist realer als alle Realitäten zusammen. Freilich darf man nicht hastig über sie hinweg hüpfen, denn wer sie so nebenbei schnell zur Kenntnis nehmen will, dem gleitet sie ohnehin durch die Finger. Gerade sie verlangt Ruhe, Innigkeit und Gelassenheit, weil sie nur dann auf den Leser einwirken kann. Gertrud von le Fort nannte Veronika sinnvoll „die Schutzpatronin der Eindrucksfähigen". Meditation ist die Haltung, in der man sich ihr nähern muß, erst dann grüßt sie die Seele des beschaulichen Menschen und vermittelt ihm eine Sicht, in der Ahnung zur Gegenwart wird.

Veronika war das blutflüssige Weib; von ihr haben die drei ersten Evangelisten berichtet. Allerdings erwähnen sie den Namen nicht. Erst das apokryphe Nikodemusevangelium nennt sie Bernike, das heißt: Veronika und insofern besteht Mauriacs Wort völlig zu Recht: „Sie existiert und sie ist keine erfundene Gestalt." Zwölf Jahre litt die Frau an Blutfluß und wer wollte diese lange, bange Zeit des Leidens, der Schmerzen und Unannehmlichkeiten ermessen? Das stille Schluchzen Veronikas kann man nicht mit trockenen Worten wiedergeben; die evangelische Berichterstattung deutet es mit der keuschen Bemerkung an: „Sie hatte viel durchgemacht mit zahlreichen Ärzten." Offenbar hat sie mehrere aufgesucht, immer in der Erwartung, endlich den richtigen Helfer zu finden. Jedesmal aber wurde die aufkeimende Hoffnung grausam enttäuscht, keiner vermochte dem Übel beizukommen. Bei ihren mannigfachen Konsultationen hat sie „all ihr Geld den Ärzten gegeben", berichten die Evangelien. Das Schicksal wiederholt sich in anderer Form immer wieder: ein Mensch fällt in die Hände von Ärzten, die die Behandlung einer Krankheit in die Länge ziehen, die Patienten immer wieder zu sich kommen lassen und die ihnen nie ehrlich sagen, daß gegen das heimtückische Leiden alle ärztliche Kunst machtlos sei. Das blutflüssige Weib hat ihre heimliche Tragödie erlebt, von der die Öffentlichkeit wenig erfährt, obschon sie voller Bitternis ist: alles Geld hat sie geopfert, ohne eine Heilung erlangt zu haben. Die Enttäuschung, selbst das sauer ersparte Geld wegrinnen zu sehen, ohne wieder gesund zu werden, hinterließ eine doppelte Wunde. Die heute noch öfters vorkommende Erfahrung trübt in vielen Leuten das hehre Bild des selbstlosen ärztlichen Helfers, von dem doch Paracelsus gesagt hat, Gott habe ihn unter allen Künstlern am liebsten, weil er ein gewaltiger Meister des irdischen Lichtes sei.

Da hörte Veronika von Jesu wunderbaren Heilungen. Unwillkürlich kam ihr der Gedanke, daß der durch die galiläischen Lande ziehende Mann stets von vielen Kranken umlagert sei und daß er, der alle Leute heilte, vielleicht auch sie von ihrem schweren Übel befreien könnte. Nachdem Jesus in ihre Gegend gekommen war, mischte auch Veronika sich unter das Volk. Schüchtern wie sie war, getraute sie sich nicht, vor sein Angesicht zu treten; sie war zu gehemmt, und außerdem war des Volkes zu viel da. Jesu Rücken wollte sie sich nur nähern, denn sie dachte: „Wenn ich nur seine Kleider anrühre, werde ich gesund werden." Sie führte ihre Überlegung aus, berührte leise und mit vor Erregung zitternder Hand Jesu Mantel. Nur den Saum hat sie verborgenerweise ein wenig betastet, und schon war das sehnlichst erhoffte und kaum für möglich gehaltene Ereignis eingetroffen: „Alsobald versiegte der Quell ihres Blutes, und sie spürte es am Leibe, daß sie von ihrer Qual geheilt war."

Beim Bericht von Veronikas Gesundung steigt dem modernen Menschen ein Argwohn auf, den er nicht unterdrücken darf, will er bei der Lektüre der Evangelien ehrlich bleiben: Ist das nicht krasser Aberglaube, dem die gute Veronika gehuldigt hat? War sie nicht in einer magischen Vorstellungswelt befangen? Ist nicht der Spuk der Magie im hellen Licht der Wissenschaft ins Namenlose verflogen? An Magie glauben, das ist Rückständigkeit und Hinterweltlerei, mit der ein aufgeklärter Mensch heutzutage nichts mehr zu tun haben will, denn umsonst ist man doch nicht wissenschaftlich gebildet. In der Weise denkt der Mensch von heute, und man darf ihm daraus keinen Vorwurf machen. Wurde er nicht bewußt und unbewußt in einer rationalistischen Weltanschauung erzogen, die sich weit entfernt von den Evangelien befindet? Doch kann das Magische nur jener Mensch leugnen, der ganz an der Oberfläche der Dinge verbleibt und dem der Blick in die Tiefe des Daseins fehlt – wer aber besitzt den schon? Warum sollte es keine magischen Einwirkungen geben, so gut wie es viele andere Vorkommnisse gibt, auf die man dauernd stößt und die man auch nicht erklären kann? Magische Kräfte – ein unbefriedigendes Wort für das Unerklärliche – kommen in der Welt des Religiösen immer wieder vor; darüber ist gar kein ernsthafter Zweifel möglich. Viele Gestalten, Religionsstifter, Heilige und Mystiker waren mit magischen Kräften förmlich geladen, sie strahlten von ihnen aus und riefen ungewöhnliche Wirkungen hervor.

Jedenfalls stand Jesus dem magischen Weltgefühl nicht ablehnend gegenüber, sonst hätte er bei der erwähnten Begebenheit nicht sogleich verspürt, daß eine Kraft von ihm ausgegangen war. Der Herr wandte sich um und fragte: „Wer hat meine Kleider angerührt?" Die Jünger dachten gar nicht an ein wunderbares Geschehen, denn für sie war es doch das Selbstverständlichste der Welt, daß im dichten Gedränge die Menschen einander stoßen und warum sollte man übernatürlich erklären, was doch natürlich ohne weiteres verständlich ist? Mit harmloser Miene antworteten die Jünger: „Meister, du siehst doch selbst, wie das Volk dich umdrängt." Es ist doch begreiflich, daß einer dem anderen zu nahe kommt, dies läßt sich nach der Jünger Meinung gar nicht vermeiden. Jesus ließ jedoch die allzu plausible Erklärung nicht gelten, er spürte die von ihm ausgegangene Kraft und blickte forschend umher, damit er sehe, wer dies getan habe. Veronika stand immer noch unmittelbar hinter ihm, kam sich ertappt vor und errötete. Furcht und Zittern bemächtigten sich ihrer, sie warf sich vor Jesus nieder und gestand zerknirscht die Wahrheit. Darauf sagte Jesus zu ihr: „Meine Tochter, dein Glaube hat dich gerettet; gehe hin im Frieden und sei von deiner Qual gesund."

Das vom Blutgang heimgesuchte Weib hat des Glaubens rettende Kraft an sich erfahren. Was ist denn Glaube? Des Glaubens Leidenschaft gründet sich nicht auf das Mögliche, Kluge, Vernünftige, sondern er stürzt sich in die Arme des Absurden und darum bringt er die Eingeweide des Menschen zum Brennen. Glaube wird in dem Moment geboren, da dem Christen der Verstand stillsteht, ja, er bedeutet, den Verstand verlieren und ihm zu entsagen, um Gott zu gewinnen. Veronika hat die

Bewegung des unbedingten Vertrauens vollzogen und darum, nur darum, hat sie den Frieden des Herzens und die Befreiung von ihrer Qual gefunden.

Doch wäre es einseitig, in diesem Zusammenhang nur von dem Glauben zu reden, der seine Kraft aus der Übervernunft schöpft. Es geht noch um eine entscheidende Frage, eine Frage, die Jesus selbst stellt: „Wer hat mich angerührt?“ Die Frage hat ihren tieferen Sinn, es raunt in ihr eine unterirdische Bedeutung, die heraufgeholt sein will. Zwischen Jesus und den Menschen muß eine Berührung stattfinden. Sie kann sich in verschiedenen Formen vollziehen, eine ganze Skala durchläuft sie, angefangen von der feinsten Zartheit bis zur ärgerniserregenden Wildheit. Das Wie ist dem Daß unterzuordnen, und vor allem darf die Berührung nicht schablonenmäßig vor sich gehen, es gibt hierfür kein für alle Menschen passendes Modell. Berührung aber muß sein; wo sie fehlt, gibt es keine starke, innere Beziehung. Wer von Jesus nicht berührt wurde, der geht teilnahmslos, jedenfalls unerschüttert an ihm vorbei. Der unberührte Mensch merkt und spürt nicht, wer der Herr ist, seine Seele fängt vor Freude über Christi unsichtbare Anwesenheit nie zu tanzen an. Die Berührung ist ausschlaggebend, denn im Moment, da sie stattfindet, durchzuckt es den Menschen von oben bis unten. Ob sie leiblich oder geistig vor sich geht, das ist eine Frage zweiten Ranges; bedeutsam bleibt allein, daß der Mensch Christus so real nahe kommt, bis er von der sanften Gewalt ergriffen, und über sich selbst hinausgehoben wird. Einzig die Berührung schafft den lebendigen Kontakt, der den Menschen in eine mystische Verbindung mit Christus bringt. Der Mensch erfährt dann Jesu apokryphe Worte: „Wo zwei sind, sind sie nicht ohne Gott, und wo einer allein ist, so sage ich, ich bin bei ihm.“ Wer Jesus angerüht hat oder von ihm berührt wurde, der kommt nicht mehr los von ihm, und mögen sich noch so viele Zweifel, Stürme, Ängste melden, er wird immer wieder von Christi Person überwältigt. Durch die Berührung mit der Christus-Wirklichkeit wird der Mensch aus seiner Leere, aus seinem Dunkel und aus seiner Verlorenheit herausgerissen und auf jenen Weg gestellt, der durch das Labyrinth der Welt zur vollkommenen Freude führt.

Wahrhaftig, Veronika hat in aller Schlichtheit eine der tiefsten Wahrheiten ausgesprochen: „Wenn ich nur seine Kleider anrühre, werde ich gesund werden.“ „Das Blut, die Qual des Blutes, auch das unruhige Blut in ihr, das sie in jungen Jahren wie in einem Wirbel pausenlos umhertrieb, wurde vom Herrn gestillt und kam zur erlösenden Ruhe. Veronika war der von Christus berührte Mensch, der heimfand zur Geborgenheit in Gott. In diesem Erleben besteht der Glanz ihres Lebens. Um der Berührung willen sprang der Funke von Christus auf sie über. Von diesem Tag an trug sie eine unauslöschliche Liebe zu ihm. Sie konnte nie mehr vergessen, was Christus ihr getan hatte: Vor jahrelanger Qual hatte er sie befreit und sie dankte es ihm, indem sie an ihn dachte und ihm in Liebe verbunden war. Die Christusberührung schafft Liebe und der von Christus berührte Mensch ist der liebende Mensch. Christus war zu dem einen großen Ereignis ihres Daseins geworden, er war fortan ihr Vorbild, dem sie in ihrem kleinen Leben nachfolgte.

Veronikas weibliches Empfinden begehrte ein Bild von ihrem Retter zu haben, ein Gemälde, das sie immer wieder anschauen konnte, um daraus Trost, Kraft und Stärkung zu schöpfen, namentlich in Zeiten, da er nicht mehr gegenwärtig sein würde. Es genügte ihr nicht, Jesus Gestalt ihrer inneren Schaukraft zurückzurufen, sich den großen Moment zu vergegenwärtigen, da sie durch das leise Betasten seines Saumes von ihm geheilt worden war. Mit ihren leiblichen Augen wollte sie ihn immer wiederschauen, wollte sein Bild beständig vor ihrer Seele haben. Veronika ging schließlich zu Lukas und bat ihn, ein Bild von Christus zu malen. Lukas der Arzt war nicht nur der Verfasser des dritten Evangeliums und der Apostelgeschichte, er besaß auch künstlerische Fähigkeiten und war der erste Maler unter den Christen. Er malte nach der ostkirchlichen Tradition mehrere Bilder der Gottesmutter, eines schöner als das andere. Sein Name wurde seither mit der christlichen Kunst in engen Zusammenhang gebracht, und nicht zufällig nennen sich christliche Malervereinigungen Lukasgesellschaften. Der Apostelschüler hatte mehr als einmal den Meister gesehen und seine Gestalt hatte sich tief in sein Bewußtsein eingeprägt. Er willfahrte der Bitte der geheiligten Veronika und ging, die Größe seiner Aufgabe durchaus bedenkend, mit tiefem Ernst an seine Arbeit, entschlossen, das Beste seiner malerischen Begabung in das Werk hinein zu legen. Mit Inbrunst und Hingebung malte er das Bild des Herrn, er schmierte es nicht genialisch in einer Stunde auf die Leinwand, wie das heutzutage vielfach geschieht; nein, er nahm alle Kraft zusammen, und obwohl es ihm nicht auf den ersten Anhieb gelang, ließ er nicht ab, holte das Letzte aus sich heraus und setzte sein ganzes Können ein. Es war ein inneres Ringen, und er malte ein wunderschönes Antlitz mit gelocktem Haupthaar, schmalen Fingern und geteiltem Bart, wie es der klassischen Vorstellung entsprach. Schließlich glaubte Lukas, die Züge getreulich festgehalten zu haben, das Werk erschien ihm der Höhepunkt in seiner künstlerischen Laufbahn zu sein.

Wohlgefällig betrachtete Lukas das vollendete Werk, überzeugt davon, mit Gottes Hilfe ein meisterhaftes Bild geschaffen zu haben. Nicht minder glücklich war Veronika, denn bald sollte sie nun in den Besitz des Bildes kommen. Sie trat mit Lukas zusammen vor den Herrn, um sich von der Treue des Porträts zu überzeugen. Aber oh Schrecken! Sie erlebten die unangenehme Überraschung, daß das Antlitz des Herrn mit dem Bildnis überhaupt keine Ähnlichkeit aufwies. Das Abbild hatte mit dem Urbild nicht das geringste zu tun. Sie verhielten sich zueinander wie Tag und Nacht. Lukas konnte es nicht begreifen; er stand zerschmettert vor seinem Werk und empfand es als die größte Enttäuschung seines Lebens. Trotzdem gab er das Vorhaben nicht auf. Erneut machte er sich an die Arbeit, doch gelang es ihm beim zweiten und dritten Anlauf so wenig wie beim ersten Versuch. Veronika verfolgte den Vorgang mit aller Teilnahme, deren eine weibliche Seele fähig ist. Sie ermunterte ihn mit liebevollen Worten, aber es war vergeblich und schließlich sank auch ihr Mut. Sie erblickte den Grund von Lukas' Mißerfolg nicht etwa in seiner künstlerischen Unfähigkeit, sie sah ihn in ihrer eigenen Sündhaftigkeit, und glaubte, nicht würdig zu sein, ein Bild des Herrn zu besitzen. Diese Annahme drückte sie noch vollends zu Boden; Wehmut und Trauer hüllte ihre Seele ein.

Doch ist Lukas' Mißlingen nicht in einem persönlichen Ungenügen begründet, wie Veronika dachte, sondern sein Versagen ist eine Vorwegnahme des Schicksals der Christusmalerei. Die Geschichte des Christusbildes in der Kunst ist eine faszinierende Angelegenheit. Sie läßt sich nicht mit der Geschichte der Architektur oder des Stillebens vergleichen, die man mit mehr oder weniger Interesse und Wohlgefallen betrachten kann. In der Geschichte des Christusbildes aber geht es nicht nur um Fragen der Farbenmischung, der Raumverteilung und wie diese Probleme alle heißen. Das sind in formaler Beziehung wichtige Fragen, aber sie verbleiben im äußeren Vorraum. Bei der Arbeit des Christusbildes in all den Jahrhunderten haben die Künstler sich nie mit dem Vorläufigen zufrieden gegeben, sie rangen mit dem Letzten und man kann ihre fiebernde Teilnahme durch all ihr Schaffen verfolgen. Um ihres Einsatzes willen muß man die Geschichte der Christusmalerei lieben; mag der Griff nach dem Höchsten auch nie zur Vollendung geführt haben, besteht doch in ihrem inneren Scheitern die Größe der religiösen Malerei.

Lukas und Veronika waren gleicherweise betrübt und klagten nun Jesu ihre Niedergeschlagenheit. Christus erbarmte sich ihrer seelischen Bedrückung und belehrte den Maler über das Vergebliche seiner Bemühung. Man kann das heilige Antlitz nicht malen, es entzieht sich aller künstlerischen Anstrengung. Ihm ist mit aller Genialität nicht beizukommen, weil es nur in der Nachfolge erlebt werden kann. Mag man noch so edle, vergeistigte Züge malen, sie wirken nur fade, süßlich, kitschig wie ein billiger Öldruck, wodurch die Sache noch fataler wird. Der Pinsel ist nicht der Weg, über den man zu Jesus gelangt. Trotz aller künstlerischen Handhabung ist er ein unzulängliches Instrument. Auch die Palette mit den zartesten Farben kann Christus nicht wiedergeben. Das eigenartige Leuchten von Christi Antlitz ist auf keiner Leinwand festzuhalten, es verwandelt sich beständig auf eine geheimnisvolle Weise und strahlt um so intensiver, je tiefer die Not ist, aus der der Mensch dieses Antlitz anschaut. Es entzieht sich auch aller dichterischen Bearbeitung und ist niemals ein Gegenstand der Kunst. Ein Christusroman ist zum voraus ein Mißverständnis. So groß eine malerische oder dichterische Begabung auch sein mag, sie wird trotzdem Jesu Person nicht beikommen. Christus ist immer noch eine ganz andere Erscheinung, die über und jenseits aller Kunst steht. Diese Wahrheit teilte der Herr selbst dem ersten christlichen Maler mit und seine Worte haben für alle Zeiten ihre Gültigkeit. Zum Entgelt für Veronikas Enttäuschung lud sich der Herr bei ihr zu Gaste ein, und noch heute ist es der einzige Trost der Welt, wenn Christus im Herzen eines Menschen einkehrt und in ihm wohnt. Diese Mitteilung scheint ein vernichtendes Gericht über die abendländische Christusmalerei zu sein und man sträubt sich heftig, diese bestürzende Aussage anzunehmen. Trotzdem ist in ihr eine tiefe Wahrheit enthalten, und die Geschichte der Christusmalerei bekäme eine ganz neue Perspektive, würde sie unter diesen Aspekt gerückt.

Einige Zeit später kam es noch einmal zu einer Begegnung zwischen Jesus und Veronika, allerdings unter Umständen, die nie vorauszusehen waren. Sie erfolgte nach der Verurteilung Christi durch Pontius Pilatus, in dem Augenblick, da die Soldaten des Statthalters ihn auszogen und ihm einen roten Mantel umhängten, eine Dornenkrone aufs Haupt drückten und ihm ein Rohr in die rechte Hand gaben. Die Soldaten trieben ihren rohen Spott mit Christus als dem König der Juden und schreckten nicht davor zurück, ihm ins Gesicht zu speien. Mit allen expressionistischen Mitteln kann man nicht darstellen, wie grauenhaft der Herr zugerichtet wurde. Der stärkste Ausdruck ist noch nicht stark genug, weil nicht die Bosheit das Schreckliche daran ist. Das Unfaßliche besteht darin, daß sich diese Brutalität gegen den Menschensohn gerichtet hat, der das Verlorene zu retten kam. Das Entsetzliche, vor dem man die Augen schließen muß, liegt in der Überwältigung des Heiligsten durch das Teuflische. Auch Veronika hörte von den Vorgängen, die ganz Jerusalem in Atem hielten. Entsetzt darüber, vermochte sie nicht zu Hause zu bleiben und mischte sich unter das erregte Volk, um von den vielen Gerüchten zu erfahren, die durch die Luft schwirrten. In den Vormittagsstunden, da die Kriegsknechte den zum Tode verurteilten, durch die Geißelung schmachvoll entstellten Menschensohn aus dem Palast des Landpflegers hinausführten, waren die Straßen Jerusalems überfüllt von neugierigen Zuschauern und man konnte sich kaum einen Weg bahnen, denn jedermann wollte dabei gewesen sein. Ein schweres Holzkreuz hatten sie Christus auf die Schultern gelegt, das ihn ganz zu Boden drückte, und sein blutüberströmtes Gesicht war so tief gesenkt, daß man kaum sein Antlitz sehen konnte. Die Schmerzensstraße, die Jesus von Jerusalem nach Golgatha keuchend hinaufging, war der schwerste Weg, den ein Mensch je gegangen ist. Die Henkersknechte trieben den Menschensohn mit fluchenden Worten und harten Stockschlägen vorwärts. Am Straßenrand schauten die Leute dem gräßlichen Vorgang zu, einige weideten sich am Anblick und andere wiederum waren ergriffen und erschüttert von dem jammervollen Aussehen des Verurteilten, der wie ein Lamm zur Schlachtbank geführt wurde. Die Frauen schrieen entsetzt auf, als Jesus unter der Last des Kreuzes hinfiel. Es schnitt ihnen ins Herz, und es liefen ihnen die Tränen über die Wangen herab. Jesus bemerkte inmitten des namenlosen Leidens das mitleidige Verhalten der Frauen, stand einen Augenblick still und wies ihre Tränen zurück. Es ist nicht möglich, die Überdramatik des Schmerzensweges mit bloßen Worten zu erzählen. Der Mensch muß den Mut haben, diesem unerträglichen Anblick ins Angesicht zu schauen, und doch kann er vor ihm sich nur stumm verneigen.

Unter den weinenden Frauen am Straßenrand stand auch Veronika. Sie gehörte zu den Menschen, die mit eigenen Augen sahen, wie Jesus das Kreuz trug und wie das geliebte Antlitz von Schweiß, Blut und Schmerz übel zugerichtet war. Den übrigen Frauen gleich verfolgte Veronika den Vorgang mit brennenden Augen; im Innersten aufgelöst, sah sie, wie der Herr unter der Last der Kreuzesbalken ein, zwei und schließlich ein drittes Mal zusammenbrach und erschöpft auf der

Straße liegen blieb. Veronika schaute sich den schrecklichsten aller schrecklichen Vorgänge nicht wie eine sensationslüsterne Zuschauerin an, neugierig darüber, wie das ungewöhnliche Geschehen wohl noch enden werde, nein, sie ging ganz mit, erlebte es innerlich mit ihrer Herzkraft, ohne sich mit dem Schicksal des Herrn zu identifizieren, was der Mensch nie darf. Offenbar war Veronika eine erregbare, tief empfindende und auch überaus impulsive Natur. Das beispiellose Leiden des Herrn ging ihr durch Mark und Bein, ihr weibliches Gefühl kam in stärkste Schwingung, sie war unfähig, das Unfaßliche zu fassen. Wie es kam, konnte sie selbst nicht sagen, aber, ohne es sich klar zu überlegen, verließ sie den Straßenrand, drängte sich, hierin mutiger als die Männer, durch die gaffende Zuschauermenge und eilte auf den geschlagenen Herrn zu. Unerwartet befand sie sich vor dem mit Blutströmen überdeckten Antlitz, sah seine Augen, die vor Qual und Mattigkeit beinahe erloschen waren, das Herz schlug ihr zum Zerspringen und sie brachte kein Wort hervor, das der wie eine einzige Wunde wirkenden Situation angemessen gewesen wäre. Veronika wußte auch nicht, was sie jetzt, in dieser erbarmungswürdigen Lage tun sollte. Ganz instinktiv nahm sie das sich gerade in ihren Händen befindliche Tuch und wischte dem leidenden, bis zum Letzten entblößten Christus den blutvermischten Schweiß von der Stirn. Wiederum war es zu den seltsamen, ganz ungewöhnlichen Berührung zwischen Jesus und Veronika gekommen – die mystischen Berührungen zwischen dem Herrn und den ihn liebenden Seelen hören nie auf. Merkwürdigerweise hinderte sie zunächst kein Mensch an ihrem unbeholfenen, fraulichen Liebesdienst; die einzige Gebärde der reinen Menschlichkeit lähmte für einen Moment die Sturheit der Kriegsknechte, jedoch nur für einen Augenblick, dann jagte die Soldateska Veronika mit barschen Worten weg.

Veronikas Gebärde war die Tat eines Weibes, das den Herrn liebte. Die spontane Hilfeleistung trug ihr einen Dank ein, von dem sie selbst im Augenblick nichts ahnte. Die von den Kriegsknechten weggewiesene Veronika tauchte in der Menge wieder unter, niemand achtete ihrer weiter, sogar der Evangelist vergaß sie zu erwähnen. Unglaublich bestürzt aber war sie, als sie das gebrauchte Sudarium auseinanderfaltete und darauf ein vom eingetrockneten Schweiß und Blutgerinnsel gezeichnetes Bild Christi fand! Unfaßbar war es für Veronika, daß sie nicht nur in schattenhaften Umrissen die Gesichtszüge wahrnahm, nein, sehr deutlich trat das mit Blut und Tränen umrandete Bild des Herrn hervor, mit jenem von Cusanus gerühmtem Blick „als sähe er gleichzeitig alles und jedes einzelne an". Das Blut, das ihr einst der Herr gestillt hatte, strömte durch das auf dem Schweißtuch aufgefangene Blut gleichsam zu ihr zurück. Je mehr sich Veronika des geheimnisvollen Zusammenhanges inne wurde, um so mehr trat mit mystischer Klarheit das Bild Christi auf dem Tuch hervor. Es war nicht nur ein wenig schmerzlich anzuschauen, es war die Verkörperung des Schmerzes, alle Schmerzen der ganzen Welt waren in ihm zusammengefaßt. Das Abbild des mißhandelten Jesus bei der Kreuztragung prägte für alle Zeiten das leidgequälte Antlitz Christi. Die Frage, ob Jesus der Schönste der Menschenkinder war, wie der Psalmist sang, oder ob da keine Schönheit wahrzunehmen war, ist doch ein für allemal durch das Schweißtuch der Veronika zu Gunsten von Jesajas bestürzender Vision über das entstellte Antlitz des leidenden Gottesknechtes entschieden. Was dem Maler Lukas mit all seinen verzweifelten Anstrengungen nicht gelungen war, weil er sich am griechischen Ideal orientierte, das hatte der Herr sozusagen als letztes Geschenk Veronika hinterlassen. Nicht Veronika hatte das Bild geschaffen, es war ihr wider alle Erwartung gegeben worden. Das ist das einzige Bild, das es von Jesus gibt und alle anderen sind ihm nachgebildet worden. Veronika hatte es empfangen, weil sie sich so stark in das Leiden des Herrn versenkt hatte, bis es zur Wahrheit ihres Lebens geworden war, an der sie unerschütterlich festhielt.

Das Schweißtuch der Veronika ist die Ikone schlechthin, die an dem, was an Christus die Hauptsache ist, nicht vorüber geht. Veronika hatte in ihrem Leiden die Worte Christi in sich aufgenommen – ohne die ein Mensch nicht christlich leben kann – ihr aber, und nur ihr allein war das Charisma geschenkt worden, das Antlitz Christi zu bewahren, das mit der Person des Erlösers identisch ist. Sie sah, daß dieses Antlitz von einer zerstörten Schönheit und von einer unendlichen Traurigkeit war. Wegen der paradoxen Verbindung von gebrochener Herrlichkeit und geheiligtem Schmerz wagt man es kaum, das Bild anzuschauen; es ist auch nicht zum bloßen Anschauen bestimmt, fordert es uns doch auf, wie es in der Ostkirche noch heute Sitte ist, uns über die Christusikone zu beugen und sie mit ungezählten Küssen zu bedecken. Das Küssen des Christusbildes schafft wieder eine Berührung, dieses Küssen kommt einer sakralen Handlung gleich – wie anders sollte man es bewerten?

Viel wurde über das Schweißtuch der Veronika als Sinnbild der Passion Christi geschrieben. Schon Euseb hat die Ikone in seiner Kirchengeschichte erwähnt und im Nikodemusevangelium steht es ebenfalls. Im Frühmittelalter hat Bischof Romanus dem Papst das Schweißtuch der Veronika geschenkt und im 12. Jahrhundert wurde es in St. Peter in Rom gezeigt. In den letzten Jahren hat das Turiner Grabtuch viel von sich reden gemacht, es wurde mit den neuesten Methoden untersucht und bot eine Negativansicht, während das Positivbild ein nicht leicht zu beschreibendes Antlitz darstellt. Doch gab es schon in der mittelalterlichen Epoche Zweifler, die Bedenken gegen die Echtheit der Reliquie äußerten und sie sind seither nicht mehr verstummt. Alle Diskussionen über das Pro und Kontra führen ins Uferlose; bei dieser Problemstellung entschwindet das heilige Antlitz wieder und man hat zuletzt nichts mehr in den Händen. Es ist müßig, sich am Gelehrtenstreit zu beteiligen, sehr vonnöten aber ist die Bitte: „Sei mir gegrüßt, du Haupt voll Blut und Wunden."

Das Sudarium der Veronika antwortet auf die Frage, wie der Mensch zum authentischen Bild Christi gelangt. Gewiß nicht durch den bloßen Anblick einer Malerei, mag sie noch so aus einer verzehrenden Hingabe und einem hohen künstlerischen Können herausgeflossen sein. Ungeachtet aller Bemühungen verbleibt die malerische Anstrengung im Unzulänglichen, das heilige Antlitz kommt in ihr nie ganz real zum Vorschein, was der Versuch des Lukas erschütternd bewiesen hat. Auch durch das bequeme Beobachten am Straßenrand kommt man nicht zum Ziel, weil die Schaulust viel zu ungebändigt und zu unverbindlich ist. Sie verpflichtet den Menschen zu nichts und führt lediglich zu schlaffen Erkenntnissen. Wer sich auf der Linie des Zuschauers bewegt, der wird bei allem Interesse nie und nimmer ein tieferes Bildnis vom Herrn empfangen. Der Mensch muß einen wesentlich anderen Weg beschreiten, seine Bestimmung ist es, sich innerlich an Christi Passion zu beteiligen, in das Leiden Jesu hineinzugehen, die Bereitschaft aufzubringen, das Mysterium von Christi Kreuz in sich aufzunehmen. Einzig in der Seele des Christen, der dem Schmerzensmann ins Auge schaut, der vor ihm niedersinkt und sein Blut in sich hineintrinkt, formt sich zuletzt ein wahres Bild Christi. Auf dem Weg des lebendigen Mit-Leidens allein prägt sich das heilige Antlitz im Menschen ein, senkt es sich tief und unauslöschbar in sein Inneres hinab. Auch die Christusbilder der Kunst, bei denen das doch gelungen ist, was sonst nicht gelingen kann – beispielsweise bei der Kreuzigung von Perpignan, beim Isenheimer Altar, bei einer Rembrandtradierung – sind letztlich durch das Eintreten in Christi Passion entstanden. Die Künstler, die das Scheitern der Christusmalerei widerlegten und wider alle Erwartung doch das Unmögliche möglich machten, brachten es nicht dank ihrem Genius zustande, im Gegenteil, sie warfen Pinsel, Palette, Staffelei fort, ohne Bild gesprochen, sie ließen Ruhm, Ehrgeiz, Geltungsdrang hinter sich und öffneten ihre Seele, wurden ganz still, dachten nur noch an das Eine, Christus in sich aufzunehmen und warteten in Geduld und Innerlichkeit auf die Stunde der Gnade. Es war nur noch teilweise ein Problem der Malerei für sie; das viel größere Problem war die Gleichzeitigkeit mit Christo zu erleben. Die zeitlosen Christusbilder üben die ergreifende Gewalt über den Betrachter aus, weil der Künstler am Leiden Christi innerlich teilgenommen hat, das Bild mehr mit dem Herzblut als mit der Farbe malte und daher einen Widerschein festzuhalten imstande war. Wo aber die letzte Bereitschaft zum Mit-Leiden fehlte und man lediglich zur Abwechslung auch einmal eine Kreuzigung malte, da entstanden jene viel zu vielen nichtssagenden Christusbilder, die die Welt überfluteten und die mehr Unheil als Segen gestiftet haben. Die Wahrnehmung wächst sich für den Menschen der Gegenwart zu einer Wegweisung aus. Der gewöhnliche Weg, einfach eine Abbildung Christi anzuschauen, ist nichtssagend, ungenügend, wenig förderlich, die Flüchtigkeit kostet nicht die geringste Anstrengung und kann deswegen auch nie zu einem inneren Bilde führen. Er bedarf unbedingt der Ergänzung durch den Weg, der mit Christus zu gehen entschlossen ist, der das erleben möchte, was Paulus „in Christo sein“ nannte. Wer hierzu die Bereitschaft aufbringt, in dessen Seele senkt sich ein unauslöschliches Bild von Christus, das durch keine anderen Eindrücke verblaßt, das den Menschen durch alle Stürme des Lebens hindurch begleitet und das ihn dem heiligen Antlitz immer näher kommen läßt.

Veronikas Begebenheit mit dem Schweißtuch ist von einer überästhetischen Schönheit, ihre gestaltete Wahrheit überstrahlte alle Widersprüche des Lebens. Doch hatte die sich darin offenbarende Herrlichkeit noch eine Nachgeschichte, deren Klangfarbe so bedeutsam ist wie die Vorgeschichte, die zur Heilung Veronikas geführt hat.

In Rom erkrankte Kaiser Tiberius an einem bösartigen Übel. Es war ein Siechtum, dessen Ursache die Ärzte nicht zu erkennen vermochten. Sie standen ratlos vor der Krankheit, die den Kaiser von Tag zu Tag mehr schwächte. Alle Reichtümer der Welt vermochten dem unaufhaltsamen Zerfallsprozeß nicht Einhalt zu gebieten; der Herrscher sah mit seinem „Wespennest im Kopf“ einem trostlosen Ende entgegen. Da drang aus weiter Ferne das Gerücht zu Tiberius, daß im fernen Galiläa ein Heiland sei, der alle Krankheiten durch die Kraft seines Wortes zu heilen fähig sei. Tiberius, rief Volusiano zu sich, erteilte ihm den Auftrag, schnellstens übers Meer zu fahren und Pilatus zu ersuchen, ihm den Arzt zu senden, der ihm wieder die Gesundheit schenke. Volusiano kam zu Pilatus, der nicht wenig über das Ansinnen des Kaisers erschrak, weil er den gewünschten Nazarener schon hatte ans Kreuz schlagen lassen. Pilatus erbat sich eine Frist von einigen Tagen, angeblich um den Befehl auszuführen, in Wirklichkeit aber, um sich zu überlegen, wie er sich glimpflich aus der Affäre ziehe. Während der Zwischenzeit erfuhr Volusiano, daß der gesuchte Menschensohn schon von Pilatus dem Tode überantwortet worden war. Über diese Auskunft war Volusiano überaus betrübt, denn nun konnte er dem hohen Befehl nicht nachkommen und außerdem war es um die Gesundheit des Kaisers geschehen. Bald hernach kam Volusiano aber die Mitteilung zu Ohren, daß in Jerusalem eine Frau wohne, die ein Bild von Jesus besitze, das einer überirdischen Sphäre angehöre. Von ihm gingen heilbringende Kräfte aus, sofern es der Mensch mit innerer Andacht betrachte. Dem Bilde, unbedingt dem Bild – und keineswegs dem bloßen Tuch – wohne die ungewöhnliche Wunderkraft inne, weil in ihm Urbild und Abbild in geheimnisvoller Kommunikation stehen. Der kaiserliche Gesandte stellte hierauf die Frage: „Mag jemand das Bild mit Gold oder Silber aufwiegen?“ Nun ja, dies ist immer der erste Gedanke des Menschen, um welchen Preis man das, was ihnen begehrenswert erscheint, kaufen könne, ohne dabei zu bedenken, daß es lediglich die materiellen Dinge sind, die mit blanker Münze bezahlt werden können. Die wahren Bilder sind jedoch mit allem Gold der Welt nicht zu erwerben. Auf seine plumpe Frage erhielt denn auch Volusiano die prompte Antwort: „Nein, das Bild erzeigt seine Kraft allein einem gläubigen und andächtigen Herzen.“

Veronika war unter keinen Umständen bereit, sich vom Schweißtuch, dem teuersten Schatz ihrer Seele, zu trennen. Alle Überredungskraft half nichts. Nur dazu entschloß sie sich nach langem Zureden, den kaiserlichen Gesandten zu begleiten und das Schweißtuch selbst nach Rom zu bringen. Sie trat die weite Reise an, fuhr über das Meer und gelangte in die kaiserliche Residenz. Der Kaiser, von Schmerzen gequält, ruhte auf dem Krankenlager und wartete mit Ungeduld auf die Rückkehr des Boten. Veronika trat vor ihn hin, breitete mit sorgfältiger Gebärde das Schweißtuch vor ihm aus und der Kaiser betrachtete das aus Blut und Tränen gezeichnete Bildnis. Beim Anblick vergingen dem Imperator alle zweiflerischen, neugierigen Fragen, er beugte sich zu ihm hinab, immer tiefer hinab, er konnte sich gar nicht genug hinabbeugen und sich vom Anblick losreißen. Während er noch ganz in schweigsamer Meditation des Bildes versunken war, spürte er, wie die Lebenskräfte in seinen Körper zurückkehrten und er von seinem schweren Leiden genesen war. Das Bild hatte seine verwandelnde Kraft an ihm ausgeübt.

Was Tiberius widerfuhr, enthüllt die tiefere Bestimmung des religiösen Bildes. Auch die Bilder christlichen Inhaltes sind zur Betrachtung, aber nie zum bloß genießerischen Anschauen geschaffen. Sie haben eine viel wesentlichere Sendung zu erfüllen. Man muß sie mit fragenden, erwartungsvollen Augen anschauen, muß mit ihnen flehentlich reden, einen inneren Dialog mit ihnen führen und erst dann geht die charismatische Ausstrahlung von ihnen aus. Mögen dem modernen Menschen sich alle Haare sträuben, mag er über den angeblichen Aberglauben mit den Zähnen knirschen, das hat gar nichts zu bedeuten, es bleibt doch wahr: Bilder führen ein unergründliches Eigenleben, sie bergen heilbringende Kräfte in sich, so daß Menschen an ihnen gesunden. So aufreizend es für das neuzeitliche Bewußtsein ist, es gibt gar kein anderes Wort: echte Ikonen sind wundertätig, das Heilige ist ihnen anwesend, die ostkirchliche Tradition hat es schon immer ausgesagt. Das heilige Antlitz auf dem Schweißtuch der Veronika hat erstmals die therapeutische Kraft des Bildes bekundet, dem es beschieden war, das wahre Bild des Erlösers zu entfalten.

Ist dies nun alles längstens vergangen und verklungen? Verhallt im Trubel der Zeiten und überholt von den technischen Errungenschaften? Dann wäre keine überzeitliche Wahrheit in der Veronikalegende enthalten gewesen. Vielmehr ist es geboten, sich an Georges Rouault zu erinnern, der sich von der Gestalt der Veronika so angesprochen gefühlt hat, daß er mehrfach ihre feinen Gesichtszüge in seinen altarwürdigen Gemälden festzuhalten versucht hat und sich dabei die Worte notierte: „Veronika mit ihrem zarten Linnen geht immer noch des Weges ...“

SANKT SEBASTIAN

Einer der volkstümlichsten Heiligen des Mittelalters war Sebastian, dem man von allen Seiten eine warme Verehrung entgegengebracht hat. Viele Maler haben ihn stets in gleicher oder ähnlicher Haltung dargestellt: an einen Baum gebunden, den Körper von zahlreichen Pfeilen durchbohrt.

Was ist der Grund der weitverbreiteten Verehrung? Weshalb hat sein Tod die Christen so stark beschäftigt, obschon es doch so viele Heilige gab, die ein nicht minder qualvolles Martyrium erlitten hatten, sei es, daß sie lebendigen Leibes langsam geröstet, in zwei Teile auseinandergesägt oder gevierteilt wurden? Warum wurde Sebastian immer in der gleichen Haltung gemalt? Taten es die Künstler, um die heidnischen Nuditäten in die keusche Kirche Gottes einzuführen und fanden sie in Sebastian, dem nackten Jüngling in der Blüte seines Lebens, eine willkommene Gelegenheit, ihre Meisterschaft in der Gestaltung eines schönen Körpers zu zeigen, was in der mittelalterlichen Zeit verpönt war? Doch brauchen diese unheiligen Motive nur erwähnt zu werden, und schon fallen sie in ihrer Unzulänglichkeit in sich zusammen.

Mit der Verehrung Sebastians hat es jedoch eine ganz andere Bewandtnis. Sebastian war von großer Ausstrahlung, deren Grund in ihm und nicht außerhalb seiner selbst lag. Er ist als der Prototyp des Märtyrers in das abendländische Bewußtsein eingegangen. Der Bericht über sein Martyrium ist von einer hoheitsvollen Würde und ragt weit über die bloße Literatur hinaus. Sebastian hatte Anteil an der Schmach Christi, sein Leiden ist eine Weiterführung der Passion in die Gegenwart hinein, er war ein Mensch, der im Sterben zu leben anfing. Das Martyrium ist wie alle Passion ein Geheimnis, das mit den Worten Mut, Tapferkeit, Unerschrockenheit nicht erklärt werden kann. Sebastian hat das schwerste Opfer vollbracht, das ein Mensch zu leisten imstande ist, er ist für die Wahrheit bis in den Tod eingestanden und mehr zu tun ist nicht möglich. „Ein Märtyrertum ist niemals der Plan eines Menschen; denn der wahre Märtyrer ist der, der ein Werkzeug Gottes geworden ist, der seinen Willen in den Willen Gottes verloren hat, nicht verloren, sondern gefunden hat, denn er hat die Freiheit in der Unterwerfung unter Gott gefunden. Der Märtyrer begehrt nichts mehr für sich, nicht einmal den Ruhm des Märtyrertums" (T. S. Eliot).

Sebastian kommt nur nahe, wer seinen Ausgangspunkt beachtet. Er ist einzig von einem und nicht von vielen Aspekten aus zu verstehen. Er war ein Mann aus einem Guß, es wohnten nicht zwei Seelen in seiner Brust, geschweige denn ein halbes Dutzend, wie wir sie in den heutigen Menschen finden. Die alles erklärende Voraussetzung Sebastians besteht darin: der zu Narbonne geborene Sebastian war ein Christ. Er war es aus voller Überzeugung. Das Christsein war bei ihm keine laue Gewohnheitssache, er konnte nicht von Golgatha reden und dabei gähnen. Das Evangelium war ihm nie eine Angelegenheit des Brauchtums, der Herkunft und schon gar nicht der Parteipolitik. Dies alles sind spätere Verderbnisse. Sebastian nahm das Christliche überaus ernst, es durchdrang alles. Der Glaube stand an erster Stelle und bestimmte sein Denken. Sebastian lebte aus ihm, er durchdrang alle seine Worte, er vermochte nicht kalt und gleichgültig von ihm zu reden, denn das Außerordentliche war für ihn Glut und Feuer. Kierkegaards Fragestellung „wie werde ich ein Christ" wäre nie sein Problem gewesen, denn Sebastian war ein Christ, war es ganz und gar und mit allen Fasern seines Wesens. In der Neuzeit diskutiert man, wer ein Christ sei und wer diese Bezeichnung für sich beanspruchen dürfe. Sebastian hätte es nie nötig gehabt, sich an einer vom Intellektualismus angekränkelten Diskussion zu beteiligen, bei der man ohnehin die Bezeichnung Christ sich selbst kaum zulegen, und noch viel weniger einem andern Menschen absprechen darf. Das Christliche hatte Sebastians Dasein umgewandelt, der Glaube hatte ihn durchaus in eine übervernünftige Welt hinaufgerissen. Sebastian war ein Christ, aus dem Sein in Christo ist er allein zu begreifen.

Der Heilige hatte das Christentum in einer schwierigen Umgebung zu bewähren, denn er war von Beruf Soldat und bekleidete unter den Kaisern Diokletian und Maximin einen hohen militärischen Posten. Die Beziehung von Christsein und Soldatentum war in den ersten Jahrhunderten noch ein schweres Problem und keine gedankenlose Selbstverständlichkeit. Johannes der Täufer hat auf die Frage der Soldaten „was sollen wir tun" geantwortet: „Begehet gegen niemanden eine Gewalttat" – aber, wie kann ein Krieger diesem Worte nachkommen? Tertullian mit seiner Entweder-Oder-Geistigkeit dagegen postulierte die Unvereinbarkeit von Christsein und Soldatentum. Jedenfalls besteht zwischen ihnen von innen gesehen eine nicht aus der Welt zu schaffende Spannung. Das Gewissen der ernsten Christen hat sie immer empfunden; das Töten von Menschen, selbst wenn es zur Verteidigung des Vaterlandes geschieht, ist eine höchst belastende Sache. Das Evangelium tritt für die Wehrlosigkeit ein, es rät dem Menschen die linke Backe hinzuhalten, wenn er auf die rechte geschlagen wird, es befiehlt das Schwert in die Scheide zu stecken, weil derjenige, der es ergreift, durch das Schwert umkommt – Forderungen, die für den christlichen Wehrdienst sich wie Fischgräten im Halse festhaken.

Der tapfere Soldat hat die religiösen Bedenken gekannt, denen der Soldatenberuf in christlicher Sicht unterliegt; aber er wird auch gewußt haben, daß es nicht der einzig belastende Beruf ist, gab es doch später in der Geschichte auch große soldatische Persönlichkeiten, denen die christliche Gesinnung nicht abgesprochen werden kann. Sebastian stellte seine gottbezogene Überzeugung in seinem militärischen Beruf mannigfach unter Beweis, indem er „mit seinen Worten die Christen stärkte, wenn sie in der Pein verzagen wollten, die man ihnen antat". Hierin wird Sebastians erste Funktion sichtbar: ein Ermahner zur Beständigkeit zu sein. Er sprach seinen Glaubensgenossen unablässig Mut zu, auszuharren, nicht schwankend oder gar schwach zu werden. Wenn ein Mensch von der Notwendigkeit der Standhaftigkeit durchdrungen war, so war es Sebastian. Dies war einer seiner ausgeprägtesten Wesenszüge, Wurzel in sich haben, im religiösen Boden festgegründet sein, dies war Sebastians Anliegen. Er selbst besaß die seelische Kraft, Widerstand zu leisten, wenn es die Umstände erforderten. Er kannte keine falsche Nachgiebigkeit, er stimmte nie einer Sache bei, die gegen sein Gewissen war. Die Preisgabe des Glaubens ist ein Verrat, der einer schweren Sünde gleichkommt. Die Standhaftigkeit ist eine ungemein wertvolle Eigenschaft, sie erhebt einen Menschen zu einem Wesen, auf das man sich unbedingt verlassen kann, das seine Fahne nicht nach jeder Windrichtung ausrichtet, das kein schwankendes Schilfrohr ist, sondern feststeht und nicht nachgibt. Die Haltung der inneren Festigkeit ist für Sebastian charakteristisch, die unwandelbare Christlichkeit brach in all seinen Worten und Taten durch, sie war nicht nur ein barocker Schnörkel zu seinem Wesen, sondern die Melodie seines Lebens. Allezeit war er bemüht, den Herrn nicht zu verleugnen, mochte die Lage noch so schwer sein.

Zwei Brüder, die zudem noch Zwillinge waren und sich beide zum Christentum bekannten, sahen ihrer Hinrichtung entgegen. Sie befanden sich im Kerker, ihre Enthauptung stand kurz bevor. Sie standen in einer der allerschwersten Situationen voll überhängender Traurigkeit und atemberaubender Beklommenheit, da sich eine Stimmung trübster Erwartungen einstellte, galt es doch Abschied von Menschen, Leben und Erde zu nehmen. Außer dem schmerzlichen menschlichen Verlust betrachteten ihre heidnischen Angehörigen die ganze Angelegenheit noch als eine unaustilgbare Schande für die Familie. Begreiflicherweise versuchten sie das drohende Unglück abzuwenden, indem sie die beiden Brüder zum Abfall vom Christentum zu bewegen versuchten, um sie damit vor der Hinrichtung zu retten. Die Mutter erschien mit aufgelöstem Haar und zerrissenen Kleidern im Kerker und, um ihren Bitten Nachdruck zu verleihen, wies sie auf ihre Brüste hin, mit denen sie sie gesäugt hatte und jammerte laut: „O ihr lieben Kinder, wie bringet ihr mich in unsägliches Leid und bittere Schmerzen!“ Das mütterliche Herz setzte die Entschlossenheit ihrer beiden Söhne zum Martyrium einem Selbstmord gleich. Wilde Klagen stieß sie aus: „Das ist ein neuer Jammer und ein neues Leid, daß der Kinder blühende Jugend williglich verloren wird und die betrübten alten Eltern müssen leben bleiben.“ Noch schrie die Mutter ihren Schmerz in die Welt hinaus, als der greise Vater hineingeführt wurde, auf die Arme seiner Knechte gestützt und das Haupt mit Asche bestreut. Auch er fühlte das gleiche Leid wie die Mutter und sagte mit zittriger Stimme: „Ich bin hieher gekommen, daß ich meinen Söhnen Lebewohl sage, die sich selbst dem Tode ausliefern. Das Grab, das ich mir hatte bereitet, das wird nun ihr Grab.“ Ebenso war für ihn die Martyriumsbereitschaft nur eine Todesliebe, die ihm unverständlich war. Er rief Jünglinge und Greise zu Zeugen an, daß ihnen nicht ein ähnliches Schicksal widerfahre. „Ach ihr Augen, werdet blind vor Weinen, daß ihr nicht ansehen müßt, wie man ihnen mit dem Schwerte das Haupt vom Rumpfe trennt.“ Schließlich stimmten die Gattinnen und Kinder der Verurteilten in das Wehgeklage ein und versuchten mit herzzerreißenden Worten die feste Haltung der beiden Christen zu erschüttern. Unmöglich ihnen daraus einen Vorwurf zu machen, denn jedes menschliche Gefühl pflichtet ihnen ohne weiteres bei. Die dramatische Szene im Kerker der Zwillingsbrüder kann keinen Menschen gleichgültig lassen, der sich nur ein wenig in die Situation voll Schmerz und Düsternis hineindenkt. Die Lage jedes zum Tode Verurteilten ist qualvoll; es ist schwer und kaum zu ertragen, wenn jemand den letzten Gang antreten muß. Auch die betroffenen Männer blieben nicht unbewegt vor dem seelischen Ansturm, sie hätten aus Eisen und nicht aus Fleisch und Blut sein müssen, wären sie davon nicht berührt worden.

Wer weiß, ob sie standhaft bei ihrem Entschluß geblieben wären, hätte nicht der dabeistehende Sebastian das Wort ergriffen: „O ihr starken Ritter Christi, lasset euch nicht die ewige Krone rauben durch Bitten und süße Worte“, und zu den Eltern gewandt fügte er hinzu: „Fürchtet euch nicht, denn diese werden nicht von euch geschieden, sondern sie gehen hin, daß sie euch eine Wohnung bereiten in den Sternen. Denn sehet, von Anbeginn der Welt hat dieses Leben die betrogen, so darauf bauten, es hat genarrt, die es suchten, und hat zu Spott gemacht, die ihm vertrauten; und ist also wenig Sicherheit in ihm, daß man sprechen mag, es sei ganz und gar betrogen: es ermahnet den Dieb, daß er stehle, den Zornigen, daß er schlage, den Lügenhaften, daß er betrüge. Dies Leben gebietet Sünde, befiehlt Missetat und rät zum Unrecht. Die Verfolgung aber, die wir hie leiden, die glühet heute und ist morgen verraucht, sie ist heute hitzig und morgen kühl, in einer Stunde nimmt sie ein Ende. Aber die ewige Pein, die wird alle Zeit erneut, daß sie desto grimmer sei, sie wird gemehrt, daß sie brenne, und wird entfacht, daß die Strafe vollkommen sei. Darum soll all unsere Begierde mit Minnen zur Marter stehen. Wohl meint der Teufel, daß er uns hier möge überwinden; aber so er fangen will, ist er selbst gefangen; so er uns packt, ist er gebunden; da er siegen will, ist er überwunden; da er peinigt, wird er gequält; da er würget, ist er tot; da er höhnet, wird er zu Spott." Die eindrucksvolle Rede verfehlte ihre Wirkung nicht, weil sie vom überzeugten Christen Sebastian gehalten worden war. Es kommt einem Lichtstrahl von oben gleich, wenn in einer dunklen Situation, die sich zu einer Finsternis zusammenballt und das Verzagen, das Beben, die Verzweiflung über alle Gemüter kommt, ein Mensch da ist, der die innere Gefaßtheit nicht verliert und das richtige Wort in der schwersten Stunde findet. Wie wohltuend klingen die Worte: „Jetzt ermahne ich euch guten Mutes zu sein, da der Engel Gottes zu mir gesagt hat: fürchtet euch nicht!" „Den großen Christen stand immer das tröstende Wort zur Verfügung, das die schrecklichste Situation erhellte. „Das rechte Wort ist immer eines, das die Liebe spricht, und es wohnt ihm die Kraft inne, chinesische Mauern zu durchbrechen. Alles menschliche Unglück in der Welt rührt daher, daß die Menschen so selten das rechte Wort zu sprechen wissen. Wüßten sie es, sie ersparten sich das Elend und den Jammer der Kriege. Es gibt kein menschliches Leid, das nicht durch das rechte Wort gebannt werden könnte, und es gibt in allem Unglück dieses Lebens keinen anderen wirklichen Trost, als der vom rechten Wort kommt" (F. Ebner). Sebastians Worte im Kerker sind keine oratorische Meisterleistung eines nach Effekt haschenden Redners – die verfängt in wirklich seelischen Nöten nicht mehr – sondern es sind vom Heiligen Geist eingegebene Worte. Es ist das Vorrecht des christlichen Menschen, diese ermutigend erhellenden Worte zu sprechen, die den andern nicht zur Verfügung stehen und ihnen doch zugute kommen.

Sebastians Worte waren ihm aus einer höheren Erleuchtung eingegeben und verhallten deswegen auch nicht wirkungslos in der Luft, denn „kein Wort, das von Gott kommt, wird kraftlos sein", sagte schon der Engel Gabriel zu Maria. Des Kerkermeisters Weib, Zoe genannt, stürzte sich nach Sebastians Rede zu seinen Füßen. Sie vermochte ihrer Stummheit wegen ihrem Elend nicht Ausdruck zu geben, durch ihre Gebärden aber bedeutete sie ihm, sich ihrer zu erbarmen. Sebastian erinnerte sich an die gelöste Zunge des Zacharias, und er flehte Gott um Hilfe für sie an. Um seinen Worten die göttliche Legitimität zu verleihen, wurde Zoe die Sprache wiedergegeben, und zum maßlosen Erstaunen aller Anwesenden brach sie unerwartet in die Worte aus „Gesegnet sei die Rede deines Mundes, und gesegnet alle, die deinen Worten glauben; denn ich sah einen Engel bei dir stehen, der hielt dir ein Buch vor, darin waren alle Worte geschrieben, die du hast gesprochen." Das Zeugnis der Zoe setzt Sebastians Originalität keineswegs herab; es gibt kein höheres Lob, als die Worte eines Menschen zu Engelsworten zu erheben, was sie auch sind, wenn je ein Wort die Dunkelheit des Daseins zu durchbrechen und erhellen vermag. Tatsächlich hat Sebastian, was den Menschen nur selten beschieden ist, mit Engelszungen geredet; man lese seine Aufmunterung zur Standhaftigkeit nur noch einmal im Hinblick auf das ihm vorgehaltene Engelbuch durch, der zweite Eindruck wird noch stärker sein als der erste: das verschleierte Dasein nimmt in ihr transparenten Charakter an.

Die Erlösung von der Stummheit Zoes war nicht die einzige

Wirkung von Sebastians Rede. Ihr Gatte, der Gefängniswärter, bat um Gnade und wollte in seinem Überschwang sogar die beiden Gefangenen freigeben, die aber nach Sebastians Weisung vom Anerbieten keinen Gebrauch machten. Auch die mit aufgelöstem Haar danebenstehende Mutter und der greise Vater der Zwillingsbrüder wurden vom Glauben ergriffen und ließen sich taufen. Die Taufe heilte auch den kranken Vater von seinem Siechtum. Sebastians Worte waren nicht kraftlos gewesen, man sprach viel von den Heilungen und man verglich die ganze Szene mit Paulus' Begebenheit im Kerker zu Philippi; hier wie dort empfand man die gleiche, nicht zu beschreibende Atmosphäre des Frühchristentums.

Der Präfekt der Stadt Rom erhielt Mitteilung vom Geschehen, und da er selbst an einer schweren Krankheit litt, war er am Ereignis höchst interessiert. Er erkundigte sich über die näheren Umstände und bat den die Taufe vollziehenden Presbyter wie auch Sebastian zu sich, damit sie auch ihn gesund machen würden. Sebastian schlug das Ansinnen nicht zum voraus ab, sondern verlangte von ihm die Zerbrechung der Götterstatue als Vorbedingung einer Genesung. Der Präfekt willigte ein und gab seinen Knechten den Befehl zur Zerstörung. Sebastian dagegen wandte ein, daß sich die Knechte vor der Ausführung des Auftrages fürchteten und daß man ihnen ihr Tun übel auslegen werde. Er selbst nahm hierauf die Zertrümmerung vor und vernichtete eigenhändig mehr denn zweihundert Abgötter. Aber die Genesung stellte sich trotzdem nicht ein, man stand vor einer Schwierigkeit und es schien, ein schwerer Rückschlag sei im Ablauf der Geschehnisse eingetreten.

Für Sebastian war dies jedoch kein Anlaß, an der Macht Gottes zu zweifeln. Er verdächtigte den Präfekten, am heidnischen Aberglauben festzuhalten und tat ihm auch seinen Argwohn kund. Der Präfekt fühlte sich ertappt und gestand: „Ich habe noch ein verborgenes Gemach, darin ist des Himmels und der Sterne Lauf gar meisterlich gemacht; mein Vater hat mehr denn zweihundert Pfund Goldes daran gelegt, und ich sehe daran alle zukünftigen Dinge." Diese Worte des Präfekten könnten auch heute noch gesprochen sein, denn der Mann war ein erklärter Anhänger der Astrologie, der in der Gegenwart nicht weniger gehuldigt wird als damals. Die Verbindung der heidnischen Sternkunde mit dem christlichen Vorsehungsglauben ist jedoch eine Unmöglichkeit. Unvereinbares kann nicht vereinbart werden, selbst wenn es noch so geschickt mit religiösen Worten verbrämt wird. „Alle zukünftigen Dinge" vorauszusehen ist Gottes und nicht der Menschen Sache. Der Allmächtige läßt sich nicht in seine Pläne schauen, sie sind für den Menschen ein undurchdringliches Geheimnis. Der Geschichtsablauf ist kein Mechanismus, der sich genau voraussagen läßt, sondern er ist der freien Souveränität Gottes anheimgestellt. Vom christlichen Standpunkt aus muß man alle offene oder getarnte Astrologie ablehnen, dies hat Sebastian nicht weniger deutlich ausgesprochen als Augustinus. Wer das Gegenteil behauptet, ist ein Wirrkopf, deren es viele gibt und die gerade auch in der heutigen Zeit wieder ihr Unwesen treiben und mit ihrer Pseudoprophetie mannigfachen Unfug anrichten. Sebastian erklärte dem Präfekten eindeutig, daß er keine Genesung zu erwarten habe, solange das astrologische Machwerk sich im heimlichen Zimmer befinde. Erst bei dieser klaren Sprache gab er die zögernde Zustimmung zur Zerstörung des Gebildes. Der Sohn widersetzte sich zunächst dem Ansinnen, aber um nicht als Hemmnis für die Erlangung der Gesundheit seines Vaters dazustehen, machte er seine Einwilligung davon abhängig, daß, wenn keine Änderung im Zustand des Vaters eintrete, Sebastian nachher verbrannt werden solle. Allein, die Genesung trat nach der Zerstörung ein und der Präfekt war von diesem Wunder so sehr überwältigt, daß er Sebastian die Füße küssen wollte, ein Tun, das Sebastian ihm versagte, weil er jede devote Menschenverehrung strikte ablehnte.

Die Genesung des Präfekten war ein Zwischenspiel, das den Zorn der Heiden über Sebastian nicht aufzuhalten vermochte. Sie gerieten in Wut über die Zerbrechung ihrer Götterbilder, erhoben sich gegen die Christen und eine der ersten, die ihren wilden Mordinstinkten zum Opfer fielen, war Zoe, die Gattin des Gefangenenwärters. Auch der Vater der beiden Zwillingssöhne fand es nicht richtig, daß ihm die Frauen in der Erlangung der Märtyrerkrone vorauseilten. Er erlitt selbst, wie einst Stephanus in der Apostelgeschichte, den Steinigungstod. Auch die Häupter der beiden Zwillingsbrüder fielen unter dem Beil des Henkers. Ebensowenig entging der Sohn des Präfekten dem Todesschicksal, denn er wurde vor die Wahl gestellt, den Göttern Weihrauch zu opfern oder mit bloßen Füßen über glühende Kohlen zu gehen. Er wählte das letztere, bekreuzigte sich und sprach: „Mich dünket, daß ich auf Rosen gehe, im Namen unseres Herrn Jesu Christi.“ Die Heiden, sprachlos über den Mut der Christen, wußten diese Todesbereitschaft nur den im Spiele stehenden Zauberkräften zuzuschreiben. Diese Verdächtigung teilt der heutige Mensch nicht mehr, aber er ist geneigt, mit seiner psychologistischen Betrachtungsweise im Verhalten dieser Leute eine ausgesprochene Halsstarrigkeit zu sehen, wenn er nicht geradewegs von einer pathologischen Einstellung munkelt. Er fühlt sich leicht abgestoßen von der Martyriumsbereitschaft, die diese Christen angesichts der blutigen Welle der Verfolgung an den Tag legten. Er muß wohl aus seiner eigenen Lauheit heraus derart verständnislos urteilen, die sie in einer gefährlichen Sicherheit wiegt. Tatsächlich aber wird in Zeiten der Bedrohung, da die Zugehörigkeit zum Christentum den letzten Mut erfordert, dem Christen eine unerklärliche Gefaßtheit von oben geschenkt, die ihn ruhig, ohne Angst und Verzagen in den Tod gehen läßt. Dabei stirbt keiner für sich selbst, sondern ein jeder für den anderen. In solchen Momenten hört alles intellektuelle Gerede auf, es wird nicht mehr diskutiert, ob sich ein Mensch für die Wahrheit totschlagen lassen darf, denn angesichts der größten Opfer verstummt das Pro und Kontra. Gewiß gab es auch damals Christen, die im Hinblick auf die Qualen zu zittern begannen – es wäre mehr als seltsam, hätte es in ihren Reihen gar keine Angst gegeben – aber vielen wurde eine übermenschliche Kraft verliehen, so daß sie mit gefaßter Standhaftigkeit ihren Glauben bezeugten und dafür in den Tod gingen. Die Blutzeugen sind die Glieder in jener heiligen Kette, die von den Tagen der Apostel bis zur Gegenwart reicht.

Die erwähnte Begebenheit ist ergreifend und doch ist sie nur eine Vorgeschichte, ein Präludium und eine Einleitung zur Mitte der Legende. Das Wesentliche beginnt erst, wenn man fragt: „Und Sebastian?“ Was geschah mit ihm? Während er zunächst als Ermahner zur Beständigkeit und nachher als Wundertäter im Vordergrund stand, trat er während der Verfolgungswelle merkwürdig zurück. Doch gehört Sebastian nicht zu den fragwürdigen Menschen, die die anderen zum Martyrium drängen, während sie selbst vorsichtig in Deckung bleiben. Diese verächtliche Einstellung wird niemand Sebastian zutrauen, der doch mit seiner Götzenzertrümmerung am hellen Tag einen größeren Mut bewies als Gideon, der das Gleiche in der ihn verbergenden Nacht vollbrachte. Sebastian wußte, daß es nicht angebracht ist, aus einer romantischen Begeisterung heraus sich selbst zum Martyrium vorzudrängen, weil kein Mensch weiß, ob er von Gott die Kraft zum Durchhalten bekommt. Die Heiden betrachteten Sebastian als die treibende Kraft in der ausgebrochenen Verfolgung, aber sie getrauten sich seiner hohen militärischen Stellung wegen nicht, Hand an ihn zu legen.

Sie wählten den infameren Weg und denunzierten seine aufmunternde Tätigkeit dem Kaiser, der hierauf Sebastian zu sich berief. In diesem Zeitpunkt stieg Sebastian vom Ermahner zur Beständigkeit zum Bekenner auf und legte nun selbst den letzten, christlichen Mut an den Tag. Bekennen und zwar unerschrocken vor den Leuten bekennen, was man glaubt, gehört zum Christsein und ist uns von Christus aufgetragen: „Wer mich vor den Menschen bekennt, den will ich auch vor meinem himmlischen Vater bekennen.“ Mag es in aller Unvollkommenheit geschehen, mögen die Menschen lachen oder ernst bleiben, das ist ganz gleich: der Christ ist der Bekenner, seine Worte verbleiben nicht im Unverbindlichen oder Unbestimmten, denn Ja ist Ja und Nein ist Nein, und was darüber ist, das ist vom Übel. Wer sich vor dem Bekennen drücken will, der ist ein feiger Davonläufer; Schmach und Schande über seine Jämmerlichkeit! Diokletian machte Sebastian bittere Vorwürfe: „Ich habe dich allezeit unter den Ersten gehalten in meinem Palast und jetzt muß ich erfahren, daß du insgeheim gegen mich und die Götter eingestellt bist." Der Vorwurf schmerzte Sebastian, er hatte bis dahin dem Kaiser ehrlich gedient, der Verdacht kränkte ihn und er versuchte dem Kaiser seine Haltung zu erklären: „Ich habe Christus allezeit geehrt um dein Heil und habe Gott im Himmel stets gebeten für das römische Reich." Diokletian ließ jedoch die Argumentation nicht gelten, für ihn war Sebastian ein Verräter gegenüber dem Staat und der überantwortete ihn dem Henker. In dieser Stunde fühlte der tapfere Bekenner die Spannung zwischen Christsein und heidnischem Soldatentum bis zum Zerreißen, sie war bei allem guten Willen nicht restlos in Übereinstimmung zu bringen.

Der Kaiser sprach das Todesurteil über Sebastian , und man band ihn mitten auf dem freien Feld an einen Baum. Nun kam es zu jener erschütternden Szene, die viele Menschen aus der Lebensgeschichte des Sebastian kennen und die an Eindrücklichkeit auch schwerlich überboten werden kann. Nicht seine Rede oder die Zerbrechung der Götterbilder, und auch nicht seine Verantwortung vor dem Kaiser blieb in der Erinnerung haften, dies alles war nur Vorbereitung. Sebastian am Marterpfahl hat die Menschen gefesselt, und auch die Maler haben mit künstlerischem Instinkt diesen Moment in den Vordergrund gerückt. Es ist entschieden der Höhepunkt in Sebastians Leben, denn in dieser dramatischen Situation kam der unlösbare Widerspruch zu Sebastians Beruf offen zum Ausbruch: Soldat sein, heißt sich wehren, heißt kämpfen bis zum letzten Atemzug. Auch Sebastian wird es in seiner Soldatenzeit mehr als einmal getan haben. Jetzt aber war ihm die Möglichkeit des Kämpfens genommen, er war wider alles Erwarten unter die Wehrlosen versetzt, war gebunden und hilflos. Einsam stand er an den Baum gekettet, kein Leidensgenosse befand sich ihm zur Seite, weit und breit war kein Tröster zur Stelle, der ihm aufmunternde Worte zugeflüstert hätte. Nachdem man ihn festgebunden hatte, schossen Kriegsknechte mit Pfeilen auf ihn, „daß er stund gleich einem Igel". Was ist in ihm vorgegangen, da seine Arme und Beine gefesselt waren und seine Augen flehentlich zum Himmel aufblickten? Ist das Gefühl der Gottverlassenheit über ihn gekommen, wie es einst dem Herrn am Kreuz widerfuhr? Welche Empfindungen erfüllten Sebastian, da jede halbe Minute sich ein spitzer Pfeil in das zuckende Fleisch bohrte? Was dachte er, da er wehrlos am Pfahl stand und die Pfeilgeschosse schmerzlich in den Körper drangen, so daß das Blut in Strömen floß? Kamen ihm seine Worte in den Sinn, mit denen er einst die Zwillingsbrüder zur Standhaftigkeit aufrief: „Von Anbeginn der Welt hat dieses Leben die betrogen, die darauf bauten?“ Hat er sich Mut zum Ausharren zugesprochen, weil jetzt das Schwerste über ihn selbst gekommen war und er wie ein lebendiges Nadelkissen dastand? Man weiß es nicht und die Legende berichtet auch nicht ein einziges Wort darüber. Stumm stand er da – wie einst auch Jesus dem Landpfleger nicht auf sein Wort antwortete – ein Schweigen, das beredter ist denn alle Worte. Es gibt nur einen Kommentar zu diesem zeitlosen Bild und der stammt aus dem Buch Hiob: „Die Pfeile des Allmächtigen stecken in mir.“ Dieses Schicksal erlitt Sebastian; die Soldaten sind nur der Vordergrund, im Hintergrund steht der Allmächtige. Die ihn umschwirrenden und treffenden Pfeile sind die vom Herrn empfangenen Stigmata und darüber eine Lobrede zu halten, verbietet sich von selbst.

Der Christ von heute, der nicht mehr die Ergebenheit von früher besitzt, plagt sich jedoch beim Anblick des blutüberströmten Sebastian mit einer anderen Frage: Warum läßt Gott es zu, daß seine Auserwählten so grausam gemartert werden? Weshalb eilt er ihnen nicht zu Hilfe und zerschmettert die gottlosen Widersacher? Die schwere Frage legt sich, wie alle Warum-Fragen dem Menschen auf die Seele, sie quält ihn und wird ihm zur Anfechtung, über die er strauchelt. Die Unbeantwortbarkeit bedrückt ihn. Der Christ hat keinen Einblick in die Pläne Gottes, und es ist eine Anmaßung, wenn er glaubt, das göttliche Walten verstehen zu können, denn das Leben ist eine irrationale Angelegenheit, die logisch nie aufgeht. Es übersteigt den menschlichen Horizont unendlich. Auch bei der Martyriumsfrage kann der Christ, wie allen Leiden gegenüber, nur nach Tapferkeit ringend sagen: „Gott hat es so angeordnet, damit der Mensch eine Gelegenheit habe, sich in der schwersten aller schweren Situationen zu bewähren!" Der Christ früherer Tage dagegen war nicht so sehr von der Frage nach dem Warum geplagt. Er glaubte vielmehr, daß vom Tage der Hinrichtung Sebastians an – dem 20. Januar – der Saft in die Bäume treibe, weil sie vom Blut des Heiligen warm werden. Sebastians Baum war für ihn eine Erinnerung an den Baum des Lebens, der ohne das Blut Christi und der Heiligen nicht hätte wachsen können. Unglaubwürdig ist das von Anfang bis Ende für moderne Ohren und gerade darum sicherlich wahr und in seiner kosmischen Erfassung einfach großartig. Sebastian am Baum ist nichts Geringeres als ein Nachbild Christi am Kreuz; in dieser symbolischen Schau allein ist die unvergängliche Volkstümlichkeit dieses Heiligen begründet. Als man dieses tiefsinnige Sinnbild nicht mehr verstand, verblaßte Sebastians Marter in der Neuzeit zusehends, und ließ den modernen Menschen in einer armseligen Leere zurück.

Unter dem dichten Pfeilhagel sank Sebastian schließlich in sich zusammen; die Soldaten wähnten ihn tot und gingen davon. Irene, die Witwe eines Märtyrers, suchte gegen Abend den Leichnam auf und wollte ihn begraben. Wie sie sich zu dem allseitig Durchbohrten niederbückte, gab Sebastian noch schwache Lebenszeichen von sich. Sie half ihm, ließ ihn in ihr Haus tragen und pflegte seine Wunden. Wider alle Erwartung genas Sebastian und ist den spitzen Pfeilen nicht erlegen, wie heutzutage fast durchwegs angenommen wird.

Nach einiger Zeit vernarbten die zahlreichen Wunden Sebastians und er begab sich erneut in die kaiserliche Residenz. Er befand sich auf der Treppe des Palastes und redete den Soldaten scharf, die alten Berichte behaupten sogar, zornig ins Gewissen um der ungerechten Pein willen, die sie den Christen angetan haben. In diesem Moment kam der Kaiser, sah die Szene erstaunt an und fragte den unmittelbar neben ihm stehenden Mann: „Ist das nicht Sebastian, den wir unlängst mit Pfeilen zu töten befahlen? Wurde mein Befehl nicht ausgeführt?" Alle sahen einander erschrocken an, aber eher einer antworten konnte, ergriff der Totgeglaubte selbst in einer großartig geschauten Szene das Wort: „Der Herr hat mich darum von dem Tode erweckt, daß ich zu euch komme und euch strafe um das Leiden, das ihr den Dienern Christi antut.“ Es war das zweite Bekenntnis, das Sebastian in aller Öffentlichkeit ablegte. Es ist in seiner Kürze kaum zu übertreffen, und doch sagt es alles aus, was in dieser Situation zu sagen ist. Der Sinn des Geschehens ist über jeden Zweifel erhaben: Alles Bekennen ist nicht zu töten, man kann die Menschen in Banden und Ketten legen, man kann sie unter einem Hagel von Pfeilen begraben, es nützt alles nichts, das Göttliche bleibt frei, es steht aus tausend Kerkern wieder auf und triumphiert zuletzt über alle Unterdrückungsmaßnahmen. Natürlicherweise erwartet man, die Rede eines Totgeglaubten würde einen doppelten Eindruck machen. Doch ist dies eine falsche Erwartung, die schon im Gleichnis „vom reichen Mann und vom armen Lazarus“ abgelehnt wird: „Wenn sie auf Moses und die Propheten nicht hören, werden sie sich auch nicht gewinnen lassen, wenn einer von den Toten aufersteht.“

Das ungewöhnliche Vorkommnis brachte den Kaiser keineswegs zur Besinnung, im Gegenteil, er fühlte sich herausgefordert. Seine Anweisung war zur Ohnmacht verurteilt worden, die Grenzen seiner Macht waren vor aller Welt offenbar geworden, was einen heftigen Zorn in ihm erweckte. Voller Wut gab er den Befehl, Sebastian auf der Stelle zu töten, keine Stunde der Verzögerung duldete er. Der Genesene wurde kurzerhand mit Keulenschlägen niedergestreckt, bis er den Geist aufgab. Sebastian ist der Mensch, der ein zweifaches Martyrium erduldete, dem ersten entkam er und dem zweiten erlag er: die christliche Passion dauert bis an das Ende der Welt. Das doppelte Martyrium hat der Christenheit den unauslöschlichen Eindruck gemacht, sie hat den an den Pahl gebundenen Sebastian stets mit besonders bewegtem Herzen angeschaut und es ist ihr darob auch klar geworden: Der Mensch entgeht Gottes Fügung nicht, auch wenn er scheinbar Glück hat; sie holt ihn immer ein und er muß das erleben, was ihm der Ewige bestimmt hat.

Zum zweiten Mal konnte keine fromme Witwe mehr dem

Toten aufhelfen. Der Kaiser befahl ausdrücklich, es dürfe sich das erste Mißgeschick unter keinen Umständen wiederholen, nichts, gar nichts sollte vom Erschlagenen übrig bleiben, ausgelöscht für immer sollte er bleiben. Der Leichnam wurde in eine Kloake geworfen, damit Sebastian nicht als Märtyrer von den Christen verehrt werde. Der Leib des Bekenners lag zuletzt in einem schmutzigen Abzugskanal für Unrat, das war das Ende der irdischen Laufbahn Sebastians. Halt ein, Leser, und atme wenigstens einen Augenblick den widerwärtigen Geruch der übelriechenden Kloake ein. Halte nicht die Nase zu und gehe nicht schnell vorüber, weil es dein ästhetisches Empfinden stört. Bleibe einige Minuten still stehen und schaue dir die kotige Kloake an, darin der Leib des glorreichen Märtyrers schwimmt. Gewiß ist es kein erbaulicher Anblick, man kann ihr gegenüber keine frommen Gefühle entwickeln und sie eignet sich nicht zur Entfaltung einer barock aufgeputzten Christlichkeit. Sie tut dar, wie falsch die Vorstellung ist, es gehe in den Legenden immer schön und wunderbar zu. Sebastians Kloake ist eine legendarische Wirklichkeit, die man in ihrer ganzen Abscheulichkeit sehen muß. Durch eine himmlische Erscheinung wurde Lucina kundgetan, wo der Leichnam des übel zugerichteten Sebastian sich befand; sie zog ihn hierauf aus der garstigen Kloake heraus und grub ihn zu der Apostel Füßen. Die Krone des Martyriums verleiht Gott einem Menschen, und keine Kloake der Weltgeschichte kann sie zunichte machen. Das ist der Glaube des heldenmütigen Christen.

Was sagt der heutige Mensch zum denkwürdigen Lebensschicksal Sebastians, das die Christenheit so nachhaltig beschäftigte? Mit einem Urteil ist er nur zu schnell zur Hand, aber ob es zu Recht besteht ist eine andere Frage. Schweigen und Nachdenken über Sebastians Schicksal ist zunächst das beste, was man tun kann; die richtige Überlegung im Sinne Sebastians stellt sich hernach von selbst ein.

Im Laufe der Geschichte ist immer wieder eine Frage aufgetaucht: Was ist der Mensch? Der alte Psalmist hat sie schon gestellt und sie wird in der Gegenwart nicht weniger diskutiert. Neben dem oberflächlichen Gerede vom fortschrittlichen, vom proletarischen Menschen, vom homo faber, meldet sich auch zaghaft immer wieder die tiefere Anschauung vom Menschen, der sich selbst zum Rätsel geworden ist, in dessen Innerem gleichsam ein Bürgerkrieg tobt. Das Anliegen der religionsphilosophischen Anthropologie kommt nicht zu Ende: der Versuch des Menschen, sich selbst zu erfassen. Nie werden seine Bemühungen zu Ende gehen, sich in einer Selbstbesinnung wiederzufinden, die das Evangelium in die Worte über Christus zusammenfaßt: Ecce homo!

Wer inmitten der Anstrengung, sich selbst zu erkennen, einen Augenblick auf den an den Pfahl gebundenen Sebastian schaut, der wird plötzlich vom Gedanken durchzuckt: Das ist der Mensch! Sebastian symbolisiert das Schicksal des christlichen Menschen schlechthin. Kein Christ, der es mit seinem Christsein ernst nimmt, kommt in dieser Welt ungeschoren davon. Nie steht ihm ein ungetrübt freudvolles Idyll bevor. Er muß Ungemach erleiden und erfährt die Verachtung, den Haß und die Ablehnung der Welt am eigenen Leib. Der an den Pfahl gebundene Sebastian verkörpert den preisgegebenen Menschen, um den alle vier Winde heulen, über den alle Wasser des Daseins hinweggehen, auf den alle dunklen Mächte eindringen und dem wahrhaftig nichts erspart bleibt. Sebastian wehrt sich jedoch nicht dagegen, er lehnt sich nicht klagend dagegen auf, er weint nicht und stöhnt nicht, er steht einfach da, fest, manchmal schmerzlich zusammenzuckend, wenn ihn ein weiterer Pfeil trifft, aber doch ausharrend, ungebrochen, und das Leid auf sich nehmend. Er ist der leidende Mensch, er gehört zu denen, an die Hand angelegte wird, die alles hingeben und die sich opfern.

Sebastian steht gleichsam für viele Menschen da. Es ist kein individuelles Schicksal, das nur er und niemand anderer erduldet. Er erträgt das Schwerste stellvertretend; die Christen haben die Verantwortung für alle Menschen auf sich zu nehmen, sie müssen sich als Opfer für die Nichtglaubenden anbieten. In potenzierter Form stellt Sebastian vor Augen, was dem ernsten Christen bald in dieser und bald in jener Form widerfährt, wenn er der Passion nicht entflieht. Wo immer ein Kind weint, das ungerecht geschlagen wird, eine Frau über die zerbrochene Ehe lautlose Tränen vergießt, oder was immer es für schmerzliche Situationen geben mag, sie alle erleiden direkt oder indirekt ein Sebastianschicksal. Er ist der preisgegebene Mensch, das Vorbild für Zeit und Ewigkeit, und ihn zu lieben war der Christenheit seit je ein Bedürfnis, weil ihr aus seinem Schicksal Trost und Stärkung erwuchs.

Sebastian ist zum Symbol des christlichen Schicksals geworden. Werden die Menschen nicht von Zeit zu Zeit an den Baum der Schmerzen gebunden, und dringen die feindlichen Geschosse nicht von allen Seiten auf sie ein? Immer wieder kommen die Stunden der Pein, allezeit ist der Mensch preisgegeben den Mächten des Lebens, die ihr grausames Spiel mit ihm treiben. Sebastian nahm sein Schicksal in stummer Bereitschaft auf sich und hat sich deswegen unvergeßlich dem Bewußtsein der Menschheit eingeprägt. Sebastian ist der christliche Mensch, der in aller Preisgegebenheit Mut und Tapferkeit bewies. Er vertritt die Treue des Menschen, der die Treue Gottes antwortet. Solange die Christen von der bekennenden Treue Gottes reden, solange werden sie auch von Sebastian reden. Bestürzt und zugleich mit glühenden Augen blickt der Christ auf den am Pfahl festgebundenen Sebastian, es muß zwischen ihnen zu einem jener unnachahmlichen Dialoge kommen, die man kaum aufzuzeichnen wagt, und doch tut uns das Eine not, mit dem Heiligen immer wieder ein Gespräch zu führen. Drängt sich dem Christen beim Anblick des Märtyrers nicht die Frage auf: „Bist du nicht ein Spiegelbild von mir, steht dieses Schicksal in anderer Form nicht auch einmal mir bevor?“ Gewagte Frage, und doch antwortet Sebastian mit beinahe unhörbarer Stimme: „Wenn dich das Leben ebenso peitscht wie mich, dann verliere den Glauben nicht, hoffe auch in der ärgsten Not in unbegrenztem Vertrauen auf Gott und lege doch jene todesmutige Tapferkeit an den Tag, die vom Christen gefordert und ihm zugleich geschenkt wird, wenn er lauter darum fleht. Je mehr du es tust, um so stärker wirst du die unfaßliche Seligkeit an dir erfahren: Die Seelen der Gerechten sind in Gottes Hand, keine Qual kann sie berühren.“

SANKT GEORG

Können wir ohne Leitbilder leben?" Diese Frage beschäftigt in der Gegenwart viele Menschen nachhaltig. Auf die Dauer ist es wohl unmöglich, denn der Mensch, und nicht nur der junge Mensch, bedarf des Vorbildes, das das Sein verkörpert von dem, was er werden soll. Eine verborgene Sehnsucht will sich nach einem Leitbild ausrichten, weil nur von ihm formende und charakterbildende Kräfte ausgehen. Es ist unverantwortlich, das Verlangen nach einem Leitbild einem bloßen Idealismus gleichzusetzen, ruft doch sogar Nietzsche dem jungen Menschen zu: „Wirf den Helden in deiner Brust nicht weg, halte heilig deine höchste Hoffnung." Gegen den Idealismus als Lebensschwung ist nichts einzuwenden; er wird nur falsch, wenn er zum geschlossenen Weltanschauungssystem wird, das wolkenähnlich über dem Schrecken des Daseins schwebt und nicht in die Realität eingeht. Ein Ideal zu kennen, heißt nicht einer jugendlichen Schwärmerei zu huldigen, es bedeutet nur, um die Existenz eines Sternes von Bethlehem zu wissen, der dem Menschen voranleuchtet. Das Vorbildliche zu verehren, entspricht einer tiefen Anlage der menschlichen Seele, dies Bedürfnis unbefriedigt zu lassen oder gar zu verhöhnen, kommt einem Frevel gleich. Der Mensch will sich an einem Leitbild entzünden, aus ihm allein entflammt Begeisterung und Einsatzbereitschaft. Auch das Neue Testament kennt das ewige Leitbild: „Christus hat euch ein Vorbild hinterlassen, damit ihr seinen Fußstapfen nachfolgt." Dies ist mit einer Schlichtheit ohnegleichen formuliert, und Gott hat die Menschen auch einfach gemacht, sie aber suchen viele Künste.

Eine der geistigen Nöte der heutigen Zeit besteht darin, daß sie keine normativen Leitbilder mehr kennt. Sie sind ihr abhanden gekommen, sie hat das Bild des maßgebenden Menschen verloren. Hohle Ideale forden den Widerspruch heraus, kritische Geister hatten es darauf abgesehen, die Vorbilder zu unterhöhlen und sie zu entlarven. Auf Sensation erpichte Schreiberlinge verkünden mit überlauter Stimme, die Zeit der Helden sei vorbei, und jetzt trete der tapfere Mensch an seine Stelle. Derartig mißglückte Tautologien im Brustton der Überzeugung zu verkünden, ist das Zeichen bloßer Pfuscher. Zyniker taten sich auf die Enthüllungen der Ideale viel zugute, ohne dabei zu merken, welch zweideutigen Dienst sie damit der Menschheit leisteten. Man liebte es, auf die niedrigen Instinkte des Menschen abzustellen und das Resultat war: Nichts ist wahr und nichts ist groß. Um den Hohlraum auszufüllen, wurden falsche Leitbilder auf das Piedestal gehoben: gekrönte Fürstlichkeiten, amerikanische Filmstars, sportliche Rennfahrer und politische Rattenfänger. Alle diese Pseudovorbilder führten in die Irre, endigten mit einem kläglichen Fiasko und hinterließen nur grenzenlose Enttäuschungen. Aus diesem Grunde liegen in der Gegenwart alle Vorbilder mehr oder weniger zerbrochen am Boden, ein bedauerlicher Scherbenhaufen blieb übrig, das Vakuum wirkte sich verhängnisvoll aus, das Nichts grinste den Menschen gespenstisch an, und in der entstandenen Leere siedelten sich die Dämonen an. Wer kein Vorbild kennt, dem fehlt die Orientierung im Leben und der bringt es zu keiner Hingabe für einen Dienst, der größer ist als er. Läßt man die jungen Leute ohne ein Leitbild in das Leben hinausziehen, so betrügt man sie um das Beste. Auch die vorzüglich eingerichtete Wissensschule ist dafür nur ein kümmerlicher Ersatz, denn wie von selbst stellt sich im anfällig gewordenen Menschen der Gedanke ein, es komme im Leben nur darauf an, möglichst viel Geld zu verdienen, damit das Dasein genießerisch gelebt werden könne. Die Menschen finden sich ohne Leitbild nicht zurecht, sie werden von den Wellen des Lebens fortgeschwemmt und gehen seelisch zugrunde. Das Leitbild ist kein Luxusartikel, unnütz und zur bloßen Zierde, nein, es ist durchaus notwendig, denn unsere Gegenwart bedarf vor allem einer Wiedergeburt des Vorbildes, eine der dringendsten Aufgaben, die zu lösen, die Kraft einiger Generationen erfordert. Das neue Leitbild kann weder postuliert noch auf Bestellung geliefert werden, es wird nur unter unsäglichen Qualen geboren und ist zuletzt doch ein reines Geschenk von oben.

Frühere Jahrhunderte hatten auch ihre Schattenseiten, und das Lied von der guten alten Zeit ist sicher falsch. Das Eine aber kann nicht bezweifelt und muß den vergangenen Epochen zugute gehalten werden; sie besaßen noch ein Leitbild. Es war nicht durch alle Jahrhunderte hindurch dasselbe, sondern wechselte unmerklich von Zeit zu Zeit, wenn auch nicht so schnell wie die Damenroben der Gegenwart. Aus dem späteren Schrifttum des Alten Testamentes leuchtete der Weise in seiner unvergänglichen Haltung. Er ist nicht mit dem Gelehrten und dem Gebildeten zu verwechseln, ein Mann mag sehr klug sein und auch vieles wissen und doch kein Weiser sein. Den Namen eines Weisen aber verdient nur der Mensch, der das Leben an sich erfahren hat, der seine Freuden und Leiden kennt und dadurch nicht abgestumpft oder verbittert wurde, sondern seelisch reifte und zu einem überlegenen Verstehen gelangte. Die Weisheit gibt ihrem Besitzer Leben, heißt es im salomonischen Schrifttum, das nicht müde wird, den weisen Menschen zu preisen; sie gibt ihm einen Sinn für das Recht, er kennt die Geradheit und weiß richtig zu leben. Es ist etwas Großes um den weisen Menschen, der unendlich tief in das menschliche Treiben hineingehorcht hat, der in seiner Gelassenheit nichts mehr erbittet und der auch nicht mehr verweigert. Das Leben birgt neben viel Traurigem auch einiges Herrliche in sich; zum Eindrücklichsten aber gehört der Weise und ihm im Dasein zu begegnen, ist eines der stärksten Erlebnisse des Menschen. Mag die heutige Zeit am Leitbild des Weisen kalt vorübergehen, es in einen Winkel stellen und gar nicht beachten, in seinem Gehalt ist es unvergänglich, weil es dem Menschen ewige Werte vermittelt. Der Weise ist ein überzeitliches Leitbild, das die Seele eines Menschen auszufüllen geeignet ist und ihn befähigt, das Leben mit seinen mannigfachen Schicksalsschlägen auch zu bestehen.

Ein nicht minder edles Leitbild war der Heilige, der im Mittelalter und weit darüber hinaus wie ein Nordlicht in das Dunkel der Zeit hineinleuchtete und von dem heute noch die Wahrheit gilt: Die Heiligen werden immer wieder durch Unterliegen siegen. Der Heilige ist keine bloße Erscheinung der Vergangenheit, die gleich dem Mobiliar alter Burgen ins Museum gehört. In ihm tut sich vielmehr eine überirdische Sicht des Lebens kund, er stellt noch heute eines der endgültigsten Vorbilder dar. Der Heilige ist, tiefer gesehen, der wahrhaft Liebende, er ist im Brennpunkt der heilenden Kräfte, und durch ihn wird das Göttliche besser sichtbar. Es ist Verblendung, die zeitlose Bedeutung der Heiligen zu bestreiten, und es grenzt an Leichtsinn, an ihnen hochnäsig vorüberzugehen. Unter den Heiligen gab es die verschiedensten Gestalten, niemals sind alle für alle bestimmt. Immer aber findet der suchende Mensch unter ihrer großen Zahl eine Persönlichkeit, die gerade ein Wort für ihn gesprochen hat. Heiligkeit fällt mit dem geistigen Heldentum zusammen, sie ist eine Inkarnation des ewigen Heroismus, und der Heilige ist das große Geheimnis, das Gott gewirkt hat.

Unter die Vorbilder gehört auch Sankt Georg. Seine Gestalt wurde überaus oft abgebildet; man kann kaum eine Sammlung älterer Bilder betrachten, ohne auf Ritter Georg zu stoßen. Immer und immer wieder begegnet man ihm. Auch die russischen Ikonen wiederholen noch und noch das Motiv. Offenbar schrieb man ihm eine überzeitliche Funktion zu. In Georg sah man das anspornende Leitbild, er verkörperte in leibhaftiger Gestalt das ewig gültige Vorbild, das zur Nachahmung aufruft. Deswegen wurde es den Gläubigen überall vor Augen gestellt. Nie darf diese hehre Gestalt dem abendländischen Bewußtsein verloren gehen oder lediglich ein ungenügender Erinnerungsfetzen von ihr übrigbleiben, der geistige Schaden wäre unermeßlich.

In der Frühzeit der Christenheit wurde die Stadt Silena in Lybien von einem Drachen schwer bedroht. Es war ein furchtbares Ungeheuer, grausig anzusehen, das jeden Tag vor die Mauern der Stadt kam und seinen gräßlichen Rachen aufsperrte, daraus ein übler Gestank entwich, der die ganze Luft verpestete. Allezeit hat das Drachenhafte einen vergiftenden Hauch ausgeströmt. Das ganze Volk fürchtete sich vor seinem Anblick und stob jeweilen in wilder Flucht davon.

Gewöhnlich wird der Drache als ein mythisches Ungeheuer aufgefaßt und die Erzählung von Georg als Niederschlag eines alten Mythos bewertet. Nun, es läßt sich mit dem Mythos artig spielen, sintemal die Mythendeutung eine modische Beschäftigung ist. Man kann bei den mythologischen Vorstellungen vom Archetypus und archaischen Anschauungen plaudern und beides hört sich der heutige Mensch mit Vergnügen an, weil es nicht die geringste Verpflichtung in sich schließt. Doch nehme man sich in acht, daß man hierin keiner geistreichen Harmlosigkeit zum Opfer falle. Der Drache ist kein mythisches Ungeheuer, und ihn eine Allegorie des Heidentums zu nennen, genügt nicht. Er ist eine Verkörperung des Bösen – genau wie die Schlange im Paradies – ein Ausdruck der höllischen Mächte. Der Drache ist der Satan, von dem die Apokalypse Johannes' schreibt, daß der Erzengel Michael mit ihm gestritten habe: „Und der Drache führte Krieg und seine Engel; und sie vermochten nicht standzuhalten, und eine Stätte für sie war im Himmel nicht mehr zu finden. Und geworfen wurde der große Drache, die alte Schlange, genannt der Teufel und der Satan, der den ganzen Erdkreis verführt, geworfen wurde er auf die Erde, und seine Engel wurden mit ihm geworfen." Die Worte der geheimen Offenbarung geben den wahren Gesichtspunkt an, unter dem eine christliche Betrachtung den Drachen sieht; alle anderen Auffassungen verbleiben im Vordergründigen. Herman Melville hat in seiner symbolischen Dichtung „Moby Dick" viel tiefer geschaut, als er die Geschichte vom Ritter Georg mit seinem Helden in Zusammenhang brachte: „Von dem Drachen behaupte ich, daß er ein Wal gewesen sei" und ihn dem großen Leviathan gleichsetzte. Durch diese Schau wurde der Drache aus einem kriechenden Reptil auf Erden zu einem unheimlichen Ungeheuer.

Ist aber der Glaube an den Teufel nicht etwa ein Restbestand des mittelalterlichen Aberglaubens? Muß sich ein aufgeklärter, wissenschaftlich gebildeter Mensch nicht schämen, dieser Vorstellung zugetan zu sein? Macht man sich damit in den Augen der Gesellschaft nicht für alle Zeiten lächerlich? Hat sich die frühere Besessenheit nicht als eine geistige Erkrankung herausgestellt, und ist es nicht viel fortschrittlicher, mit der Beruhigungsspritze gegen sie vorzugehen, als den massiven Exorzismus anzuwenden? Wenn das Problem von Geisteskrankheit und Dämonie auch noch nicht geklärt ist, so ist es eine oberflächliche Auffassung, das Teuflische kurzerhand zu leugnen. Dieser pseudowissenschaftlichen Flachheit muß man mit der Unerschrockenheit eines Ritter Georg entgegentreten. Es haben sich im modernen Geistesleben hierin merkwürdige Verwirrungen ereignet: die Menschen haben zuerst das Gute bis zur Unkenntlichkeit vernebelt, und zwar aus dem den Grenzgängern des Nichts selbst unbewußten Grund, um nachher das Böse anziehend machen zu können. Daraus entstand jene chaotische Situation, die die Gegenwart charakterisiert: Das Gute wird bös und das Böse gut genannt, keiner weiß mehr, was recht und was unrecht ist. Es bedeutet keineswegs dem Manichäismus huldigen, das Teuflische ernst zu nehmen und es nicht zu bagatellisieren. Bekanntlich ist es nach Baudelaire die schönste List des Teufels, daß er uns überzeugen will, er existiere nicht. Dann hat er schon gewonnenes Spiel. Es gibt ein „Geheimnis der Bosheit“, und es gibt wahrhaftig auch eine innere Hölle. Wenn der Widersacher auch nicht zu einem Gegengott hinaufgesteigert werden darf, so ist die Dämonie nicht nur eine natürliche Unzulänglichkeit, sondern eine tatsächliche Kraft und ein aktiver Angriff. Das Teuflische ist eine reale Unrealität, mit ihm haben die Heiligen schwere Kämpfe ausgefochten, von Antonius von Ägypten über Nikolaus von Flüe bis zum Pfarrer von Ars. Auch Luther stritt höchst wirklich gegen „den alt bösen Feind“ und der beinahe christliche Teufelskampf des älteren Blumhardt in Möttlingen gehört zu den hintergründigsten Geheimgeschichten des 19. Jahrhunderts. Ebenso waren Dichter vom Rang eines Dostojewskij und eines Bernanos von der Existenz des Teufels überzeugt und haben ihn nicht nur geistreich ironisiert. Es ist bloßer Aufkläricht, über Satanisches billig zu lächeln; der Mensch, der den Teufel zu sehen bekommt, steht Gott näher als jener, der angeblich nichts mit ihm zu tun hat. Die Legenden haben hierin unendlich viel tiefer gesehen als die heutigen Diener des Bösen. Wer in der geistigen Welt lebt, der braucht nicht zu der mittelalterlichen Volksphantasie vom Teufel mit Hörnern und Schwanz zurückzukehren, denn der Satan kommt zu ihm und greift ihn an. Es ist wahrhaftig keine Kleinigkeit, mit ihm zu tun zu haben, und trotzdem braucht sich der Christ von ihm nicht in eine Angstneurose verstricken zu lassen, weil er unerschütterlich auf dem Boden steht: „Ich sah Satan wie einen Blitz vom Himmel stürzen."

Die Einwohner der lybischen Stadt fürchteten den Drachen; sie zitterten vor ihm und gingen ein Verhältnis der Untertänigkeit mit ihm ein. Grauenhaft ist die Unterwürfigkeit der Menschen gegenüber dem Bösen, zu leicht verfallen sie seiner Lokkung. Sie haben Angst vor ihm, empfinden einen lähmenden Schrecken und unterwerfen sich bereitwillig seinem teuflischen Herrschaftsanspruch. Die Menschen der Stadt mußten dem Drachen jeden Tag zwei Schafe über die Mauern hinunterwerfen, die er in seine Höhle abschleppte und dort fraß, worauf die Einwohner für einige Stunden Ruhe vor dem Ungeheuer hatten. Als der Schafe immer weniger wurden, kam man überein, dem Drachen täglich einen Menschen und ein Tier zu opfern. Der König selbst – seinen Namen nennt die Legende nicht – erließ ein Gesetz, daß täglich das Los geworfen werden müsse; und der Mensch, den es treffe, sei dem Drachen verfallen. Es war eine furchtbare Bestimmung; alle Einwohner erbleichten und erzitterten darob. Ein Schwert hing nun täglich über ihren Häuptern und ein Alptraum legte sich auf ihre Seele. Ist es nicht stets eine schlimme, verwirrende Sache, wenn man mit dem Bösen ein Abkommen schließt? Läuft es nicht auf ein Paktieren mit dem Teufel hinaus und zieht dabei der Mensch nicht notwendig den Kürzeren? Sind nicht alle schlauen Berechnungen, den Teufel zu überlisten, stets zum Scheitern verurteilt? Ein Christ darf keine Abmachung mit dem Teufel treffen, dieweil er von Gott allein und sonst von niemandem abhängig ist; seine Bestimmung ist es, dem Drachen unentwegt zu widerstehen; dann flieht der Satan von ihm.

Des Königs grausames Gesetz fiel denn auch auf ihn zurück. Eines Tages traf das Los seine einzige Tochter. Der Herrscher war außer sich, er konnte das Unglück nicht fassen und wollte eine Ausnahme statuieren. Er war bereit, all sein Geld und die Hälfte seines Königreiches zu geben, aber seine Tochter durfte nicht jämmerlich vom Drachen verschlungen werden. Das heimgesuchte Volk war über das Ansinnen empört, es erblickte darin eine Ungerechtigkeit, denn, wenn das Los irgend einen Menschen aus seiner Mitte getroffen hatte, erhob niemand Einspruch und das Opfer wie auch die Angehörigen mußten sich in unsäglichem Leid in ihr hartes Schicksal ergeben. Jetzt aber, da des Königs eigene Tochter an die Reihe kam, wollte der Herrscher alle Abmachungen für null und nichtig erklären und die ganze Stadt der Wut des um seine Beute betrogenen Drachens preisgeben. Dies fand auch die Tochter des Königs nicht für richtig. Das mutige Mädchen erklärte sich bereit, sich wie die anderen Menschen dem furchtbaren Tier zu opfern. Ihm kam jene unsäglich tragische Begebenheit des von seinen Brüdern einst verstoßenen, und von seinem Volk in der höchsten Not zurückgerufenen Jephta in den Sinn, der das Gelübde tat, wer immer nach seiner siegreichen Heimkehr zuerst aus der Tür seines Hauses ihm entgegenkomme, dem Herrn zu opfern – und dann schritt seine einzige Tochter mit Paukenschlag und Reigentanz auf ihn zu! Jephta zerriß seine Kleider über dem namenlosen Unglück, das er über sich selbst gebracht hatte, aber die Tochter antwortete ihm: „Mein Vater, hast du deinen Mund dem Herrn gegenüber aufgetan, so tue nur, wie du es ausgesprochen hast.“ Nur die eine Bitte brachte sie ihrem Vater vor: „Dies sei mir vergönnt: laß mir noch zwei Monate Zeit, daß ich hingehe auf die Berge und meine Jungfrauschaft beweine, ich und meine Gespielinnen; dann will ich wieder herabkommen.“ Ach, die Geschichte aus dem alttestamentlichen Raum ist von jener Traurigkeit erfüllt, die Unendlichkeit bedeutet und ihre Schwermut ist so süß wie die

Freude, sie weist auf die Tränen hin, die in allem Geschehen verborgen sind. Trotzdem ist das Leiden von Jephtas Tochter von jenem lichten Glanz durchleuchtet, den das Opfer immer in sich schließt.

Der König dagegen wußte nicht, was er mit der Tochter sprechen sollte, und es schmerzte ihn unsäglich, indirekt selbst den Tod des einzigen Kindes verschuldet zu haben. Auch er erbat vom Volk die Gunst, sie noch acht Tage behalten zu dürfen. Dann aber vermochte der Herrscher sein Kind nicht länger zu retten; er legte ihm königliche Kleider an, umarmte und küßte es und sagte ihm beim Abschied voll Schmerz und Zärtlichkeit: „O weh, liebe Tochter, ich gedachte königliche Kinder von deinem Schoße zu erziehen, nun wirst du von dem Drachen verschlungen. Ich dachte zu deiner Hochzeit edle Fürsten zu laden, das Schloß mit Perlen zu schmücken, Pauken und Trompeten zu hören, nun gehst du hin, daß dich der Drache verzehren soll. O Tochter, ich wäre besser vor dir gestorben, denn daß ich dich also nun verliere." Sie aber fiel zu seinen Füßen, bat ihn um den Segen und machte sich dann schweigend auf den Weg.

Gleich einer zweiten Tochter des alttestamentlichen Jephta war sie bereit, das Unvermeidliche auf sich zu nehmen und schritt aus dem Tor der Stadt, nicht in stoischer Unbewegtheit, das verriete ein unmenschliches Herz, nein, die hellen Tränen liefen ihr über die Wangen hinab. Es ist etwas Unsagbares und Unergründliches um diese Mädchen, um Jephtas und um des Königs Tochter, die beide zur frühen Todesbereitschaft fähig waren. Sie haben ein Mysterium, einen Schleier, einen Duft um sich, von denen die modernen Sportgirls auch nicht die entfernteste Ahnung haben. Jahr für Jahr möchte man in den Bergen der beiden Töchter Schicksal besingen und fände doch keine verhallenden Klagen, die ihrer ganz würdig wären – eine Traurigkeit ohne Ende.

Auf dem einsamen Weg zum Ungeheuer schaltete die königliche Tochter eine letzte Rast ein, sie setzte sich auf einen Stein und bedachte noch einmal ihren unmittelbar bevorstehenden Tod. In dieser nachsinnenden Haltung begegnete ihr der Ritter

Georg. Woher kam er? Wohin ging er? Man weiß es nicht, so wenig wie seine Herkunft, seine Jugend und seine Taufe bekannt sind. Er war in der Stunde der größten Not einfach da, es gibt im Leben immer wieder Begegnungen, in einem Augenblick, da man sie nicht erwartet. Ritter Georg war erstaunt, ein Mädchen mutterseelenallein außerhalb der Stadtmauer anzutreffen und merkwürdig schien ihm, daß alle Menschen von den Zinnen der Stadt aus ihren Weg verfolgten. Er sprach die Jungfrau an, doch kam es in dieser verhängten Situation nicht zu einem scherzhaften Geplauder. Kein Glanz kam in ihre Augen, allzu schmerzlich zuckte es um ihren Mund. Die Jungfrau riet dem Kriegsmanne, schnellstens sein Pferd zu besteigen und eilends zu fliehen, ansonst er mit ihr zugrunde gehe. Georg ging auf den Rat nicht ein, er begehrte zu wissen, worauf sie hier harre unter den Augen des Volkes. Da sprach die Königstochter: „Guter Ritter, ich sehe, daß Ihr edlen Herzens seid, aber begehrt Ihr mit mir zu sterben? Flieht eilends von hinnen. Es ist genug, daß ich untergehe, denn retten könnt Ihr mich nicht, sondern Ihr werdet mit mir verderben.“ Das holde Mädchen dachte in aller Todesnot an den Kriegsmann und nicht bloß an sich selbst; es flehte und beschwor den Ritter, sich in Sicherheit zu bringen. Georg jedoch beharrte auf einer Erklärung und ahnte schon das Dunkle, das im Spiele stand. Auf sein Drängen berichtete schließlich das Mädchen die Abmachung mit dem Drachen. Er jedoch verstand die traurige Geschichte als einen Appell an seine ritterliche Ehre. Für ihn gab es jetzt kein Ausweichen mehr, und er erwiderte ihr tapfer: „Liebe Tochter, sei ohne Furcht, ich will dir helfen in dem Namen Christi.“

Beide waren noch mitten im Gespräch, und schon näherte sich ihnen der Drache, erhob das furchterregende Haupt und war im Begriffe, sich auf die Königstochter zu stürzen. Während sie vor Todesschrecken erstarrt, am ganzen Leibe zitterte, entrang sich ihrem Mund nur noch der angsterfüllte Schrei: „Flieh, guter Herr, flieh so schnell du kannst.“ Georg aber dachte nicht an Flucht, in äußerster Gefahr begehrte er nicht sein eigenes Leben in Sicherheit zu bringen und das Mädchen seinem entsetzlichen Schicksal zu überlassen. Er sprang in einem Nu auf sein Pferd, machte das heilige Kreuzeszeichen und ritt voll Eifer dem Drachen entgegen, der auch schon auf ihn zukam. Georg befahl seine Seele Gott und schwang die Lanze mit aller Macht. Mit der Waffe in der Hand kämpfte Georg gegen das Ungeheuer. Der Drache aber stieß einen giftigen Hauch aus, um damit den Ritter zu betäuben und hernach zu verschlingen. Der aber ließ sich nicht vom Scheusal überrennen, hieb tapfer auf den Drachen ein, und damit begann ein verzweifeltes Ringen auf Leben und Tod, das keineswegs im voraus entschieden war. Der Kampf wogte auf und nieder, und lange wußte man nicht, wer Sieger blieb, denn der Drache war kein harmloses Tierchen, das im Handumdrehen erledigt war; im Gegenteil, das Ungeheuer sperrte den schauerlichen Rachen auf, fletschte mit den Zähnen und stürzte sich wutschnaubend auf den Mann. Endlich gelang es dem kühnen Ritter, unversehens den langen Speer dem Drachen in den Rachen zu stoßen, so daß er kampfunfähig wurde.

Die meisten Maler haben die Kampfesszene als den Höhepunkt im Leben Georgs auf ihrer Leinwand festgehalten. Betrachtet man aber die zahlreichen Bilder, dann macht man die überraschende Beobachtung, daß der Streiter in seinem heftigen Kampf den Drachen gar nicht anschaut, sondern an ihm vorbei in eine weite Ferne blickt. Ist das ein malerischer Fehler? Wohl kaum. Nach einem tieferen Verstehen darf man dem Teufel nicht zu scharf in die Augen schauen, sonst wird man von ihm gebannt und verschlungen. Der Kämpfer muß an ihm vorbei, nach dem Göttlichen Ausschau halten, von woher ihm allein Hilfe und Kraft zuteil wird. Zwar ist der Kampf entsetzlich, lähmend und oft eine verzweifelt einsame Sache. Wer aber im Glauben kämpft, nicht nachgibt, immer wieder ansetzt, beständig um Hilfe von oben fleht, dem gelingt es, das Ungeheuer zu erledigen. Es ist keine Frage, Ritter Georgs Kampf ist ein großartiges und zugleich zeitloses Symbol des Lebens. Das Dasein ist nicht Glück und Behaglichkeit, es ist nicht Spiel und Geschäft, sondern die Schrecken des Lebens, die Teufeleien, wollen durch Kampf bezwungen werden. Er ist nie ein für allemal entschieden, dieweil er sich immer wieder ereignet. Für alle gilt die gleiche Aufforderung, den Kampf mit dem Bösen aufzunehmen, nicht zu kapitulieren, dies ist die Bestimmung des Menschen, mag er in alter oder moderner Zeit leben.

Georgs Kampf nahm ein überraschendes Ende. Nachdem der Drache die schwere Verwundung empfangen hatte, befahl Georg der Jungfrau, ihren Gürtel zu nehmen und ihn dem Ungeheuer um den Hals zu legen, worauf es ihr wie ein zahmes Hündlein folgte. Ist das nun bloßer Übermut des Berichterstatters? Ist es ein allzu billiger Triumph, den es in Wirklichkeit gar nicht gibt? Gewiß nicht, denn der Teufel, so schrecklich er den Menschen anfällt, sinkt vor seinem Widerstand in ein Nichts zusammen. Er wird zum zahmen Hündlein und hat nichts mehr zu bedeuten.

Der Ritter Georg und die Königstochter kehrten mit dem gefangenen Drachen in die Stadt zurück, wo zuerst alle Einwohner aus Angst nach allen Seiten davon flohen. Aber Ritter Georg rief ihnen zu: „Fürchtet euch nicht, denn Gott der Herr hat mich zu euch gesandt, daß ich euch erlöse von dem Drachen. Darum glaubet an Christus und empfanget die Taufe allesamt, so will ich den Drachen erschlagen." Der König und sein Volk ließen sich taufen, und hernach tötete Georg den Drachen. Er hatte nach der Taufe ohnehin keine Existenzberechtigung mehr. Georg hatte ihn besiegt, er war der Retter der Stadt, war im tiefsten Wesen eine Soter-Gestalt, eine Würde, die nur wenigen Menschen zukommt.

Das Mädchen war vom sicheren Tod gerettet und die Stadt zugleich von der täglichen Bedrohung befreit. Es war aber nicht davon die Rede, daß der König seine einzige Tochter dem mutigen Retter zur Frau gab und daß eine fröhliche Hochzeit gefeiert werde. Dieses Ende erwartet sogar der Leser, denn die Sehnsucht nach einer lieblichen Idylle steckt tief im Menschen; das Verlangen nach einem happy end ist nicht bloße Konzession an den Publikumsgeschmack, es meldet sich in ihm die nie erloschene Hoffnung auf eine Wiederkehr des verlorenen Paradieses. So würde das Märchen die Geschichte anmutig zu Ende erzählen und am Schlusse hinzufügen: „und wenn sie nicht gestorben wären, so würden sie noch heute leben“. Nun, auch die Märchen enthalten in der Regel eine tiefe Weisheit; aber Legenden sind keine Märchen; sie befriedigen nicht das volkliche Bedürfnis nach einem erfreulichen Ausklang in Glück und Wonne, sondern ihre innere Melodie erklingt in anderer Tonart. Der Legende liegen tiefere Motive zugrunde als dem Märchen. Ritter Georg nahm nicht einmal die unermeßlichen Schätze entgegen, die ihm der König anbot; er ließ sie unter die Armen verteilen und ermahnte König und Volk, dem Glauben treu zu bleiben. Hierauf ritt er von dannen, dieweil der Christenmensch hier keine bleibende Stätte hat. Er darf nicht an einem wohligen Ort verliegen und dabei innerlich schlaff werden; allezeit muß er aufbrechen, muß dem Unbekannten entgegen schreiten und versuchen, in das Land der Verheißung zu gelangen.

Georg zog seines Weges weiter, in neue Lande, um fernerhin als tapferer Rittersmann für den Glauben Zeugnis abzulegen. Nicht überall fand er so aufnahmebereite Zuhörer, wie in der vom Drachen befreiten Stadt. Bald geriet er in die diokletianische Verfolgung hinein, in der es leider nicht nur unerschrokkene Bekenner des Glaubens gab, sondern auch viele ungetreue Christen, die aus Angst den Götzen opferten. Die Wahrnehmung des häufigen Abfalles empfand Georg wie eine erneute Kampfansage. Jetzt sah er klar, er mußte gegen den Unglauben der Menschen kämpfen, mußte alle seine Kräfte aktivieren und hineinstehen in die Menge, die achselzuckend ihren Unglauben mit einem metaphysischen Unvermögen entschuldigte. Der Unglaube ist oft auch eine Dämonie, gewalttätig und gefährlich, gegen die Georg anzurennen versuchte. Er ruhte nicht auf seinen früheren Lorbeeren aus, sondern sprang mitten unter das Volk und sprach zu ihm: „Die Götter sind böse Geister, unser Herr hat den Himmel erschaffen.“ Ehe er sichs versah, war er in eine Diskussion verwickelt. Die Heiden nannten seine Aussagen freche Lästerungen, waren empört, ergriffen ihn und spannten ihn auf die Folter. Alle Glieder wurden ihm zerbrochen, aufs Rad wurde er geflochten, hernach in einen Kessel mit siedendem Blei geworfen; zuletzt rieb man seine schmerzenden Wunden mit Salz ein. Was teuflischer Geist an schauerlichen Qualen ersinnt, das hat Georg am eigenen Leibe erfahren.

In der darauffolgenden Nacht erschien „ihm der Herr in einem großen Licht und stärkte ihn süßiglich". Von dieser Vision und von den Worten wurde er also gekräftigt, daß er keine Marter meinte erlitten zu haben. Auch in das Leben des kühnen und duldenden Kämpfers Georg leuchtete das mystische Licht hinein. Von ihm erhielt er die Kraft, alles auszustehen, was ihm bestimmt war. Georg war kein bloßer Haudegen, er war nicht in alle erdenklichen Scharmützel verwickelt und immer dabei, wo es irgendeinen Strauß auszufechten galt, nein, er gehörte nie zu den grobschlächtigen Raufbolden, sondern war ein mit der unsichtbaren Welt verbundener Mensch, hatte Visionen und erhielt die himmlische Kraft zur Überwindung des Drachens. Ohne die Verbindung mit der Mystik, die sich bei ihm in der Schau des Lichtes kundtat, hätte er seine Leistung gar nicht zu vollbringen vermocht. Sie ist die geheime Kraftquelle, aus der Georgs Rittertum den übernatürlichen Mut schöpfte.

Da Georg die furchtbaren Folterqualen überstanden hatte, versuchte man, ihn mit Hilfe eines Zauberers zu beseitigen. Der Gaukler schüttete Gift in den Wein, den er Georg in falscher Freundlichkeit zu trinken gab. Der Ritter weigerte sich nicht, ihn entgegen zu nehmen, machte das Kreuzeszeichen darüber und erlitt vom Tranke nicht den geringsten Schaden. Hierauf versuchte Richter Dacianus ihn mit täuschenden Worten zu überlisten. Georg ging scheinbar darauf ein und erklärte sich bereit, seinen Wünschen nachzukommen. Man führte ihn in den Tempel, damit er den Göttern opfere. Erneut umstand ihn viel gaffendes Volk, aber den tapferen Streiter, der sich unerschrocken zum Gottessohn zu bekennen wagte, sich nicht von Verheißungen irdischer Macht blenden ließ und die Tortur für nichts achtete, gab die göttliche Gnade solchen Mut, daß er niederkniete und in aller Öffentlichkeit um die Zerstörung der Götzen flehte.

Der König schäumte vor Wut über das Verhalten Georgs, der all seinen Anordnungen trotzte. Er schwor sich, daß er selbst des Todes sterben wollte, sollte ihn dieser Mensch überwinden. Der Herrscher sprach so trotzig, weil er verstockt und allen Glaubenseinflüssen unzugänglich war. Nicht also seine Gattin: das Glaubenszeugnis Georgs beeindruckte tief die Königin Alexandria. Sie hatte ihrem Mann immer abgeraten, sich an den Christen zu vergreifen und gegen sie vorzugehen; jetzt hatte sie die Standhaftigkeit Georgs überwältigt und in ihr das Verlangen geweckt, selbst zum Christentum überzutreten. Die Mitteilung brachte den König noch vollends in Harnisch, er schalt sie eine Betrogene und in seinem Zorn befahl er, sie an den Haaren aufzuhängen und mit Geißeln zu züchtigen. In ihrem Leide sprach sie zu Georg: „Du Licht der Wahrheit, sag mir, wohin werde ich kommen, da ich noch nicht wiedergeboren bin durch das Wasser der Taufe?“ Georg tröstete sie: „Sei unverzagt, liebe Tochter, die Ausgießung deines Blutes wird deine Taufe sein und deine Krone.“ Wiederum hatte Georg seine Heilsbotschaft einem weiblichen Wesen von königlichem Geblüt gebracht, diesmal aber vermochte er nicht zu erretten, sondern führte es gar in den Tod hinein, freilich in einen Tod, durch den der Mensch zum ewigen Leben gelangt.

Nach der Hinrichtung der Königin war auch das Schicksal Georgs besiegelt; er wurde auf königlichen Befehl durch die Stadt geschleift und vor aller Öffentlichkeit enthauptet. Wer hätte je gedacht, daß der siegreiche Drachentöter zuletzt unter dem Beil eines Henkers sein Leben aushauche? Aber das Leben des echten Christen endigt nie wie ein Seenachtsfest, weil alles Dasein eine gar schmerzliche Angelegenheit ist. Bei Georg war es ein freiwillig erlittenes Martyrium, das die höchste Form der Bezeugung des Evangeliums ist.

Georgs Dasein erlosch nicht mit seinem Tod. Sein Gedächtnis lebte unter den Menschen weiter. Außerordentlich und ungewöhnlich war sein Verhalten allezeit gewesen, so daß der tapfere Mann nicht der Vergessenheit anheimfiel. Viele Jahrhunderte später lagerte das christliche Kreuzzugsheer vor Jerusalem und war im Begriff, die Stadt zu erobern. Da erschien Georg den Kämpfenden in seiner weißen Rüstung mit rotem Kreuz geziert, flößte ihnen Mut ein, forderte sie auf, unerschrocken zu kämpfen und verhieß ihnen den Sieg. Ist es nicht bedeutsam, daß dieser berühmte Streiter Gottes nach so langer Zeit noch als ein Stimulans unter den Menschen lebendig ist? Wahrhaftig, Sankt Georg reitet noch immer unsichtbar neben uns her, selten nur bekommt man ihn zu sehen, aber dann gibt es doch wieder Augenblicke, wo sich die Schleier, die über allen Dingen lagern, zerteilen. Plötzlich nimmt man das Antlitz des tapferen Streiters wahr, der uns zunickt und uns anfeuert im Kampfe mit dem äußeren und inneren Drachen. Von vielen verehrten Bildern des heiligen Georgs geht jedoch ein unheimlicher Schrecken aus, daß man sie nur von ferne anzuschauen wagt. Auch der junge Nietzsche schrieb in einem Schulaufsatz, er habe in einer Kirche das übermenschliche Bild Georgs nur mit Scheu betrachten können, weil seine Augen so funkelten, daß alle, die ihn angesehen hätten, mit Grausen erfüllt worden wären.

Sankt Georgs Heldentat war für alle Zeiten das irdische Nachbild des kriegerischen Erzengels Michael, der in der überirdischen Welt den Urdrachen überwand, ein Verständnis, das die tiefste Deutung der Legende enthält. Da Georg in der irdischen Welt den Kampf mit dem Lindwurm aufnahm, wurde er für immer zum Vorbild aller Ritter, zu dem die Gedanken der Christen immer und immer wieder zurückkehren. Der Ritter ist ein Ideal von unvergänglicher Gültigkeit, auch in einer Welt, in der die Händler, Makler und Manager obenaus schwingen. Das Ritterliche darf nicht vergehen, und nie hatte unsere heimgesuchte Erde die ritterlichen Gestalten nötiger als heute. Der christliche Ritter opfert sein Herz nicht aus Tugend und auch nicht aus bloßer Pflicht, sondern aus einer heiligen Übersteigerung heraus; er will das Härteste tun, um sich Gott darzubringen. Ihm zuliebe nimmt er alle Entbehrungen auf sich und beweißt die äußerste Tapferkeit. Gewiß, das Rittertum wechselt die Gestalt, aber sein Geist sieht immer im Kreuz das Heil. Auch in einer gänzlich veränderten Welt huldigt der ritterliche Mensch stets noch der Form eines höheren Dienstes. Der Ritter ist in die Welt gesendet, um Unrecht zu wenden und das Recht zu beschirmen, er tritt für die Schwachen ein und beschützt die Verlassenen. Bis zum heutigen Tag besitzt das Wort „ritterlich“ den besten Klang in der Welt, in ihm ist beschlossen, was echte Ehre heißt. Auf edle Ritterschaft bleibt man angewiesen, man wird nie darauf verzichten können. Ritter Georg ist ein echtes Leitbild, das den Menschen ehrlich zu begeistern und ihn durch das Leben hindurch zu begleiten vermag.

Freilich darf das Leitbild des Ritters nicht allzu wörtlich verstanden werden, ansonst es in der zeitgenössischen Einkleidung verhaftet bleibt. Die Zeiten, da der Ritter mit Schild und Schwert in den Kampf zog, sind vorbei. Die Jahrhunderte des Rittertums sind seit langem zu Ende; der Dichter Cervantes hat in seinem komisch-tragischen Epos das ergreifende Sterbelied des Rittertums gesungen, wenn auch der herrliche Don Quichotte einen viel tieferen Sinn hat, als bloß eine Parodie auf eine versinkende Zeit zu sein. Der mit dem Speer bewaffnete Mann ist nur die geschichtliche Verkörperung des Rittertums im Mittelalter, die Idee selbst ist von zeitloser Bedeutung und geht weit darüber hinaus. Das Wesen des Ritters ist mit dem Christlichen zutiefst verwandt. Nach Paulus haben die Christen „nicht mit Fleisch und Blut zu kämpfen, sondern mit Fürsten und Gewaltigen, nämlich mit den Herren der Welt, die in der Finsternis dieser Welt herrschen, mit den bösen Geistern unter dem Himmel“. Der Apostel wendet die Aufgabe des Ritters ganz ins Geistige und fordert im Epheserbrief die Christen mit beredten Worten auf, die ganze Waffenrüstung anzulegen, damit sie am bösen Tag Widerstand zu leisten imstande seien: „So haltet nun stand, an den Lenden gegürtet mit Wahrheit und angetan mit dem Panzer der Gerechtigkeit und beschuht an den Füßen mit Bereitschaft für das Evangelium des Friedens und ergreifet bei dem allem den Schild des Glaubens, mit dem ihr alle feurigen Pfeile des Bösen werdet löschen können. Und nehmet an euch den Helm des Heils und das Schwert des Geistes, welches das Wort Gottes ist.“ In der Aufforderung, den Harnisch Gottes anzulegen, beschwört der Apostel das Bild vom Ritter des Glaubens, und dieses Leitbild ist von unvergänglicher Leuchtkraft, es steht heute in hellerem Glanze da als je.

Hat Albrecht Dürer den Glaubensritter festgehalten, als er den Stich „Ritter, Tod und Teufel" zeichnete? Das Bild ist ein Symbol des menschlichen Daseins, das nun einmal einen Ritt zwischen Tod und Teufel bedeutet. Mit tiefem Lebensernst zieht Dürers Ritter furchtlos seine Straße, männliche Kraft und männliche Entschlossenheit legt er an den Tag, als wollte er sagen: „Und wenn die Welt voll Teufel wär', und wollt' uns gar verschlingen, so fürchten wir uns nicht so sehr..." Dürers Stich „Ritter, Tod und Teufel" ist von einem tapferen Dennoch getragen; man kann ihn heute noch nur mit den Worten den Menschen vor Augen stellen: „Der Ritter, Herr, seid ihr!"

Oder hat Kierkegaard in seinem von schreckenerregenden Pathos erfüllten Buch „Furcht und Zittern" das Hohelied vom Ritter des Glaubens angestimmt? Bei ihm findet sich auch verbal der Begriff des Glaubensritters. Der Denker hat ihn mit eindrucksvollen Zügen umschrieben, wodurch seine Ausführungen zu einer der gewichtigsten Schriften der Christenheit geworden sind. Kierkegaards Glaubensritter gehört zu den Kämpfernaturen, die „den schrecklichen Kampf mit den entfesselten Elementen und den Kräften der Schöpfung verschmähen, um mit Gott zu streiten, er gehört zu den geistigen Helden, die groß sind durch die Kraft, deren Stärke Ohnmacht ist, groß durch die Weisheit, deren Geheimnis Torheit ist, groß durch die Hoffnung, deren Form Wahnsinn ist, groß durch die Liebe, die Haß gegen sich selbst ist". Beim Ritter des Glaubens findet kein Ausverkauf des Christentums zu einem Spottpreis statt, und sein Glaube ist durch viele Kämpfe hindurchgegangen, er hat dort begonnen, wo das Denken aufhörte und hat sich voller Vertrauen in das Absurde gestürzt, aus dessen Kraft er lebt.

Ob Paulus, Dürer oder Kierkegaard den Glaubensritter umreißen, stets ist er von einer christlichen Kühnheit erfüllt, die zwar nie Allgemeingut jener breiten Massen werden kann, die am liebsten in Achterkolonnen marschieren und im Sportstadion wie Sardinen in einer Büchse zusammengepfercht sitzen. Gemäß Sankt Georg ist der Ritter des Glaubens nur für den Einzelnen das zeitlose Leitbild. Auch im Zeitalter, da die Menschen mehr denn je in die bloße Endlichkeit versinken und wie Frösche im Lebenssumpf überaus laut quaken, hat der Ritter des Glaubens seine Sendung. Heute vor allem muß der Glaubensritter sich wieder auf seine wahre Aufgabe besinnen, muß sich aufmachen und den Kampf aufnehmen gegen die Lebensleere, den Seelenverlust und den Nihilismus, der den Menschen mit Haut und Haaren zu verschlingen droht. Mag man ihn gegenwärtig auch nicht allzu häufig antreffen, so ist er trotzdem da, denn der Christ reitet noch immer als ein Glaubensritter durch die Gefilde des Daseins. Ritter Georg bleibt ein unvergängliches Leitbild, das auch vor dem modernen Christen steht und zu ihm sagt:

„Vor jedem steht ein Bild des, was er werden soll,
Solang der das nicht ist, ist nie sein Friede voll."

SANKT KATHARINA

Was meine Seele immerfort suchte und was ich nie fand, ist dies: unter Tausend habe ich wohl einen Mann gefunden, aber ein Weib unter diesen allen fand ich nicht", schreibt der Prediger Salomo. Im Buch des Predigers stehen schwerwiegende Weisheiten – „fern ist der Grund der Dinge und tief, gar tief, wer will ihn finden?" – Wahrheiten, die den Leser oft erdrücken, gräbt er ihnen nach, und doch meldet sich in Salomons Äußerungen manchmal auch eine Skepsis, die auf eine fatale Erfahrung und nicht etwa auf eine Erleuchtung hindeutet. Das angeführte Wort wird niemand als eine Offenbarungswahrheit bewerten; es ging sichtlich aus einem Enttäuschungserlebnis hervor, dem ein bitterer Nachgeschmack auf der Zunge geblieben ist. Eine hoheitsvolle, innerliche Frau begegnete dem Prediger Salomo nie, es scheint, er habe bei der Niederschrift die eigene Mutter ebenso vergessen wie die Frauen des Alten Bundes, man denke nur an Rebekka, Deborah und Ruth.

Wer sich dem Wort des Predigers Salomo anvertraut, gewahrt nie das wahre Wesen der Frau und erfährt auch nichts von der Schicksalsverschiedenheit und Schicksalsverbundenheit von Mann und Weib. Einen ganz anderen Pfad eröffnet Meister Eckharts Schwester Katrei: „Ich weiß wohl, daß keine Frau zum Himmel gelangen kann – sie wäre denn zuvor ein Mann geworden. Was sagen will: sie müssen männliches Werk tun und männliche Herzen haben in ihrer ganzen Stärke, damit sie sich selbst widerstehen können und allem, was schlecht ist." Schwester Katreis Wort klingt zunächst ebenfalls befremdend und trotzdem rührt es an eines der Mysterien des Weiblichen. Es ist nicht im Sinn einer die weibliche Seele verleugnenden Vermännlichung der Frau zu verstehen, da es doch vom Weg zum Himmel handelt, der in ihm gewiesen ist. Das Wort könnte ebensogut umgekehrt abgewandelt werden: Ich weiß wohl, daß kein Mann zum Himmel gelangen kann – er wäre denn zuvor eine Frau geworden. Was sagen will – er muß eine frauliche Seele haben, die bereit ist, das Göttliche zu empfangen und zu gebären, damit er auch wirklich am Ewig-Weiblichen Anteil gewinne. Der Sinn beider Worte weist in die gleiche Dimension: Der Mensch muß immer aus seiner naturgegebenen Anlage heraus sich selbst übersteigen, anders gelangt er nie in den Himmel. Zum Überirdischen zu streben ist die Bestimmung des Menschen, und ohne diese Zielrichtung erreicht auch die Frau nie ihre Vollendung. Schwester Katreis Wort richtet sich an die heroische Jungfrau, die in ihrem weiblichen Dasein das männliche Element in einem viel tieferen Sinn in sich aufgenommen hat, als viele Frauen von heute, die glauben, mit einer Herrenschnittfrisur und Slacks sei es getan. Durch das überlegene Verständnis bricht eine in der Geschichte selten wahrgenommene weibliche Heiligkeit auf, die die Genialität noch weit überhöht.

Zu den hehren Frauengestalten gehört Katharina von Alexandrien. Sie hat einen enthusiastischen Zug an sich. Sie, die Kühnste unter allen Kühnen, kehrt die verdrießliche Ansicht des Predigers Salomo ins Gegenteil um: Wohl gab es unter den Männern tapfere Gestalten, wo aber will man einen finden, der es mit Katharina aufnehmen kann? Zwar verkörpert sie nicht wie Elisabeth von Thüringen oder Birgitta von Schweden den ganzen Reichtum des Weiblichen, weil ihr die Mutterschaft unbekannt blieb. Sogar das Liebeserlebnis der Sulamith streifte sie nur gedanklich und nicht real, und sie erfuhr auch nicht die beseligende Erfüllung in der ehelichen Vereinigung. Katharina, das heißt, die allezeit Reine, wuchs gerade um ihrer Entsagung willen über sich selbst hinaus und gewann eine Größe, die den Menschen mehr erregt, als wenn er den Briefwechsel zwischen Heloise und Abälard liest. Gegenüber Katharinas Beschwingtheit kann man nicht gleichgültig bleiben, sie verfügte über einige Eigenschaften, die sich die meisten Frauen glühend wünschen, weil sie sie nicht besitzen, während Katharina über sie hinausschritt und zu einer Übernatur gelangte, der jedoch gar nichts Unfrauliches anhaftet. Sie vollbrachte mit der weiblichsten Seele ein männliches Werk, und es ist nicht von ungefähr, daß sie eine der gepriesensten Frauengestalten der Christenheit geworden ist.

Katharina war von edler Abkunft. Von königlichem Geblüt, wuchs sie inmitten eines großen Reichtums auf. Ein reiches Mädchen wird in aller Welt geschätzt, doch reden wir nicht weiter davon, denn Geld ist auch eine gar zu materielle Angelegenheit, die mit der Welt des Geistes nichts zu tun hat.

Katharina faszinierte stark durch ihre außerordentliche Schönheit. Sie war so schön, daß sie noch in der Gegenwart von den Modistinnen und Schneiderinnen der Pariser Modehäuser, den „Catherinettes", verehrt wird. Katharina hatte nicht nur, wie viele Frauen, ein anmutiges, hübsches Antlitz, sondern sie war „überflüssig schön". Merkwürdiger Ausdruck der alten Überlieferung, der jedoch nicht so abwegig ist, wie es auf den ersten Augenblick scheint. Mehrfach wird hervorgehoben: „Sie war auch gar zart und schön und erschien allen Augen sonderlich lieblich mit wunderlicher, unsäglicher Schönheit." Stets wird auf Katharinas Schönheit hingewiesen; offensichtlich hat sie nicht den religiösen Weg gewählt, weil ihr wie einem sauren, trockenen Menschen auf erotischem Gebiet die Trauben zu hoch hingen. Schönheit des Angesichts ist niemals nur eine Falle des Teufels, wie eine aus der Angst und Psychose hervorgegangene Auffassung argwöhnt. Nein, Schönheit ist auch ein Wert, er kann den Menschen Tränen kosten, ja, es ist geradezu ein Geschenk, in ein schönes, reines Mädchenantlitz zu blicken – ach, was wissen die Menschen gewöhnlich davon, was das letztlich bedeutet – man würde lügen, wollte man es bestreiten. Schönheit ist nicht nur Äußerlichkeit und Fassade: sie ist eine Form, die im Sein gründet. In ihr blitzt eine Herrlichkeit auf, ein Abglanz der höheren Welt, die den Beschauer entzückt.

Wie oft aber geschieht es, daß Frauenschönheit sich mit der

Dummheit verbindet. Viele hübsche Mädchen enttäuschen, sobald sie den Mund auftun, sie reden unnützes Zeug und plustern sich auf. Bei Katharina dagegen reduzierte sich die Schönheit nicht auf eine süße Dummheit. Sie war nicht nur ausnehmend schön, sondern auch überaus klug und weit über dem Durchschnitt intelligent. Liebreiz und Scharfsinn vereinigt in einem weiblichen Wesen, fürwahr, das trifft man nicht alle Tage. Katharina hat mannigfache Proben ihrer Klugheit abgelegt, was ihre Anziehungskraft beträchtlich erhöhte. Sie war tatsächlich ein vom Glück begünstigtes junges Mädchen: Reichtum, Schönheit und Klugheit, sie besaß sie alle, und was kann der Mensch noch mehr wollen?

Ist das nicht eine „legendäre Übertreibung"? Hat man Katharinas Bild nicht zu stark ausgeschmückt? Der Verdacht regt sich gegenüber aller „frommen Überlieferung" nur allzu leicht, aber er ist diesmal nicht am Platze. Katharina war reich, schön und klug, daran ist gar nicht zu zweifeln. Damit aber ist nicht schon alles über Katharina gesagt, was über dieses ungewöhnliche Mädchen zu sagen ist. Leider wußte Katharina nur allzu gut, mit welch' ungewöhnlichen Vorzügen sie ausgestattet war. Was lag näher, als daß ihr diese Begünstigung durch das Schicksal in den Kopf stieg. Sie bildete sich nicht wenig auf ihre körperlichen und geistigen Eigenschaften ein. Die einzige Tochter des Königs Cortus von Zypern betonte mit jeder Gebärde das Außerordentliche ihrer Erscheinung. Sie schaute voll Geringschätzung auf die anderen Menschen herab. Aller frommen Erbaulichkeit zum Trotz gilt die ehrliche Feststellung: die junge Katharina war hochmütigen Geistes, sie trug die Nase hoch und war von stolzem Wesen. Das hochfahrende Benehmen war ihr, wie schon vielen eitlen und gefallsüchtigen Frauen, beinahe zum Fallstrick geworden, jedenfalls aber machte es fast ihre Vorzüge wieder zunichte.

Das hochnäsige Gebaren des von sich eingenommenen Mädchens brachte sie schon dem ersten Freier mit schnippischer Überheblichkeit zum Ausdruck. Sie wies seinen Heiratsantrag mit kühler Miene zurück. Ohne ein Wort des Bedauerns antwortete sie ihm: „Ich sehe wohl, daß ich schöner bin als alle

Jungfrauen in Alexandrien, darum will ich keinen Mann nehmen, er habe denn vier Dinge an sich: daß er also edel und schön, klug und reich sei als ich." Die Antwort verrät den ganzen Stolz des selbstbewußten Mädchens. Die unangenehme Äußerung gefiel auch ihrer Mutter nicht, ihr mütterliches Herz befürchtete, Katharina werde wegen ihres arroganten Auftretens nie einen liebenden Gemahl finden. Sie sorgte sich auch darüber, daß die Familie des schroff zurückgestoßenen jungen Mannes sich schwer beleidigt fühle. Katharina dagegen vertrat die Ansicht: Nur den Vollkommenen will ich in meine Arme schließen. Für den Idealgatten haben schon viele junge Mädchen geschwärmt, bis sie erfahren mußten, daß in diesem Leben alles nur Stückwerk bleibt und auch das Erleben der Liebe davon nicht ausgenommen ist.

Schließlich entschloß sich die bekümmerte Mutter, mit ihrer Tochter zu einem Einsiedler zu gehen und ihn um Rat zu fragen. Es war ein abgeklärter Mann, der Welt entfremdet und dem geistlichen Leben zugetan. Mit seiner Altersweisheit machte er auf Katharina den größeren Eindruck als die werbenden Freier, die sie mit nichtssagenden Komplimenten überschütteten, und zudem sagte der Eremit ihr zukünftige Dinge voraus, die nur aus der Schule des Heiligen Geistes stammen konnten. Dem Einsiedler vertraute sie schließlich auch ihren Entschluß an, keinem Manne angehören zu wollen, der nicht die gleiche Schönheit, Klugheit, Reichtum und Adel besitze wie sie selbst. Für den alten Mann war die hochgespannte Anschauung freilich bloß der Wunschtraum eines jungen Mädchens, solche Dinge hatte er in seinem Leben schon mehr als einmal gehört. Der seherische Blick des Einsiedlers erkannte schnell den für sie bestimmten Bräutigam, den Katharina liebte, ohne seinen Namen zu wissen, und er antwortete ihr: „Willst du glauben an unseren Herrn Jesus Christus und ihm mit Fleiß dienen, und würdest getauft, so gewinnst du einen würdigen Gemahl, der hat die vier Gaben überflüssig an sich." Der Einsiedler wies das selbstbewußte Mädchen von der irdischen zur überirdischen Realität. Rätselhaft war die Antwort, doch sie stachelte die hochgemute Katharina leidenschaftlich an. Zum ersten Male in ihrem Leben bekam sie ein Wort zu hören, das sie entflammte, begeisterte und mit einem Ruck auf das geistige Meer hinausriß. Der Hinweis des Einsiedlers weckte in ihr die höchste Erwartung und, mit dem Fuß aufstampfend, rief sie voll Ungeduld aus: „O weh, welch seliges Mädchen wäre ich, wenn dieser Gemahl zu mir käme!“ Mit den bloßen Wünschen ist es jedoch nie getan, über den Wünschen kann man sterben; es gilt vielmehr, einen steilen Weg zu beschreiten, der gar nicht leicht begehbar ist. Der Einsiedler brachte ihr ein Bildnis der Maria mit dem Kinde und sagte zu ihr: „Du magst den Gemahl nicht erwerben ohne die Hilfe seiner Mutter. Ruf sie an und bitte sie, daß sie dir helfe, damit du den Gemahl sehest, den du begehrst.“

Die Unterredung mit dem Einsiedler zündete in Katharina und das Ungewöhnliche, das in seinen Andeutungen lag, kam ihr entgegen. Das geistige Gespräch wirkte anspornend auf das kluge Mädchen, ganz neue Möglichkeiten tauchten vor ihr auf, Dinge, die an das Außerordentliche appellierten, nach dem ihre Seele sich sehnte. Tag und Nacht rief sie Maria an und im Traum erblickte sie eine Erscheinung. Es war eine leuchtende Gestalt, deren Glanz sie blendete. Das visionäre Traumbild schloß ein betrübendes Element in sich: sie konnte die Gestalt nur mit betont abgewandtem Angesicht erblicken, so daß sich für sie kein richtiges Bild ergab. Ein tiefer Schmerz durchdrang sie und bitter klagte sie: „Er zürnt mir! Der Bräutigam will nichts von mir wissen!“ Welch unerwartetes Erlebnis! Sie war nicht darauf vorbereitet, denn während sonst des Königs Tochter von den Freiern wegen ihrer Schönheit, Klugheit und Reichtum stets umschmeichelt worden war, erlebte sie nun das Umgekehrte: die himmlische Gestalt verhielt sich ihr gegenüber abweisend und beachtete sie gar nicht. Dies war für Katharina unfaßlich, es kränkte sie und brachte sie außer sich, denn sie hätte den himmlischen Sohn um alles Leben gern gesehen, ihr ganzes Herz fieberte ihm entgegen. Noch nie war es im Dasein des selbstbewußten Mädchens vorgekommen, daß es etwas nicht erreichte, was es wollte. Schmerzlich und aufgebracht zugleich fragte sie sich: „Warum wendet sich die leuchtende Gestalt von mir ab? Was mißfällt ihr an mir? Bin ich nicht schön und klug genug?“ Verfehlte Fragestellung. Katharina hatte die andere Ebene des zukünftigen Gemahls nicht begriffen. Nach dem Hinweis Marias vollzog ihr Sohn die Hinneigung nicht, weil Katharina ihm nicht in allen vier Dingen gleich war, sie war wohl äußerlich schön, aber innerlich häßlich. Die himmlische Mutter ließ sie jedoch nicht in Ratlosigkeit und Verzweiflung zurück. Sie gab ihr den Rat, nochmals zum Einsiedler zu gehen, von ihm weitere Belehrung zu erbitten, die das Gespräch vertiefe, und dann werde sie das göttliche Kind zu sehen bekommen.

Nachdem Katharina aus der Traumvision erwacht war, führte sie die Anweisung aus und begab sich zum zweiten Male zum Eremiten, der ihr klar machte, daß sie das durch ihre Schönheit und Klugheit bedingte hochmütige Selbstbewußtsein ablegen müsse, wenn sie zu ihrem zukünftigen Gemahl passen wolle. Der Sohn der himmlischen Mutter hatte doch einst gesagt: „Nehmt auf euch mein Joch und lernet von mir, denn ich bin sanftmütig und von Herzen demütig, so werdet ihr Ruhe finden für eure Seelen.“ Es fiel Katharina nicht leicht, sich zu erniedrigen, von ihrem hohen Piedestal herabzusteigen, zumal der Stolz zu ihrer Natur gehörte. Das lichtvolle Ziel lockte sie, es zog sie mit magnetischer Kraft an und deshalb kämpfte sie mit sich selbst und nahm schließlich die Demut auf sich, die sie bis dahin gar nicht kannte. Das Zeichen ihrer seelischen Umwandlung war die Taufe. Keineswegs verschwanden jetzt Schönheit und Klugheit mit einem Schlag aus ihrem Leben, aber sie spielten nicht mehr die entscheidende Rolle und traten auf den ihnen zukommenden Platz zurück. Das Christliche war an die erste Stelle getreten, es bestimmte fortan ihr Leben und verlieh ihr zukünftig die Stärke, sich selbst zu widerstehen und allem, was schlecht war.

Darnach erlebte Katharina eine Verzückung, wie sie Paulus beschieden war, der auch nicht wußte, ob er im Leibe oder außerhalb des Leibes gewesen sei, sich aber dabei bis in den dritten Himmel entrückt fühlte. Wiederum erschien ihr in überirdischem Glanz Maria mit dem göttlichen Kinde. Diesmal durfte sie das Antlitz des Sohnes schauen und vor seinem strahlenden Anblick schwanden ihr beinahe die Sinne. Und nicht genug damit. Sie wurde gewürdigt, mit der himmlischen Erscheinung zu sprechen, Worte, die in keines Menschen Herz und in keines Menschen Ohr gekommen sind. Ein schlechthin nicht wiederzugebendes, sie blitzartig durchleuchtendes Gefühl durchdrang Katharina, als das Jesuskind ihr zuletzt einen Ring an den schmalen Finger steckte und dazu die huldvollen Worte sprach: „O meine liebe Katharina, ich will mich mit dir im Glauben vermählen!“ Auch die überschwenglichste Schilderung vermag keine Vorstellung zu vermitteln von den unaussprechlichen Empfindungen Katharinas, da sie an ihrer schönen Hand den noch schöneren Ring erblickte. Vor Staunen, Verwunderung und Freude brachte sie kein Wort hervor, auch nach der Entrückung nicht, denn ihr schien das wunderbare Geschehen kaum faßbar, und doch war sie felsenfest von der Wahrheit des Erlebens überzeugt. Katharina hatte die mystische Hochzeit erfahren, ihre Seele hatte ohne Scheidewand Christus erlebt, und in dieser ihrer Vermählung mit Christus liegt der Schlüssel zum Verständnis ihres Lebens. Ohne das mystische Erlebnis bleibt ihr weiteres Leben unbegreiflich. Die Zierde der geistlichen Hochzeit, wie dies später Ruysbroeck nannte, symbolisiert das tiefste Verhältnis der Seele mit Christus: unaussprechliche Wonne, vollkommene Freude und letzte Aufgeschlossenheit des Herzens gegenüber dem Himmel. Aus ihm geht jenes gesteigerte Seelenbündnis hervor, das nur einem bis ins Innerste entflammten Menschen geschenkt wird, der dann auch die ekstatischen Worte des Hohenliedes zutiefst nachempfindet: „Mein Freund ist mein und ich bin sein.“ In der überrationalen Verlobung Katharinas mit dem ewigen Sohn enthüllt sich ihr heiliges Antlitz. Die alte Überlieferung führt das mystische Vermählungserlebnis nur ganz knapp aus und umgeht jede unangebrachte Schilderung. Wie soll man auch himmlisches Erleben mit irdischen Worten wiedergeben können? Wer zergliedernd von Identitätsmystik sprechen wollte, der würde wie der Blinde von der Farbe reden. Der Sinn aber von Katharinas Hochzeit geht dahin, daß

Christus im Menschen wohnen will, er will sich in seiner Seele niederlassen, will geistig eins sein mit ihm, wofür das Wort Vermählung die beste Metapher ist. Sie ist ganz geistig und nicht im geringsten sinnlich zu verstehen, aber der geistige Charakter der Vereinigung der Seele mit Christus ist eine Verdichtung und nicht eine Verminderung ihrer Realität. „Im Glauben will ich mich mit dir vermählen“, das will besagen, Christus und die Seele gehören zusammen, sie sind unlösbar miteinander verbunden, und keine Macht der Welt kann sie je wieder auseinanderreißen.

Katharinas mystische Hochzeit hat auf die Phantasie der Maler stark gewirkt. Begreiflich, denn es ist eines der unerhörtesten Vorkommnisse der christlichen Geistesgeschichte. Mehrere haben das Erlebnis mit dem Pinsel festgehalten, es sei nur an das Gemälde des Sieneser Malers Bosozzo oder an den Meister des Nothelferaltars erinnert, der im 15. Jahrhundert in Nürnberg tätig war, ganz zu schweigen von Memling, Lippi, Correggio, Tintoretto u.a.m. Die Folgen aber, die sich aus dieser Vermählung für Katharina selbst ergaben, waren jenseits aller Vorstellung. Die Auserwählte zog auf der Stelle alle Konsequenzen aus dem außerordentlichen Erlebnis. Alle Hoffart und alle heidnischen Gewohnheiten legte sie ab und kannte nur noch das eine Ziel: ihrem himmlischen Gemahl in Demut zu dienen. Katharina entäußerte sich ihres Besitztums, behielt nur noch, was sie für ihr Leben notwendig brauchte, denn, welche Dinge sollten der mit Christus Vermählten noch etwas bedeuten?

Einige Zeit später befahl Kaiser Maxentius allen Untertanen, den Göttern zu opfern. Katharina war damals achtzehn Jahre alt und erschrak sehr über den Befehl. Sie hatte kein verzagtes Gemüt, das sogleich in Mutllosigkeit versank, sondern wappnete sich mit dem Zeichen des Kreuzes und begab sich in den Tempel. Um ihres hoheitsvollen Aussehens willen, wichen die Leute scheu zurück. Kühn trat sie vor den Kaiser hin, störte ihn bei der feierlichen Opferhandlung und sagte ihm: „Es geziemte deiner Weisheit wohl und die Vernunft riete es dir, daß ich dir meinen Gruß entböte, wenn dein Herz also gut wäre, daß du Gott dienest. Nun aber ehrest du die Abgötter, welches da sind böse Geister oder nach ihrem Tode zu göttlichen Ehren gelangte Menschen. Wie kannst du so töricht sein und den Leuten befehlen, falsche Götter anzubeten? Du bewunderst den Tempel, den deine Arbeiter mit ihren Händen erbaut haben. Sie bewundern den kostbaren Schmuck, der nichts anderes ist als Staub, den der Wind mit sich führt. Du solltest lieber Himmel und Erde und Meer und alles, was es dort gibt, bewundern. Wenn du gelernt hast, alles dies zu bewundern, solltest du dich fragen, wer der Schöpfer von all dem ist. Es ist dies unser Gott, der Herr der Heerscharen und der Gott aller Götter." Dies war unstreitig eine tapfere Rede, die dem Kaiser die Torheit seines Tuns vor Augen führte. Die mutige Ansprache veranlaßte Maxentius, sich das allzu kühne Mädchen genauer anzusehen. Der Herrscher erkannte aus dem sich fortsetzenden Gespräch den ungewöhnlichen Scharfsinn Katharinas und richtete an sie die Frage: „Wes Geschlechtes bist du? Dein wohlgestaltetes Antlitz bezeugt, daß du gar hoch geboren bist." Nach Katharinas christlicher Einsicht steht es dem Menschen nicht zu, sich selbst zu loben oder zu schelten, aber angesichts der außerordentlichen Situation gestand sie dem Kaiser ihre königliche Abkunft und bekannte zugleich freimütig ihren Glauben an Jesus Christus, nicht ohne ironisch das Unvermögen der heidnischen Götter zu unterstreichen. Der Kaiser dagegen vermochte dem unerwarteten Angriff nicht zu begegnen. Es schien ihm reichlich überheblich, daß nach Katharinas Rede alle Welt irren, und nur sie allein die Wahrheit kennen sollte, während sie „doch nur ein schwaches Weib" war.

Aufgebracht, überrascht, hingerissen von ihrer Schönheit und zugleich von ihrem kühnen Geiste geblendet, schob der Kaiser sie nicht als ein unreifes Ding, das ihm in ihrer Jugendlichkeit einige unangebrachte Frechheiten ins Gesicht gesagt hatte, zur Seite. Andere Wege wollte er beschreiten, um das schöne und kluge Geschöpf wieder auf die richtige Bahn zu bringen. Er berief die Gelehrten aus den verschiedenen Provinzen seines Reiches zusammen, Menschen, die an Klugheit alle Sterblichen übertrafen, erzählte ihnen von seinem Zusammenstoß mit Katharina, die die Götter als böse Geister bezeichne und den Glauben an nur einen, unsichtbaren Gott lehre: „Ich hätte sie zwingen können zu opfern oder hätte sie strafen können. Ich hielt es aber für richtiger, sie von der Stärke eurer Argumente bezwingen zu lassen. Wenn ihr über sie triumphieren könnt, werdet ihr reich an Ehren heimkehren.“ Der Kaiser erteilte ihnen den Befehl, sich des Mädchens in belehrendem Sinne anzunehmen, es durch helle Gründe der Vernunft zu überwinden und ihm wieder die alte Götterverehrung beizubringen. Die Meister der Grammatik und Rhetorik fanden es merkwürdig, daß sie in so großer Zahl gegen eine einzige Jungfrau antreten sollten, wo doch nach ihrer Meinung der geringste ihrer Schüler genügen würde, die vorwitzige Gecknase in die Schranken zu weisen. Der Kaiser, irritiert von der diskussionsgewandten Jungfrau, mußte feststellen, daß sie ihm einen sichtlichen Eindruck gemacht hatte. Mit sich selbst redend, meinte der Kaiser: „Ich könnte sie mit peinvollen Marterwerkzeugen zum Opfern zwingen, es erscheint mir besser zu sein, sie mit Verstandesgründen zu überwinden“, weil nur auf dem Weg der Dialektik die allegorischen Schlüsse zunichte gemacht werden können.

Katharina begriff sofort, was auf dem Spiele stand. Sie betrachtete die Aufforderung, vor dem Hofstaat des Kaisers die Verteidigung des christlichen Glaubens zu führen, nicht als eine Geringfügigkeit, die man sozusagen mit dem kleinen Finger meistern könne, sondern sie wußte, daß es jetzt wirklich galt, im geistigen Sinne ein Mann zu werden, wenn sie in den Himmel eingehen wolle. Gegen fünfzig Meister sollte sie ihren Glauben vertreten; allein Katharina verließ sich nicht auf ihren Verstand; die Zeiten waren vorbei, wo sie auf ihre Klugheit stolz war. Seitdem sie Christin geworden war, schätzte sie die Vernunft als eine edle Gabe Gottes, aber sie war für sie nicht mehr die letzte Instanz und auch ein zu schwankender Boden, um darauf ein Fundament zu errichten. Der Verstand kann zu allem mißbraucht werden, indem man mit ihm ebenso viel beweisen, als widerlegen kann; es gibt überhaupt nichts, für das die Vernunft nicht doch noch ein Argument findet und in dieser Verwendungsmöglichkeit liegt das Unheimliche des Intellektes, was den Menschen erschrecken muß. Katharina nahm zum Gebet die Zuflucht und flehte voll Inbrunst zum Himmel: „O göttliche Weisheit, steh mir heute bei, da ich dich allezeit lieb gehabt habe. Gib deine Worte in meinen Mund, daß ich das Beste rede, denn ich vermag aus mir selber nichts." Wie sehr unterscheiden sich diese flehentlichen Worte Katharinas von denen eines vernunftstolzen Geistes! In einer der schwersten Stunden ihres Lebens stützte sich Katharina auf die himmlische Sophia, von der im Buch „Die Weisheit Salomos" gar köstliche Ausführungen zu lesen sind. Die ewige Weisheit ist nicht mit der menschlichen Klugheit identisch, sondern so viel der Himmel höher ist als die Erde, so viel höher steht die Weisheit als die Vernunft. Darüber wußte die christliche Katharina Bescheid; demütig rief sie die göttliche Weisheit an und warf sich vertrauensvoll in ihre Arme. Katharinas Verbindung mit der göttlichen Sophia zeigt deutlich, daß die mystische Vermählung nicht nur eine flüchtig vorübergehende Gefühlsempfindung war, sie wirkte zeitlebens nach und enthüllt die Herzkammer dieser Jungfrau. Ein Engel flüsterte ihr ins Ohr: „Hab fröhlichen Mut, dann wird dir Gott helfen fechten und siegen." Der Engel redete ihr zu, standhaft zu bleiben, und, gestärkt durch diesen Zuspruch, begab sich Katharina zur Disputation, nicht ohne dem Kaiser noch zu sagen, es sei eine ungleiche Verteilung und entspreche keineswegs der Billigkeit, fünfzig Meister gegen ein Mägdlein zu stellen. War „das schwache Weib" in den Augen des Herrschers doch nicht so schwach, wie er sich brüstete, und fürchtete er sich insgeheim vor ihrem männlichen Werk?

Das Gespräch zwischen Katharina und den fünfzig Meistern war eine Angelegenheit von größter Spannung. Der ganze kaiserliche Hof geriet in eine Erregung über das bevorstehende Rededuell. Kein verwirrtes Mädchen stand da, das in Verlegenheit den Finger in den Mund steckte und vor Angst kein Wort hervorbrachte. Kein Zittern überkam Katharina im Anblick der gelehrten Herren, die sich den Bart strichen und so geringschätzig auf das Mädchen herabblickten, wie sie es früher gegenüber den Freiern getan hatte. Nicht umsonst war sie schon von Kindheit an in der Kunst der Disputation unterwiesen worden und noch weniger vergeblich war sie in der hohen Schule der göttlichen Weisheit gewesen. Ganz sachte begann sie, trat immer mutiger hervor und zuletzt erhob sie sich in ihrer ganzen geistigen Größe. Schlagfertig, überlegen und unerschrocken verstand sie von ihren Gaben Gebrauch zu machen. Katharina führte Plato ins Feld, zitierte der Sibylle geheimnisvollen Spruch: „Selig der Gott, der am Holz hängt." Sie focht mit den fünfzig Meistern der Grammatik so eifrig, daß die Funken nur so sprühten. Es war ein geradezu seltenes Vergnügen zuzuschauen, wie die Klingen gekreuzt wurden. Katharina blieb auf keine Frage die Antwort schuldig, sie ließ sich nicht in eine Ecke drängen und auf eine unhaltbare Position festlegen. Das Mädchen besaß eine erstaunliche Kraft der Rede, sie vermochte die Partner zu bedrängen, ging bald zum Angriff über und benahm sich wie eine gewandte Fechterin. Schonungslos zerpflückte sie die Argumente ihrer Diskussionsgegner und trieb sie immer mehr vor sich her. Die Spannung stieg aufs Höchste, als ein Meister nach dem anderen vor ihr zurückwich, sich für widerlegt erklärte und den Kampf aufgab. Sie saßen zuletzt maßlos erstaunt da, verstummten, denn keiner von ihnen wußte, was er sprechen sollte. Nach der Widerlegung des heidnischen Götterglaubens schloß Katharina ihre Rede mit einem glühenden Bekenntnis zu Christus.

Über Katharinas Disputation mit den fünfzig Meistern krähten natürlich die Philologen um die Wette: Das ganze Gespräch ist reine Buchliteratur und hat gar nie stattgefunden! Die Ärmsten sahen vor lauter Buchstabenwissen die innere Dramatik des Gespräches gar nicht, das in die richtige Perspektive gerückt werden muß, damit der Sinn der Legende zu leuchten beginnt. Katharinas Diskussion hat nichts mit der Zungenfertigkeit eines Blaustrumpfes zu tun, deren Mundstück schärfer denn ein Messer ist. Vielmehr repräsentierten die Meister der Grammatik und Rhetorik die Intelligenz von Alexandrien. Nun ist es eine eigentümliche Sache um die Intellektuellen eines Landes, namentlich in Zeiten des Niederganges. Sie vermeinen und sollten auch von tonangebender Führung sein, dabei sind sie nur zu oft ein Gewebe voller Widersprüche, und schwankend passen sie sich jeder Zeitströmung an. Die Intelligenz eines Landes hat schon mehr als einen Verrat begangen; dies zuzugeben ist nicht leicht, aber die Ehrlichkeit erfordert dieses Geständnis. Katharinas Auseinandersetzung mit den fünfzig Meistern ist keine Episode, sondern eine wegweisende Tat des Geistes. Sie stellt eine Parallele dar zu Péguys Kampf gegen die Partei der Intellektuellen. Katharinas Ringen mit den führenden Geistern gehört unter diesen Aspekt gerückt, und dann erhält ihre Disputation ein neues, viel aktuelleres Aussehen. Sie schließt eine wegweisende Notwendigkeit in sich, denn es ist unumgänglich geboten, daß ein hierzu fähiger Christ den Kampf gegen die intellektuelle Überheblichkeit von Zeit zu Zeit aufnimmt und mit Pascal ihnen den Donnerkeil entgegenschleudert: „Zu Boden mit den Dünkelhaften!"

Im übrigen ist es eine ungenaue Aussage, daß Katharina die fünfzig Meister im Gespräch überwunden habe. Nicht sie und nicht ihre Klugheit brachten diese Leistung zustande, trotz aller Gescheitheit hätte sie es nicht vermocht, weil die Diskussionen zwischen Intellekt und Intellekt immer unentschieden ausgehen. Es war das Werk der göttlichen Weisheit allein, die in ihr Wohnung genommen hatte. Ihr allein gehört der Ruhm und die Ehre. Darum mutet es wie ein Witz der Weltgeschichte an, wenn man Katharina mit der Wissenschaft in Verbindung bringt und sie sogar zur Patronin der Universitäten erklärt. Die Wissenschaft entspricht einer Notwendigkeit der menschlichen Gesellschaft, auf die man niemals verzichten kann. Töricht ist jeder Mann, der das nicht zugeben will. Welche Wohltaten verdankt man allein der medizinischen Wissenschaft. Katharina aber ging es nicht um Wissenschaft, vor allem nicht um jene Wissenschaft, die erforschen will, erforschen um jeden Preis, erforschen bis zur Selbstzerstörung der Menschheit. Bei dem dramatischen Streitgespräch mit den fünfzig Meistern stand nicht Wissenschaft gegen Wissenschaft, wie in vielen gelehrten Diskussionen der Welt. Mit der offiziellen Wissenschaft hatte die demütig gewordene Katharina gar nichts zu tun; in diesem Gefecht rangen Vernunft und Übervernunft miteinander. Die göttliche Weisheit und das menschliche Wissen traten in der Arena zum Kampfe an, und es unterlag die aufgeblähte Gelehrsamkeit gegenüber einem, die göttliche Sophia um Hilfe anrufenden Mädchen.

Für den Kaiser war der Ausgang der Disputation ein unerwartetes Ereignis. Ihn dünkte es eine Schmach und Schande, und er hat es nicht verschmerzt, daß sich seine fünfzig Meister „von einem Weibe also besiegen ließen". Er tobte und schäumte vor Wut, nahm keine der Entschuldigungsgründe seiner Gelehrten entgegen, so sehr sie auch versicherten, daß aus dem Munde des Mädchens der Geist Gottes gesprochen habe, dem kein Mensch zu widerstehen vermöge. Offen und ehrlich bekannten sie, von Katharina die Wahrheit kennen gelernt zu haben, doch Maxentius befahl in seinem überbordenden Zorn, sie samt und sonders in der Stadt öffentlich zu verbrennen. Der Übertritt zum Christentum war damals weder bloße Ansichtssache noch traditionelle Gewohnheit, sondern ein gefährlicher Schritt, der einem Menschen das Leben kosten konnte. Katharina stärkte ihre neuen Freunde für das bevorstehende Martyrium; die Meister bedauerten vor allem, ohne den Empfang der Taufe sterben zu müssen. Allein, hierzu war keine Gelegenheit mehr und Katharina tröstete sie mit der Zusicherung: „Fürchtet euch nicht, denn euer Blut wird euch taufen und krönen." Für Katharina war die Seligkeit nicht an die Wassertaufe gebunden, sintemal schon Johannes der Täufer von einer Taufe mit heiligem Geist und Feuer gesprochen hat. Katharina kannte noch die Bluttaufe, die im Martyrium besteht, ein Wahrheitszeugnis, durch das der Mensch unfehlbar eine Krone erringt. Mit dieser Gewißheit im Herzen wurden die Weisen in die Flammen gestoßen und übergaben ihre Seelen Gott.

Nachdem der Kaiser sich von seinem Zornausbruch erholt hatte, wandte er sich erneut Katharina zu. Nach wie vor beeindruckte ihn das Mädchen, seinesgleichen hatte er bis dahin nie gesehen. Wiederum näherte er sich Katharina und machte ihr ein in seinen Augen überaus großartiges Anerbieten: „Du edle Königstochter, schone deine Jugend; so sollst du nach der Kaiserin die Erste heißen in meinem Palast, und ich will lassen dein Bild malen und stellen mitten in die Stadt, daß sie dich männiglich als eine Göttin soll anbeten." Die Mutter legte Katharina nahe, welch' hohe Ehre es für sie sei, daß sie des Kaisers Blick auf sich gezogen habe – wann haben die guten Mütter bei einem vorteilhaften Heiratsantrag anders gedacht? Nie kannte Katharina nur den leisesten Gedanken, des Kaisers Kebse zu werden, sie, die schon früher alle Freier abgewiesen und sich dem himmlischen Bräutigam verlobt hatte. Ohne Überlegung lehnte sie den Antrag des Kaisers ab, verwies ihm seine schändlichen Nachstellungen und erwiderte ihm: „Rede nur nicht von solchen Dingen, dergleichen Sünde ist zu denken; wisse, ich habe mich Christo gegeben zu einer Braut, der ist mein Ruhm und meine Liebe, meine Süßigkeit und mein Ergötzen, von dieser Liebe vermag mich weder Schmeicheleien noch Pein wegzulocken." So sprach die Christus Vermählte, an deren Finger der Ring des göttlichen Kindes glänzte. Wiederum hat sie von ihren starken Gefühlen zu ihrem Herrn gesprochen, und obwohl Katharina einen überaus klugen Verstand besaß, war ihr der Glaube keine intellektuelle Angelegenheit, er wohnte in ihrer emotionalen Sphäre, sonst hätte sie nicht von Liebe, Süßigkeit und Ergötzen gesprochen. Bei aller Scharfsinnigkeit und aller männlichen Standhaftigkeit blieb Katharina ein durch und durch weibliches Wesen. Sie stand im Verhältnis der Brautschaft und nicht der gelehrten Kenntnis zu Christus – und gerade dies verlieh ihrem Dasein den berückenden Duft.

Der Kaiser war über die Abweisung erneut gereizt, er ließ die Jungfrau nackt ausziehen, mit Skorpionen schlagen, hierauf in den finsteren Kerker werfen und verweigerte ihr dazu noch jede Nahrung. Zwölf Tage lag sie in schrecklicher Verlassenheit da und nach menschlichem Ermessen hätte sie die grausame Behandlung nicht überstanden. Katharina kannte die Verzückung, die Sophia, die Vermählung mit Christus, aber sie kannte auch die Pein, die Marter, die Verstoßung, die der Christ ertragen muß. Beide bedingen sich gegenseitig. Auf einen Schindanger geworfen, war sie dem äußersten Elend preisgegeben. Was es heißt, Leiden und Schmach für Christus ausstehen, das hat Katharina reichlich erfahren, hat es erlebt, ohne der Verzweiflung anheim zu fallen. Ihre Gefängniszelle war von unermeßlichem Glanz erleuchtet. Engel salbten ihre Wunden und eine weiße Taube brachte ihr himmlische Speise. Ist dies nun lediglich eine erbauliche Erfindung, eine Phantasie frommer Gemüter? Niemals, aber man darf auch nicht diese Phänomene materialistisch verstehen. Zeichen sind es, und diese Zeichen reden von den mystischen Erlebnissen im Leben Katharinas. Ohne sie hätte Katharina die schweren Peinigungen nicht zu überstehen vermocht. Das Mysterium der Vermählung gab ihr die Kraft dazu und ließ sie im äußersten Schmerz die höchste Freude erleben.

In ihrer unmenschlichen Kerkerschaft empfing sie einen unerwarteten Besuch: Die Kaiserin erschien in eigener Person in ihrem Verlies. Sie war als Frau von Katharinas Haltung getroffen, war überrascht, daß sie es abgelehnt hatte, ihre Nebenbuhlerin zu werden und auf die begehrerischen Wünsche ihres Gatten einzugehen. Das Mädchen hatte sie tief beeindruckt, sie wünschte es näher kennen zu lernen, geriet dabei unter Katharinas Einfluß und wandte sich dem Christentum zu. Nun aber sah der Kaiser in seiner Frau eine Verräterin, er verstieß sie, verfügte ihre Hinrichtung nur deshalb, weil sie Katharina gefolgt und Christin geworden war. Katharina aber tröstete sie mit den Worten: „Fürchte dich nicht, Kaiserin, von Gott geliebt, denn dir wird heute für dein vergängliches Reich gegeben das ewige Reich, du scheidest von dem sterblichen Gemahl und wirst geeint mit dem himmlischen Bräutigam."

Keineswegs fiel nur Katharinas Umgebung der Verfolgungssucht des Kaisers zum Opfer. Der Herrscher wußte genau, daß Katharina die Hauptvertreterin des Christentums und die treibende Kraft war. Da es ihm nicht gelungen war, sie für sich zu gewinnen, kehrte sich seine sinnliche Zuneigung in einen unauslöschlichen Haß um. Es war für ihn eine ausgemachte Sache: Katharina war die Schuldige, die unter allen Umständen beseitigt werden mußte. Der Kaiser drohte ihr das Schlimmste an, sie sollte zur Strafe die schrecklichsten Qualen erdulden. Katharina jedoch erbleichte nicht. Es erwachte noch eine andere Eigenschaft in ihr, der Mut, den sie in erstaunlichem Maße besaß. Er verlieh ihr jene christliche Sprache der Unerschrockenheit, die man leider in der Kirchengeschichte so selten zu hören bekommt und die doch der Welt allein Eindruck macht. Jetzt hatte sie den letzten Beweis zu erbringen, daß ein männliches Herz in ihr schlug und daß keine Frau in den Himmel eingehen kann, sie sei denn zuvor ein Mann geworden. Unerschrocken war Katharina, seelisch tapfer und ohne Ängstlichkeit; sie liebte das Heroische, und wer könnte wie sie das Äußerste ertragen? Auf die Androhung des Kaisers erwiderte sie mit ruhiger Miene: „Zögere nicht, alle Marter zu erdenken, als du vermagst, denn ich sehne mich, mein Fleisch und Blut dem Herrn darzubringen, der sich selber einst für mich hat geopfert. Denn er ist mein Gott, mein Geliebter, mein Hirt und mein einziger Bräutigam." Ihre Antwort ist voller Herztöne, die ihre gesteigerte und mystische Beziehung zu Christus dartut und zugleich zeigt sie, daß ihre Herbheit doch nicht das Weibliche in ihr verdrängt hatte. Der Kaiser hörte aus ihrer Rede nur eine neue Herausforderung, so daß der Richter ihm riet, Katharina auf jene Maschine zu binden, die mit scharfen Messern versehene Räder hatte und die eigens für die Bestrafung Katharinas erfunden worden war. Zwei Räder bewegten sich in der einen Richtung und zwei in der entgegengesetzten, eine Mechanik, die Katharina aufs grausamste zermalmen sollte. Es war eine furchtbare, ganz grauenhafte Martermaschine. Im Laufe der Geschichte wurden immer wieder mit teuflischer Bosheit derartige Werkzeuge zur sadistischen Quälerei der Menschen ersonnen. Schon der bloße Anblick des schrecklichen Rades brachte das Blut zum Erstarren.

Man führte Katharina zur Richtstätte und das zuschauende Volk beklagte sie der harten Todesstrafe wegen mit lauter Stimme. Sie aber ermahnte die Menge, an den eigenen Seelenzustand zu denken und nicht an ihre Qualen. In dieser Stunde bat Katharina Gott von Herzen, er möge zu seines Namens Preis und zu des umstehenden Volkes Belehrung das Marterwerkzeug zerstören. Wie einst der Prophet Elias auf dem Berge Karmel ein sichtbares Zeichen von Gott erflehte, damit das Volk inne werde, wer der wahre Gott sei und es nicht länger auf beiden Seiten hinke, so bat Katharina um eine unmittelbare Bezeugung Gottes. Und siehe da, was niemand für möglich gehalten hatte, geschah in letzter Minute: die Henker wurden in die Maschine hineingezogen und ein Engel zerstörte das entsetzliche Marterrad mit Wucht, so daß die Räder barsten und das Peinigungsinstrument in Stücke zersprang. Ganz benommen steht man vor diesem göttlichen „Halt". Das zerbrochene Rad am Boden ist – außer der Ring-Vermählung – das zeitlose Symbol für Katharina geworden. Der Sinn des Vorganges ist klar: das zerbrochene Rad redet mit lautloser Stimme in alle Ewigkeit von der Ohnmacht der Herrscherwut, verkündet für alle, die hören und sehen wollen, daß der grauenhaften Marter eine Grenze gesetzt ist und Gott auch der schrecklichsten Quälerei auf der Stelle Einhalt gebieten kann, nicht anders, wie er einst bei Daniel der Löwen Rachen gestopft hat. Gott kann helfen, Gott errettet aus der höchsten Not, Gott verläßt die Seinen nicht, dafür ist das zerbrochene Rad ein tröstliches Zeichen, würdig, im Gedächtnis der Menschheit lebendig erhalten zu bleiben, würdig, es in die schlimmsten Auseinandersetzungen der heutigen Zeit hinüberzuretten. Wer es im Glauben tut, für den zerbrechen auch die scheußlichsten Räder mitten entzwei.

Die geborstene Martermaschine hatte eine neue Vereitelung des kaiserlichen Planes zur Folge. Zwar gab der Herrscher damit sein Ziel nicht auf. Katharina mußte sterben, koste es, was es wolle, das war eine beschlossene Sache. Wenn der erste Weg nicht zum Ziel führte, dann der zweite. Damit die Sache keinen Aufschub mehr erleide, gab er kurzerhand den Befehl, die Jungfrau zu enthaupten. Je schneller um so besser. Auf Katharina wirkte das Urteil nicht erschütternd, sie schrie nicht entsetzt auf, im Gegenteil, eine überirdische Gefaßtheit kam über sie, die ihren tiefen Grund hatte. Katharina hörte eine Stimme, die zu ihr sprach: „Komm nur meine Geliebte und meine Braut, denn siehe, die Himmelstüre ist dir aufgetan!“ Dank der himmlischen Stimme bot sie ihr Haupt dem Henker ohne Beben dar und der trennte es mit dem Schwerte von dem Leibe. Katharina hatte nicht nur andere Menschen zum Martyrium ermuntert, sie selbst hatte ihr Blut für Christus dahingegeben.

Kaum hatte Katharina den Tod erlitten, wurde ihr Leib entrückt, so daß die Gläubigen ihn nicht finden konnten. Engel kamen und trugen ihren Leichnam durch die Luft auf den Gipfel des Berges Sinai, dorthin, wo einst das erhabene Ereignis stattgefunden hatte, daß Gott durch Mose dem Volke Israel die Gesetzestafeln übergeben und ihm damit eine göttliche Willenskundgebung schenkte, die aller menschlichen Verwirrung ein Ende bereitete. Nach vielen Jahren haben Anachoreten ihren unverwesten Leib am Fuße des Gottesberges entdeckt, genau an der Stätte, da Mose vor dem brennenden Busche gestanden hatte. Nicht lange darnach baute man um das Grab der Katharina ein einzigartiges Kloster, das die Pilger gastfrei aufnimmt, das aber nie wieder gefunden wird, wenn man es sucht. Das Katharinenkloster ist eine der berühmten Stätten des Geistes, eine feste Burg inmitten der grandiosen Einsamkeit der Wüste – ein echtes Sinnbild für die Heilige, und jährlich kommen Vögel in Scharen zum Grabe der Katharina mit Ölzweigen, um dem Kloster das nötige Öl für die Lampen zu bringen.

Katharina ist eine ungewöhnliche Gestalt der alten Christenheit; leicht ließe sich eine Lobeshymne anstimmen, die eine dreifache Aureole betont: die weiße der Jungfräulichkeit, die grüne der Gelehrsamkeit und die rote des Martyriums. Sie vereint in sich weibliche und männliche Eigenschaften zu einer höheren Einheit; ihre Persönlichkeit ist ein gesteigertes, kein zwitterhaftes Phänomen. Das Mädchen besaß die Kardinaltugenden der Tapferkeit, des Mutes und der Klugheit, nie schlug sie errötend ihre Augenlider nieder, sondern gab kühn und heldenhaft dem höchsten Würdenträger unerschrockene Antworten. Nichts Zimperliches hatte sie an sich und gehörte zu den Siebentausend, die ihre Knie nicht vor Baal gebeugt haben. Dabei lebte eine starke Gefühlskraft in ihr, die sie in der Liebe zu ihrem himmlischen Herrn verströmte. Sie wußte sich als Geliebte, als Braut des Sohnes, sie redet mit der göttlichen Sophia und erlebt die Süße der himmlischen Vermählung. Ihr Verhältnis zu Christus ist von einer Wärme und einer Hingabefreudigkeit durchpulst, und die Freude schimmert denn auch immer wieder durch alle ihre Äußerungen hindurch.

Um so unverständlicher ist der Argwohn, es gebe keine historische Bestätigung von Katharinas Existenz, da die Akten Verfälschungen und Unterschiebungen enthalten. Die Skepsis steigerte sich bis zur Auffassung, die historische Persönlichkeit Katharinas sei nicht faßbar. Die Behauptung, alte Urkunden wären nicht vorhanden, entspricht dem rationalistischen Historismus, der das Bild der Heiligen überhaupt aus den Augen verloren hat und nichts von den Hintergründen der Geschichte weiß. Dabei bezeugt schon das aus dem 8. Jahrhundert in der Basilika S. Lorenzo in Rom erhaltene Fresko, das Katharina neben Maria darstellt, daß die Heilige schon im Frühmittelalter verehrt wurde. Durch das ganze Mittelalter hindurch war Katharina in Europa eine überaus bekannte Gestalt, die sogar zu den vierzehn Nothelfern gezählt wurde. Stets neue Bekundungen wurden von ihr berichtet, aus deren Fülle seien hier nur eines oder zwei der anmutigsten Beispiele erwähnt.

Darnach gab es einst in der Stadt Kameraten ein Frauenkloster. Ihm stand eine edle Äbtissin vor, deren Bruder einmal einen kranken Ritter ins Kloster brachte. Er war der Pflege bedürftig, und die Äbtissin tröstete ihn. Durch die Besuche am Krankenlager entbrannte im Ritter eine Liebe zu der huldvollen Äbtissin. Er warb um sie mit aller Liebe. Die Äbtissin verwehrte ihm zwar das Ansinnen streng, versuchte ihm klar zu machen, daß dies mit ihrem Stand nicht vereinbar sei. Trotzdem hörte sie seine Worte nicht ungern, seine Liebesbezeugungen nisteten sich in ihrem Herzen ein, und da der Ritter nicht aufhörte, sie zu umwerben, gab sie schließlich ihren Widerstand auf und erklärte sich bereit, mit ihm aus dem Kloster zu fliehen. Die süßen Gespräche entflammten auch in ihr eine ungeordnete Liebe zum Ritter, die Leidenschaft erwachte in ihrem Herzen und trieb sie in seine Arme. Sie war willens, „Urlaub zu nehmen von den Heiligen", wie der alte Bericht sagt, und sich dem Geliebten zu ergeben. Es war in der letzten Nacht im Kloster, da die Äbtissin unruhig von Altar zu Altar schritt und seufzend den stummen Heiligenstatuen gestand: „ich bin krank vor Liebe", so krank, daß sie nicht länger hier zu bleiben fähig sei. Vor dem Katharinaaltar betete sie noch einmal: „Ich bin aller Dinge in der Anfechtung überwunden und befehle dir des Klosters Geschäfte." Die Äbtissin legte die Klosterschlüssel unter das Bild und folgte dem Ritter in die Welt hinaus. Sie lebte mit ihm zusammen, gebar ihm zwei Kinder, und nach vielen Jahren starb der Ritter. Durch seinen Tod kam der ehemaligen Äbtissin ihre Untreue gegenüber ihren Kostergelübden erneut zum Bewußtsein; sie erinnerte sich der Barmherzigkeit Gottes, die keinen bereuenden Sünder abweise. Nun machte sie sich auf zum Kloster und klopfte an die Pforte. Wer aber öffnete ihr? Es war Katharina selbst, die in all den Jahren, ohne eines Menschen Wissen, ihre Stelle vertreten hatte. Die Heilige hieß sie schnell eintreten, und ohne den geringsten moralischen Vorwurf sagte sie zu ihr: „Es ist Zeit, daß du aus der Welt kommest, und daß ich zum Himmel fahre. Wisse, daß ich in all dieser Zeit dich vertreten habe in all dem, was deines Amtes war. Darum lege dein geistlich Gewand an und versieh dein Amt wie zuvor; denn niemand weiß es, daß du fort gewesen bist." Da wurde die Äbtissin über alle Maßen froh, nahm die Schlüssel wieder zur Hand und waltete ihres Amtes wie in früheren Jahren. Sie wollte das Wunder Katharinas jedoch nicht verschweigen, rief das Kapitel zusammen und teilte das Geschehen allen Nonnen mit, die darob Gott sehr lobten. Die Äbtissin büßte die Sünde, so lange sie lebte und starb in seligem Zustand.

Die alte Überlieferung ist von einem Zauber ohnegleichen erfüllt. Katharina war ein herbes Mädchen, das seine Jungfräulichkeit treu bewahrte, sie lebte aber im Volksbewußtsein nicht als die strenge, unerbittliche Sittenrichterin fort, die ohne Verständnis für das Irren und Wirren des menschlichen Herzens ist. In echt christlicher Gesinnung nahm sie die sich wieder heimfindende Äbtissin auf, hielt ihr keine Strafpredigt, wie auch Jesus damals Zachäus keine gehalten hatte und gerade dadurch in ihm die Reue, die zum Leben führt, erweckt hat. Soll nun diese wundersame Geschichte ein bloßes Produkt der Phantasie sein? Unmöglich, denn sie ist zu schön, um nicht wahr zu sein.

Unzählige Menschen haben bei Katharina Trost und Beruhigung gesucht und auch gefunden. Wer dürfte dies als eine Kleinigkeit bewerten? Viele Mädchen sind nach ihrem Namen getauft, und alle großen Katharinen sind aus dieser Katharina hervorgegangen, man denke nur an Katharina von Genua und Katharina von Ricci.

Eine geistliche Tochter der Alexandrinerin war auch Katharina von Siena, die schon als Kind auf offener Straße von Visionen heimgesucht wurde. Später erschien ihr in der kleinen Zimmerzelle des väterlichen Hauses Christus, der auch ihr einen Ring über den Finger streifte und dabei sprach: „Ich, dein Schöpfer und dein Erlöser, mache dich zu meiner Braut im Glauben, den du immer rein bewahren wirst, bis dir verliehen wird, die ewige Hochzeit im Paradiese zu feiern." Die Erscheinung verschwand, der Ring blieb am Finger Katharinas, jedoch im Unterschied zu ihrer großen Namensheiligen, allen Augen unsichtbar und nur für sie sichtbar.

Noch holdseliger war das Erlebnis Jeanne d'Arcs mit Katharina. Sie wußte von ihr, was damals jedes Christenmädchen von ihr gehört hatte. Da erschien ihr eines Tages die heiljge Katharina mit der heiligen Margaretha zusammen. Johanna, die bis dahin nur nähte und spann, empfand Furcht und Scheu, als ihr die Heilige zum ersten Male erschien. Ein heller Lichtschein umflutete Katharina, und Johanna ergänzte später vor den zweifelnden Richtern die Schilderung, indem sie ihnen klar machen wollte, sie sollten nicht meinen, alles Licht gepachtet zu haben. Johanna hat mit fester Stimme bezeugt, sie habe „Katharina mit eigenen Augen gesehen" und von ihr fast jeden Tag Ratschläge empfangen, wie sie das große Werk der Befreiung Frankreichs von der Fremdherrschaft in die Tat umsetzen sollte. Aus der Hand der gefeierten Märtyrerin hat sie gleichsam das Schwert entgegengenommen, und von ihr erhielt sie auch nach der Verwundung die große Stärkung, so daß sie sich bald wieder geheilt fühlte. Katharina war für sie anwesend; stärker kann man ihre Gegenwärtigkeit gar nicht mehr erleben, als es Johanna widerfahren ist. Mochten die gelehrten Richter noch so ungläubig den Kopf schütteln, Johanna sagte ihnen frei und unmißverständlich ins Gesicht: „Für mich gibt es keinen Unterschied zwischen Sankt Katharina, die im Himmel ist, und jener, die sich mir zeigt.“ Sie unterschied sie auch genau von Sankt Margaretha, denn sie kannte sie an der Art, wie sie von ihr gegrüßt wurde. Als die schnüffelnden Richter noch tiefer in Johannas perönliches Geheimnis eindringen wollten und zu wissen begehrten, an welcher Stelle Sankt Katharina sie besucht habe, gestand sie zuletzt: „Ja, ich habe sie umarmt“ und dabei einen Wohlgeruch empfunden, der den Menschen noch heute ganz benommen macht, versucht er sich diese unbeschreibliche Freude vorzustellen. Wer diese Sehnsucht in sich verspürt, der wird auch in der Gegenwart noch in seinem Innern von ihr besucht, und dies ist der schönste Gruß, den der Mensch von Katharina empfangen kann.

SANKT CHRISTOPHORUS

Friedrich Nietzsches gequälter Seele entrang sich einmal die Klage: „Wir hatten es nicht leicht in unserer Jugend." Die heutige Jugend hat es in seelischer Beziehung noch schwerer, sie befindet sich in keiner beneidenswerten Lage. Ihre Situation kann mit wenigen Worten umrissen werden: Sie ist in einer trübsinnigen Nachkriegszeit aufgewachsen, beständig vom kalten Krieg umspült; ohne jedes leuchtende Vorbild vor den Augen, überschwemmt vom Materialismus des großstädtischen Denkens. Die ruhelose Dämonie einer zügellosen Lebensgier hat sie überrannt und ihre Raserei läßt sie kaum noch zu Atem kommen. Die moderne Jugend steht inmitten einer Welt, deren Probleme unlösbar erscheinen. Mit dem Fingerspitzengefühl des jungen Menschen nimmt sie das geistige und politische Chaos wahr, das sich auf der Erde ausbreitet und das das hinterste Dorf zu überfluten droht. Die ältere Generation hat ihr einen Scherbenhaufen hinterlassen, mit dem auch die neuen Jahrgänge schwerlich fertig werden. Aus diesen Gründen flüchtet die Jugend in Sport und Technik, in Mode und Sexus, nur um das vor ihren Augen sich öffnende Unheil nicht zu sehen.

Wahrhaftig, die reifere Jugend von heute befindet sich in einer schwierigen Lage. Das rüpelhafte Benehmen der Halbstarken mit ihren gelegentlichen Radauszenen in den Städten ist doch nur ein Aufschrei ihrer inneren Not. Es ist ein Symptom für ihre seelische Ausweglosigkeit. Die Jugend spürt instinktiv, daß der heutige Mensch keinen rechten Lebensinhalt mehr hat. Ohne Lebensinhalt kann man aber auf die Dauer nicht leben. Die Aufgeweckteren der heutigen Jugend fragen denn auch immer wieder nach einer Lebensaufgabe. Noch tun sie es nicht laut und stürmisch, spricht man aber mit einem aufgeschlossenen Mädchen oder einem hellhörigen Jüngling unter vier Augen, so wird die Frage nach dem Lebensinhalt im Laufe des Gespräches im Flüsterton gestellt. Wer der studierenden Jugend unvoreingenommen begegnet, mit ihr auf der gleichen Ebene diskutiert und sie nicht sofort durch Herausstreichen eines fragwürdig gewordenen Autoritätsstandpunktes kopfscheu macht, wird von ihr gefragt: „Hat das Leben einen Sinn? Ist alles nur ein fauler Zauber, ein frecher Bluff und eine sensationelle Effekthascherei? Regieren einzig Geld und Dreck die Welt? Gibt es ein Ziel des Daseins, für das einzusetzen sich lohnt, oder ist alles bloß Täuschung und Schwindel, mit denen man uns am Narrenseil herumführt? Sind Gott, Christus, Ewigkeit bloß fromme, längstens überholte Worte, oder sind das Realitäten, auf die es gerade ankommt? Gibt es in unserer Zeit noch Menschen, die die göttliche Wirklichkeit erlebt haben? Welchen Weg sollen wir gehen, damit wir nicht elendiglich in den Abgrund stürzen?“ Über diese geistigen Existenzfragen möchte die aufgewecktere Jugend von heute Auskunft erhalten, jene Jugend, die noch zu denken fähig ist und nicht nur von ihren Trieben fortgerissen wird. Es wünschen dies auch all jene Menschen zu erfahren, die in einem Winkel ihres Herzens jung geblieben sind und sich noch nicht mit der Sinnlosigkeit des Lebens resigniert abgefunden haben.

Ist die ältere Generation imstande, auf die bedrängenden Fragen eine glaubwürdige Antwort zu geben, die ihre Evidenz in sich trägt und die für die jungen Menschen die Erfüllung ihrer Sehnsucht bedeutet? Besteht nicht darin die Tragik der modernen Situation, daß die meisten Eltern und Erzieher auf die tieferen Fragen des Lebens keine achtunggebietende Antwort zu geben fähig sind, die den jungen Leuten Eindruck macht und dies bloß deshalb, weil die Erwachsenen selbst an einer erschreckenden Inhaltslosigkeit des Daseins kranken? Was man jedoch selbst nicht hat, das kann man den anderen auch nicht weitergeben. Es ist zwar nicht angebracht, stets die vergangenen Jahrhunderte zu erwähnen, denn die Frage: „Wie kommt es, daß die früheren Zeiten besser waren als die jetzigen", wird in der Bibel ausdrücklich „nicht eine weise Frage" genannt – trotzdem war es früher anders bestellt. Wenn auch bei den Alten nicht alles gut war, so huldigten die einfachen Menschen aus dem Volke doch der schlichten Überzeugung, „bete und arbeite" schließe den Sinn des Lebens in sich, weswegen sie den Jungen eine tragfähige Antwort zu geben vermochten. Heutzutage aber, da viele vom neumodischen Wunsch erfüllt sind, es „auch einmal schön zu haben" – was heißt dies eigentlich? – und vom törichten Verlangen nach einem bequemen Leben umhergetrieben werden, vermögen sie nicht mehr, die geistigen Existenzfragen klar und eindeutig zu beantworten und lassen ihre heranwachsenden Söhne und Töchter in einer zentralen Angelegenheit einfach im Stich.

Die pädagogisch verantwortlichen Menschen von heute stehen vor dem einen, entscheidenden Problem: „Was antworten wir den jungen Leuten, wenn sie uns nach dem Lebensinhalt fragen?" Besitzt die ältere Generation noch genügend Substanz in sich, um der fragenden Jugend eine überzeugende Antwort zu geben, eine Antwort, die Tiefe und Kraft aufweist? Die heutigen Schriftsteller und Künstler, von einigen wenigen rühmlichen Ausnahmen abgesehen, geben sich unbegreiflicherweise über dieses Problem keine Rechenschaft. Was der größte Teil von ihnen schreibt und malt, ist Zynismus, Perversität, Verblüffungssucht, indem sie durch einige freche Ausführungen das Publikum vor den Kopf stoßen und dadurch Aufsehen zu erregen hoffen, doch ist dies keine Antwort. Eine Richtlinie zu weisen, sind sie in ihrer inneren Leere und in ihrem Geltungsdrang nicht imstande. Auf Fragen normativ zu antworten, gehörte einst zum Adel der Dichtung, ein Vorrecht, auf das echte Kunst nicht dauernd verzichten kann.

Unter dem Gesichtspunkt der pädagogischen Not im höheren Sinne betrachtet, erhält die alte Legende von Christophorus eine unerwartete Aktualität. Die Legende weist mannigfache Verästelungen auf, sie spielt in den nordischen Ländern eine größere Rolle als in den südlichen Gegenden, und keine der neuzeitlichen Umdichtungen erreichte nur von entfernt die

Schönheit der alten Erzählung. Zeit, Ort und Herkunft der Gestalt sind nicht eindeutig zu bestimmen; eine Kirche aus dem 5. Jahrhundert ist ihrem Martyrium geweiht. Wie dem auch sei, das Volk hat einst mit Christophorus gelebt, mit dieser liebenswerten, hilfreichen Gestalt, die sich im ausgehenden Mittelalter einer weitverbreiteten Volkstümlichkeit erfreute. Zunächst erlaubten sich vereinzelte Humanisten, den Mann zu verspotten, weil sie in ihrem gelehrten Dünkel nicht mehr den Sinn der Legende begriffen, die eine einzigartige und klare Antwort auf die Frage nach dem Lebensinhalt gibt, eine Sinn und Richtung enthaltende Antwort, deren heller Schein bis in die Gegenwart hineinleuchtet. Sie antwortet wie alle Legenden auf die heimlichen Fragen des Herzens, nicht durch eine abstrakte Theologie, sondern in bildhafter Form.

Reprobus – manchmal auch Offerus genannt – war seiner Abstammung nach ein Heide aus dem Lande Kanaan. Der Name Reprobus bedeutet der Verworfene; er war ein heidnischer Unhold, aber wiederum wurde der Stein, den die Bauleute verworfen hatten, zum Eckstein. Reprobus war von ungewöhnlicher Größe, zwölf Ellen maß er, hatte ein furchtbares Aussehen und verfügte über eine körperliche Kraft von ungewöhnlicher Stärke. Der übergroße Mann war ein richtiger Riese, entsprechend seiner kanaanitischen Herkunft. Schon die Kundschafter, die Moses ins Land Kanaan aussandte, erzählten nach ihrer Heimkehr von einem Riesengeschlecht, dem gegenüber sie sich wie Heuschrecken vorgekommen seien. Reprobus war groß wie ein Weberbaum, hatte einen langen Bart, und eine dermaßen imposante Gestalt verfehlte nie ihren Eindruck, auf sich selbst nicht und auf die andern Menschen nicht, im Zeitalter des Sportes noch weniger als früher. Ein solch' mächtiger Leibesturm vermittelt das Gefühl einer unheimlichen Kraft und diese wieder verschafft eine unbeirrbare Selbstsicherheit. Reprobus ist der kraftvolle Mensch, der mit urweltlicher Stärke seinen Weg davonstapft. Niemand sage, es sei nur eine physische und nicht auch eine geistige Kraft gewesen, über die der goliathähnliche Mann verfügt hat. Kraft ist Kraft und läßt keine Schwäche aufkommen. Sie strahlt ein siegreiches Fluidum aus, das schwellt und mit sich reißt. Der kraftvolle Mensch ist von unmittelbarer Anziehung; die Leute bestaunen ihn und wünschen in aller Naivität auch so zu sein.

Reprobus, von ungebrochenem Kraftbewußtsein erfüllt, spürte eine heftige Wanderlust in sich. Er war ein Wanderer ferner Wege und gehörte zu den großen Wanderergestalten der Weltgeschichte, die auf der Suche nach dem Leben sind und von denen man nicht sagen kann, daß sie von allem weggegangen und nirgends angekommen sind. Der Tatendrang trieb ihn in die Welt hinaus, aber auf seiner Wanderung war er entschlossen, nur dem Mächtigsten dieser Welt zu dienen. In seinem Dienst wollte er unter keinen Umständen Scham leiden und sich selbst erniedrigen. Er war bereit, dem Stärksten sich unterzuordnen, denn nur der Mächtigste tat ihm Genüge. Im Entschluß, keine ehrenkränkenden Dienste zu verrichten, offenbart sich eine knabenhaft unverdorbene Seele. Er deutet darauf hin, daß sich Reprobus mit nichts Halbem und Schwächlichem zufriedengeben wollte, es mußte Großes und Größtes sein. Schon die erste Willenskundgebung des Reprobus leuchtet einer hochgemuten Jugend ein, denn der Wille zum Außerordentlichen entspricht der eigenen unausgesprochenen Sehnsucht. Wenn schon Arbeit und Dienst geleistet werden muß, dann nur in freiwilliger Unterordnung, die nicht auf Zwang und Knechtung beruht, was immer Schimpf und Schande bedeutet. Man ist durchaus bereit, den Menschen anzuerkennen, von dem man das bestimmte Gefühl hat, er stehe über dem Kleinkram des Lebens. Eine andere Haltung kommt für junge Menschen gar nicht in Frage.

Der Entschluß, nur dem Mächtigsten der Welt zu dienen, ist jedoch nur die Vorderseite von Reprobus‘ Aufbruch. Hinter diesem Wollen steht eine der tiefsten Fragen menschlichen Denkens: Was ist die letzte Instanz des Lebens? Wer ist der absolute Richter, an den sich der Mensch in seinen Nöten und Zweifeln wenden kann? Ist es die Vernunft, die ihm den bohrenden Stachel aus dem Herzen zieht oder jene Macht, für die er keinen Namen findet? Das ist für den Menschen, dem das

Denken eine Lebensnotwendigkeit und nicht nur eine unterhaltsame Geistesübung bedeutet, das entscheidende Problem. Auf die Frage nach der letzten Instanz gibt die Christophoruslegende, tiefer gesehen, eine allen Gemeinplätzen weit überlegene Wegleitung.

Reprobus trat in den Dienst des Königs. Dem obersten Manne des Landes unterstellte er sich, indem er ihm alle schweren Arbeiten besorgte. In königlichen Diensten zu stehen, war stets eine hohe Ehre und Auszeichnung und nur Menschen ohne Makel wurden dazu auserkoren. Die Arbeit im Dienste des Königs erforderte Zucht und Anstrengung, die Reprobus zu leisten gewillt war. Die Tätigkeit beim König dauerte nicht allzu lange, denn eines Tages kam ein Spielmann an den Hof und sang ein Lied, in dem der Teufel einige Male erwähnt wurde. Bei jeder Nennung des dunklen Namens zuckte der König erschreckt zusammen. Reprobus bemerkte die ängstliche Bewegung und fragte den König nach dem Grund seiner furchtsamen Gebärde. Der Herrscher aber wollte ihm lange nicht die wahre Ursache nennen: offensichtlich schämte er sich seines unwillkürlichen Erschreckens. Reprobus aber bestand darauf. Da gestand ihm der König, daß er sich über die Maßen vor dem Teufel ängstige, weil der unheimliche Geselle ihm schaden könnte. Die Angst vor dem schwarzen Manne schüttelte den König, und die Furcht vor den unberechenbaren Streichen des Satans quälte ihn. Angstgefühle sind nicht erklärbar, sie sind einfach da, umkrallen den Menschen und bringen ihn zum Erbeben. Unfreiwillig war es an den Tag gekommen, daß der erhabene und hochangesehene König ein zuinnerst von der Angst gepeinigter Mensch war, der, wie viele Leute, die Furcht hinter der Maske eines barschen Auftretens verbarg. Der König war nicht der mächtigste Mann auf Erden, er war nicht die letzte Instanz, wie Reprobus gemeint hatte. Der Höchste des Reiches war nicht zugleich der Stärkste, dem allein zu dienen doch Reprobus' stolzer Entschluß war. Tief enttäuscht über den königlichen Herrn, dessen Größe sich plötzlich als sehr klein erwiesen hatte, kündete Reprobus ihm seine Dienste.

Erneut begab sich Reprobus auf die Wanderschaft; er suchte den Teufel auf, der unstreitig stärker war als sein bisheriger Dienstherr. Reprobus nahm das Faktum des Teufels hin, wie es die meisten Menschen hinnehmen, ohne sich darüber viele und ernste Gedanken zu machen. Es dauerte auch nicht lange, da begegnete er ihm, denn das Böse überkommt den Menschen allezeit, meist ohne daß er es sogleich ahnt. Er stieß nicht etwa in einer dunklen Schlucht auf den Teufel, nein, inmitten einer Schar glänzend ausgerüsteter Ritter fand er ihn, denn unter dem Gewand des Glitzernden und Interessanten verbirgt er sich gerne. Zwar war er wild und schrecklich anzusehen, aber Reprobus war nicht der Mann der Angst. Ihm gefiel das Unheimliche, und als sich der Teufel zu erkennen gab, trat er in seine Dienste. Ist es nicht schändlich, daß Reprobus zuerst ein Teufelsdiener war? Die Legende verschweigt die verwerfliche Handlung nicht, weil sie aus Unwissenheit geschah. Über die Natur und das Wesen des Teufels wußte er nicht den geringsten Bescheid. Ahnungslos war er, wie die meisten Menschen in dieser Hinsicht. Außerdem war er Heide und das Heidnische ist mit dem Satanischen verstrickt, auf alle Fälle besaß er keine tieferen Erkenntnisse über das Böse, von dem der Christ erlöst zu werden fleht. Wer dürfte von sich behaupten, daß er das Geheimnis der Bosheit durchschaut habe? Unmöglich ist es, die Abgründe der Finsternis zu erkennen, ohne von ihnen verschlungen zu werden.

Eines Tages ging Reprobus mit dem Teufel zusammen auf einem einsamen Weg spazieren. Am Rand des Pfades stand ein Kreuz. Der Teufel sah es, bückte sich schnell, schaute auf die andere Seite und wollte den Diener von dieser Straße wegführen. Reprobus' Beobachtungsgabe entging das merkwürdige Verhalten seines grimmigen Dienstherrn nicht, er spürte sogleich, daß auch der Teufel nicht frei von Angst war und begehrte den Grund zu wissen. Der Teufel erwiderte ausweichend – der Teufel antwortet immer ausweichend und verwirrend in allen Wahrheitsfragen – aber Reprobus bestand auf einer einhelligen Antwort. Er war nicht der Mensch, der sich mit zweideutigen Ausflüchten zufrieden gab, oder dem man etwas vormachen konnte, sondern ging bei aller körperlicher Robustheit den Dingen auf den Grund und wollte eine klare, handgreifliche Antwort, eine Antwort „ohne Hörner und Klauen". Schließlich stieß der Teufel zähneknirschend die Worte hervor: „Es ist ein Mensch gewesen, Christus mit Namen, den hat man ans Kreuz geschlagen; und so ich dieses Kreuzes Zeichen sehe, so fürchte ich mich sehr und muß es fliehen." Zum zweiten Male erlebte Reprobus eine bittere Enttäuschung: er diente wohl einer Persönlichkeit, die sich den Fürsten dieser Welt nannte, aber sie war nicht der mächtigste Herr, wie er wähnte. Unbestechlich wie er war, zögerte Reprobus keine Minute und zog aus seiner Feststellung sofort die Konsequenzen. Dem Teufel zu dienen, der vorgab etwas zu sein, was er nicht war, war schmählich, es schickte sich auch nicht für einen so aufrechten Mann, wie Reprobus einer war. Kurz entschlossen kündete er dem Bösewicht die Dienste, und von der Stunde an hatte er sich vom Teufel und seinen Werken losgesagt.

Wiederum wanderte Reprobus weiter, und während er den Teufel bald gefunden hatte, der hinter jeder Ecke nach dem Menschen lauert, mußte Reprobus lange Zeit suchen, bis ihm nur jemand von Christus Kunde geben konnte. Christus war nicht so schnell zu finden; er ist nie auf billige Weise zu haben, dieweil die Pforte eng ist und der Weg schmal, der zum Leben führt. Tiefer gesehen, war Reprobus' Suche nach dem Stärksten ein sich selbst noch nicht verstehendes Heilssuchen. Es ist in den Menschen unterirdisch viel verbreiteter, als man annimmt, und wenn die Menschen auch oft dafür aus einem seltsamen Schamgefühl heraus andere Worte verwenden, so ist es trotzdem Gott, den sie auf ihren gewundenen Wegen suchen, und daß sie ihn dennoch finden, geschieht nur deshalb, weil Gott, nach dem portugiesischen Sprichwort, auch auf krummen Zeilen gerade schreibt. Das Heilssuchen nach dem ersehnten Lebensinhalt spielt sich manchmal unter Formen ab, die zunächst gar nicht religiös aussehen und in aller Unheiligkeit doch auf das Göttliche hinzielen. Endlich fand Reprobus in einem Wald einen Einsiedler. Im Volksbewußtsein ist der Einsiedler der ehrwürdige und heilige Alte. Einem in Gott versunkenen Eremiten zu begegnen, ist immer ein unerwartetes Glück, mag die Welt sie noch so sehr als unnütze Sonderlinge geringschätzen. Es ist ein Jammer, daß es in der modernen Zeit kaum noch Menschen gibt, die nicht vom Trubel der Geschäfte bis zur Sinnlosigkeit herumgewirbelt werden, sondern wie die Anachoreten innerlich losgelöst sind und deshalb auf die verworrenen Fragen des Lebens eine Antwort wissen, so daß keiner ungetröstet von ihnen geht. Oder scheint es nur keine mehr zu geben, und sind sie in Wirklichkeit doch vorhanden, nur viel verborgener als in früheren Epochen? Wer dürfte sich darüber ein Urteil anmaßen? Reprobus jedenfalls entdeckte einen Einsiedler, trug ihm sein Begehren vor, und der weltabgewandte Mensch war befähigt, ihn zu beraten. Das Gespräch verlief freilich zunächst nicht ganz nach Reprobus' Wünschen, indem der Einsiedler ihm nicht eine fertige Lösung auf dem Präsentierteller vorlegte, wonach der Mensch in seiner Bequemlichkeit immer verlangt und was stets einer Täuschung gleichkommt. Der Einsiedler wies ihn auf den Weg des Glaubens: „Der König, dem du dienen willst, begehrt, daß du viel fastest. Es ist not, daß du viel zu ihm betest." Der Ratschlag erregte Unwillen bei Reprobus, der körperlich starke Mann aß gerne viel und ihm daraus einen Vorwurf zu machen, wäre nicht recht, zumal es in den salomonischen Schriften heißt „Wer kann fröhlich essen und sich ergötzen ohne ihn?" Das Fasten lag ihm ohnehin nicht und was beten heißt, davon hatte er schon gar keine Ahnung. Reprobus gelang es nicht, die Anweisung anzunehmen, sie schien ihm fremd und für ihn ganz ungeeignet, er begriff noch nicht, daß einer der besten Wege Christus zu finden, der ist, gute Werke zu tun. Immer wieder kann man die Wahrnehmung machen, daß gerade die robusten Menschen in seelischer Hinsicht die hilfosesten Geschöpfe sind. Der Eremit fühlte, daß er dem ungeschlachten Manne zu hohe Dinge geraten hatte und er ihm einen anderen Weg zeigen müsse, der mehr seinen Anlagen entspreche.

Nach einigen Überlegungen nannte der Einsiedler einen Fluß, reißend und tief, ohne Brücke darüber, darin schon viele

Menschen den Tod gefunden hatten. Er riet Reprobus: „Du bist groß und stark; setze dich an den Fluß und trage die Menschen dahinüber, so wirst du Christo, dem König, gar genehm sein, dem du zu dienen begehrest; und ich hoffe, daß er sich dir daselbst wird offenbaren." Reprobus hatte vom Fluß schon gehört, hatte gegenüber dem neuen Ratschlag des Eremiten keinen Einwand mehr und erklärte sich bereit: „Das vermag ich wohl und will ihm hierin dienen." Trotz seiner Leibesgröße und Körperkraft gehörte Reprobus nicht zu den Menschen, die lediglich bereit sind, gelegentlich einmal ein wenig zu helfen, es aber unter ihrer Würde betrachten, zu dienen. Er lebte noch nicht in der verkehrten Zeit, da das Dienen als eine erniedrigende Tätigkeit galt, denn leben ist dienen und dienen ist leben. Reprobus baute sich am Ufer eine Hütte, er brauchte keinen Kahn für seinen Fergendienst, sondern nahm einen Baumstamm, der sich in seiner Hand wie eine große Keule ausnahm und der ihm jeweils beim Durchqueren der Wasser als Stock diente. Eines solchen Stabes – vor allem eines geistigen Stabes –, der Halt gibt und auf den man sich stützen kann, bedarf der Mensch. Auf die Dauer kann er der Frage nicht ausweichen: Kenne ich einen solchen Stab oder stütze ich mich auf einen morschen Stecken? Kann ich mit dem Psalmisten jubeln: „Dein Stecken und Stab trösten mich"? Ohne einen solchen Knotenstock wäre es auch Reprobus unmöglich gewesen, die Last zu tragen. Der Stecken in der Hand des Reprobus istein ewig gültiges Symbol. Fortan setzte der starke Mann die Leute von einem Ufer zum andern hinüber, ohne Nachen verrichtete er seine Arbeit, seine gewaltige Körperkraft trotzte Wellen und Strömungen. Im Sommer und Winter, bei Sonnenschein und Regen tat er seine Dienste, Reiche und Arme, ohne Unterschied, trug er hinüber; wer am Ufer rief: „Reprobus, setz über", den hob er auf die Schultern und schritt watend durch das Wasser hindurch, ohne einen Lohn dafür zu fordern. Es war keine leichte, aber eine schöne Tätigkeit, die ihm der Einsiedler angeraten hatte, denn wie alles Dienen, schloß auch diese Arbeit eine innere Genugtuung in sich. Mit der Zeit ging ihm auch der tiefere Sinn seines neuen Berufes auf: ein

Fährmann durch die Wasser der Zeit zu sein! Meldet sich darin nicht schon die Aufgabe des Christen, durch den Strom der Zeit mit seinen tausendfachen Ablenkungen den Weg zu finden, nicht vor ihm erschreckt zu fliehen und nicht in ihm unterzugehen? Durch den Fluß der Zeit hindurch und über die Zeit hinaus, geht des Christen Weg, der allezeit von mannigfachen Gefahren umwittert ist. In aller Unscheinbarkeit kam in Reprobus' Arbeit das verbindende Element zum Vorschein, zwischen den getrennten Ufern des Lebens eine Brücke herzustellen, über die die Menschen zueinander kommen, ein Tun, das unendlich viel gottgewollter ist, als aus irgend einer fanatischen Ideologie heraus den Haß zwischen den Klassen zu schüren. Wie weit in geistiger Beziehung war Reprobus doch schon gekommen! Ohne es gedanklich ausdrücken zu können, war das unbekannte Jesuswort in seinem Leben Wahrheit geworden: „Diese Welt ist nur eine Brücke, geh hinüber, aber baue nicht deine Wohnung dort!"

An einem Abend, Reprobus hatte bereits Feierabend und saß in seiner Hütte, hörte er, wie eine zarte Stimme seinen Namen rief: „Komm heraus und setz mich über!" Reprobus ging hinaus, schaute nach, wer zu so später Stunde seine Hilfe begehrte, sah aber niemanden und glaubte, einer Sinnestäuschung zum Opfer gefallen zu sein. Kaum in seine Behausung zurückgekehrt, hörte er das hellklingende Stimmlein erneut. Reprobus sah abermals nach und entdeckte wiederum niemanden vor seiner Türe. Während er sich in der Hütte niedersetzte, erklang der Ruf zum dritten Male, genau so, wie es einst der schlafende Knabe Samuel erfahren hatte, in einer Zeit, da Visionen nicht häufig vorkamen, aber immerhin die Lampe Gottes noch nicht erloschen war. Was soll der dreimalige Ruf nach dem Fährmann anderes bedeuten, als daß es so unendlich viel braucht, bis die geistige Schwerhörigkeit des Menschen behoben ist und die harte Kruste seines Herzens durchschlagen ist? Der Mensch hört und hört doch nicht, er hört auf die falschen Worte und überhört die echten. Nur selten besitzt er die Gabe eines „hörenden Ohres". Die Tragik des Lebens in religiöser Hinsicht besteht darin, daß der Anruf von oben gewöhnlich unvernommen verhallt, daß der Mensch seiner nicht achtet, und er nicht in sein Bewußtsein eindringt.

Beim dritten Nachschauen vor der Hütte erblickte Reprobus ein kleines Kind, das ihn mit zarter Stimme bat, es ans andere Ufer hinüberzusetzen. Reprobus schaute sich das kleine Persönchen an, dachte aber bei sich nicht: „Ach, nur ein Kind, das lohnt sich doch nicht!“ Ihm war ein Kind nicht zu wenig, es war nicht ein Geschöpf, das in seinen Augen gar nicht zählte, denn ein Kind schließt alle Möglichkeiten in sich; aus ihm kann das Größte werden, und alle Hoffnungen schlummern noch in ihm. Der Inhalt der Weihnachtsbotschaft lautet: „Ein Kind ist uns geboren“, und ein Kind ist es, das Christus den Jüngern vor Augen gestellt hat, wenn sie ins Gottesreich eingehen möchten. Durch das Kindlich-Große und das Groß-Kindliche erreicht die Christophoruslegende ihre höchste Schönheit. Reprobus entsprach dem Wunsch, obwohl es zu ungewohnter Stunde war, setzte das lächelnde Kindchen mit einer Handbewegung auf seine löwenstarken Schultern, ergriff den Baumstamm und nahm den Weg durch den Fluß unter die Füße. Das Kind hielt sich an seinem Haarschopf fest und alles ging zunächst gut. Je tiefer er aber in den Strom hineinschritt, um so höher schwoll das Wasser an und Reprobus verlor durch die reißenden Gewalten beinahe den Stand. Die Fluten wuchsen höher und höher und drohten ihn in den Schlund hinabzuziehen – so etwas hatte er in seinem ganzen Fährendienst noch nie erlebt. Sauste es in seinen Ohren oder rauschte das Wasser so mächtig? Reprobus drohte in den Wogen zu versinken, er befürchtete das Schlimmste angesichts der überhandnehmenden Wellen. Während in seinem früheren Leben nur der König und der Teufel es mit der Angst zu tun hatten, jetzt packte sie auch den sonst so furchtlosen Mann. Er geriet außer Atem, begann zu keuchen und der Schweiß perlte auf seiner Stirn. Todesängste bemächtigten sich seiner Seele. Reprobus geriet in eine ungeheure, noch nie gekannte Bedrängnis, er sah den Anfang vom Ende vor sich. Waren die Wogen nicht verkappte Dämonen, die ihn in die Tiefe hinabrissen? War er unversehens in die Gewalt finsterer Mächte geraten? Verdankte

er es dem festen Stab in der Hand, daß er nicht elendiglich in den gurgelnden Fluten umkam, oder war es das Kind, das ihn an den Haaren emporzog? Seltsam, höchst seltsam war es, wie das kleine Kindchen, das ihm zuerst so federleicht vorgekommen war, nun schwer und schwerer wurde, ja, es drückte ihn wie Blei. Es wog mehr als die größte Last auf Erden und fast schien es, er vermöchte es nicht mehr zu tragen. Der Riese kam in die schwierigste Lage seines Lebens, schaffte er es, oder ging er elendiglich unter? Nur mit größter Mühe und mit der allerletzten Anstrengung gelang es ihm, das andere Ufer zu erreichen. Das kleine Kind niedersetzend, sagte er aufatmend zu ihm: „Du hast mich in große Fährlichkeit gebracht, Kind, und bist auf meinen Schultern so schwer gewesen; hätte ich die ganze Welt auf mir gehabt, es wäre nicht schwerer gewesen." Reprobus konnte es gar nicht fassen, was ihm widerfahren war. Er hatte viele Menschen durch den Fluß zum anderen Ufer getragen, nie hatte er sich vor den reißenden Fluten gefürchtet und nie war ihm nur die kleinste Schwierigkeit begegnet. Nur dieses eine Mal schwebte er in Todesgefahr und wäre ihr um Haaresbreite erlegen.
Das Kind antwortete mit glockenheller Stimme: „Des sollst du dich nicht verwundern; du hast nicht allein alle Welt auf deiner Schulter getragen, sondern auch den, der die Welt erschaffen hat. Denn wisse, ich bin Christus, dein König, dem du mit dieser Arbeit dienst. Damit du siehst, daß ich die Wahrheit rede, so nimm deinen Stab, wann du wieder hinübergegangen bist, und stecke ihn neben deine Hütte in die Erde, so wird er des Morgens blühen und Frucht tragen." Mit diesen Worten war das Kind der Kinder verschwunden und Reprobus wieder allein. Das Erlebnis mit dem sich offenbarenden Kind war unstreitig der Höhepunkt im Leben des Starken, der wie Simson einen Löwen hätte zerreißen können und der jetzt endgültig, für alle Zeiten, den noch Stärkeren gefunden hatte, die letzte Instanz, die es gibt. Paradoxerweise war dieser Mächtigste der Welt ein kleines Kind und von ihm, dem Christuskind, hatte er auf eine ganz ungewohnte und noch nie gehörte Weise die Taufe inmitten des rauschenden Stromes empfangen. Dieses

Kind hatte alle seine Sünden abgewaschen, hatte den üblen Namen Reprobus von ihm genommen und ihm einen neuen Namen, Christophorus, das heißt Christusträger, gegeben. Er hatte die tiefste Aufgabe seines Lebens gefunden, eine höhere kann keinem Menschen übertragen werden. Mit leuchtenden Buchstaben hat sich seine Tat dem Gedächtnis der Menschheit eingeprägt. Viele Maler haben Christophorus' Tat auf der Leinwand festgehalten, wohl deshalb, weil der riesenstarke Kerl noch immer mit unhörbaren Schritten durch die Christenheit wandert und er in seiner Kraft jene Teile des Volkes personifiziert, die für den Glauben empfänglich sind.

Unendlich viele Menschen kennen die Erzählung von Christophorus, allzuoft aber kennen sie nur die Hälfte der Legende. Die Passion des Christophorus ist den meisten Leuten unbekannt und doch bildet sie den ursprünglichen Teil der Legende. Wahrscheinlich ist die Fortsetzung der Legende deshalb unbekannt, weil nicht mehr die Stärke des Riesen, die die Menschen über Gebühr bewunderten, ausschlaggebend ist. Die körperliche Kraft spielte in der zweiten Hälfte von Christophorus' Leben keine Rolle mehr, da an ihre Stelle die geistige Kraft trat, von der die erstere nur ein Abbild war. Doch ist die geistige Kraft allein für den Christen bedeutsam.

Christophorus pflanzte seinen Stab vor der Hütte in die Erde und am folgenden Morgen trug er Blätter und Früchte eines Palmbaumes. Der grünende Stab ist das bestätigende Wunderzeichen, daß Christophorus keiner imaginären Vorstellung zum Opfer gefallen und Christus ihm wirklich erschienen war. Über alle Maßen herrlich ist der grünende Stab des Christophorus. Wo Christus in ein Menschendasein eintritt, da beginnt das Dürre wieder zu blühen, und das Tote erwacht zu neuem Leben; anders hat sich seine Wirklichkeit noch nie bekundet. Der früchtetragende Stab des Christophorus ist die Bestätigung von Christi Wort. Über das Wunder hocherfreut, verließ er seinen Posten und schritt erneut in die Welt hinaus. Wiederum begann die Wanderschaft, die in keines Menschen Leben aufhört, bis der Bruder Tod ihr ein Ende setzt. Der zum Pilger gewordene Wanderer kam zunächst in ein Land, dessen

Sprache er nicht verstand, und er bat im Gebet, ihm doch das nötige Verständnis zu schenken. Wegen seiner Versenkung im Gebet – von dem er einst gesagt hatte, „ich weiß nicht, was das ist“, und darin er jetzt seine innere Verbundenheit mit Gott gefunden hatte – wurde er von der Menge als ein irre gewordener Mensch gehalten. Hat der natürliche Mensch nicht immer das Gebet als ein nutzloses Tun betrachtet, für verlorene Zeit bewertet und es mitleidig ein bloßes Selbstgespräch genannt? Hat die Welt einen Mann, der allein auf das Himmlische abstellte, nicht stets als einen Narren in Christo verlacht? Christophorus kam zu den um ihres Glaubens willen gepeinigten Christen und tröstete sie. Der anklagende Richter sah darin eine Bestärkung ihres halsstarrigen Glaubens und schlug in seinem Zorn Christophorus ins Angesicht. Wie früher die Reaktion des riesenstarken Mannes ausgefallen wäre, läßt sich leicht vorstellen, aber dem Christträger war das blindwütige Zurückschlagen nicht mehr gestattet. Er entblößte sein Antlitz und sprach: „Wäre ich nicht ein Christ, wahrlich, ich wollte mich bald rächen.“ Der Christträger kann nicht Aug um Auge, Zahn um Zahn vergelten, er stellt die Vergeltung dem anheim, der da gerecht richtet. Es bereitete ihm keine Genugtuung mehr, sich zu rächen, denn Rache gehört zum niedrigsten, was es gibt, sie besudelt die Seele des Menschen, zumal sie in ihrer Kettenreaktion unaufhaltsam ist. Christophorus nahm den Stab, steckte ihn in die Erde und bat Gott, daß er ihn grünen lasse. Wo immer der Christ auf die Rache verzichtet, da sprießt und grünt auf Erden eine Blume des Paradieses. Auch damals war das Wunder von großer Wirkung auf das Volk und viele Heiden bekehrten sich.

Der König des heidnischen Landes war erbittert über die neue Glaubensströmung in seinem Volke; er sandte Kriegsknechte aus, um den starken Christophorus zu ergreifen. Sie fanden ihn im Gebet versunken und wagten nicht, ihn anzutasten. Unwillkürlich empfinden die Menschen vor dem nicht im Plapperton verrichteten Gebet Ehrfurcht. Der König sah sich gezwungen, noch mehr Kriegsknechte auszusenden, aber statt daß sie Christophorus gefangen nahmen, beteten sie mit ihm zusammen. Der Riese besiegte sie nicht mehr durch Körperkraft, er überwältigte geistig ihren inneren Widerstand. Schließlich aber meldeten die Knechte den königlichen Befehl, rieten Christophorus, sich außer Landes zu begeben, während sie dem Herrscher sagen wollten, sie hätten ihn nirgends gefunden. Christophorus aber verabscheute die Lüge und bekehrte durch seine Wahrhaftigkeit die Königsknechte. Der starke Mann ließ sich die Hände auf den Rücken binden und vor den König führen, der den Gefesselten nach seinem Namen fragte und von ihm die gewünschte Auskunft erhielt. Der König aber sprach: „So hast du einen törichten Namen angenommen, den Namen des gekreuzigten Christus, der sich selbst nicht mochte helfen und auch dir nicht helfen wird." Christophorus ließ sich nicht beirren, er antwortete dem König mit jenem unerschrockenen Mut, der in der Welt noch nie den Eindruck verfehlt hat. Christlicher Mut ist immer die Sprache, die den alten und neuen Heiden am meisten Respekt abnötigt, bei Christophorus aber steigerte er sich zum offenen Bekenntnis vor aller Welt. Er weigerte sich, den Göttern zu opfern, worauf man ihn ins Gefängnis warf.

Die Tapferkeit des baumstarken Christophorus reizte den König und er dachte, den Gottesriesen mit einem viel feineren Mittel zu Fall zu bringen. Er sandte zwei Buhlerinnen in den Kerker, die mit zarten Händen und einschmeichelnden Worten ihn zu berücken suchten. Die süße Lockung des weiblichen Körpers war schon für mehr als einen Mann gefährlicher geworden denn das schrecklichste Schlachtengetümmel, und schließlich haben auch die kosenden Worte der Delila den starken Simson ins Unglück gebracht. Allein, der Christusträger erlag den Künsten der Verführerinnen nicht, er nahm zum Gebet seine Zuflucht und fragte sie dann voll Erstaunen: „Warum seid ihr hierher gekommen?" Sie sahen die Klarheit seines Angesichtes, erschraken maßlos über ihr eigenes, schändliches Tun und baten ihn, sie den Glauben zu lehren. Es war ihnen nicht gelungen, Christophorus zur Sünde zu verleiten, er aber rettete ihre Seelen und schließlich gingen die beiden Dirnen als reuige Mädchen aus dem Kerker.

Darüber erboste der König noch mehr und nun ließ er Christophorus zur Hinrichtungsstätte führen. Christophorus wurde gewürdigt, Märtyrer zu werden, und dieses Geschehen bildet den krönenden Abschluß seines erfüllten Lebens. Die Soldaten schossen mit Pfeilen nach ihm, aber sie blieben in der Luft stecken. Einer der Pfeile nahm plötzlich einen anderen Weg und traf den zuschauenden König in sein Auge, so daß er daran erblindete. Das überraschende Vorkommnis deutet an, daß der König mit seinen Augen nicht den Wert des Christophorus zu erkennen vermochte, seine Augen waren gehalten und das vom Pfeil getroffene Auge symbolisiert, daß ihm gleichsam der Star gestochen werden mußte. Der gepeinigte Christophorus sagte dem König, auf welchem Weg er geheilt werden könne, und nach der Enthauptung des Christusträgers genas der König durch das Blut des Märtyrers – der blühende Stab war nach seinem Tode noch einmal das Zeichen dafür, daß das Christliche dem Menschen zur Heilung gereicht.

Luther sagte in einer Predigt: „Ihr wisset alle wohl, wie man St. Christoffel malet hin und wieder; sollt aber nicht gedenken, daß je ein Mann gewesen sei, der also geheißen habe, oder leiblich das getan, das man vom Christoffel sagt: sondern, der dieselbige Legende oder Fabel gemacht hat, ist ohn Zweifel ein feiner, vernünftiger Mann gewesen, der hat solch Bild dem einfältigen Volk wollen vormalen, daß sie hätten ein Exempel und Ebenbilde eines christlichen Lebens, wie dasselbige gereiht und geschickt sein soll; und hats also eben fein getroffen und abgemalet. Denn ein Christ ist wie ein großer Riese, hat große, starke Beine und Arme, wie man den Christoffel malet. Denn er trägt auch eine solche Last, welche die ganze Welt, kein Kaiser, König noch Fürst möchte ertragen. Daher heißt auch ein jeglicher Christ Christophorus, das ist ein Christträger, darum, daß er den Glauben annimmt." Die Worte von Bruder Martin, wie Bernanos in einem Aufsatz Luther genannt hat, sind von dem kritischen Geist des Humanismus angehaucht, dem die Legenden nur noch „ein schön, christlich Gedicht" und „keine Historia" mehr bedeuteten. Auch der Reformator zahlte, wie alle Menschen, seinen Tribut an den Zeitgeist, aber Luther begriff doch noch intuitiv, daß die Christophoruslegende in sinnvoller Anschaulichkeit zeigt, „wie ein Christ sein soll“, eine Deutung, die zum wesentlichen Verständnis anleitet.

Die Christophoruslegende rückt den Christen aller Zeiten ein Exempel vor Augen, dessen Anwendung auch für die Gegenwart nicht schwer ist. Die jungen Menschen von heute wollen in ihrem dunklen Drang auch nur jemandem dienen, sich unterordnen und aufopfern, der wirklich über ihnen steht. Es darf kein aufgeblasener Wichtigtuer sein, der sich nur großmäulig gebärdet und hinter dem doch nichts steht. Das macht ihnen keinen Eindruck. Es muß unbedingt eine Persönlichkeit sein, die höher steht als sie, die eine echte Überlegenheit ausströmt, die mehr weiß als sie, festgegründeter ist und die sie, ohne viel Worte zu machen, innerlich glühend verehren können. Wer könnte dies anders sein, denn die letzte Instanz im Leben, als Christus allein?

Die Christusgestalt aber darf nicht nach der lammfrommen Nazarenerkunst aufgefaßt werden, die heutzutage in ihrer süßlichen Kraftlosigkeit mehr abstößt als anzieht. Man müßte mit neuen Zungen und in glaubwürdiger Weise von der Wirklichkeit Christi reden, man müßte so von Christus zu den heutigen Menschen reden, daß sie das Gefühl bekämen, noch nie von ihm gehört zu haben und von seiner Hoheit völlig überwältigt würden. Das ist mit wenigen Andeutungen nicht möglich und vielleicht wiederholt man noch am besten die Worte eines Christen der Ostkirche: „Mit der Geburt Christi, mit dem Erstrahlen des Evangeliums wurden alle Früchte der Welt plötzlich bitter. Mit Christo wurde die Welt bitter, und zwar gerade durch seine Süße.“ Die evangelische Christusrealität ist das Höchste, das bis dahin auf Erden erschienen ist, es gibt nichts Vollkommeneres, als sie ist, und es wird auch nie eine göttlichere Gestalt geben, weil in ihr das Ewige Mensch geworden ist. Christus ist die maßgebende Gestalt und nicht etwa ein bloßes Symbol, in ihr wurde der Logos Fleisch und sie strahlt eine verborgene, überirdische Herrlichkeit aus. Sie ist es, die heute noch durch die verschlossenen Türen in die Herzen der Menschen eingeht.

Die Aufgabe des Lebens ist, ein Christophorus, ein Christusträger zu werden, der die Menschen von einem Ufer zum anderen trägt und sie von der sich verlierenden Zeitlichkeit in die Ewigkeit hinüber geleitet. Hierzu ist jedoch nur der Mensch fähig, in dessen Person Christus wiederum Gestalt gewonnen hat, der sich selbst so durchsichtig geworden ist, daß er Christus hindurchscheinen läßt. Ein Christusträger zu werden verleiht dem Dasein einen unüberbietbaren Sinn und den einzig wahren, standhaltenden Lebensinhalt.

Man tut gegenwärtig viel für die körperliche Ertüchtigung der jungen Leute und es wird ihnen hierin allerlei geboten, das sich die früheren Generationen nicht träumen ließen. Es ist ihnen dies alles von Herzen zu gönnen, doch gehen dabei ihre Seelen leer aus und ihr Inneres bleibt unerfüllt. Skipisten und Strandbäder haben keine Substanz, keinen Inhalt und keinen Kern, es bleibt von ihnen nichts übrig als eine gebräunte Gesichtsfarbe, die dem Menschen ein ledernes Aussehen verleiht. Reine Muskelkraft ist nicht fähig, den Nihilismus abzuwehren, der den Menschen dem Seelentod ausliefert und ihm das gespenstische Nichts vor Augen gaukelt: Es ist doch alles umsonst, weil das ganze Dasein ein immer wiederkehrendes Einerlei und ein sinnloser Kreislauf ist. Die Seelenleere macht die reifere Jugend so anfällig für alle Pseudolehren und Verzweiflungsweltanschauungen, gegenüber denen Christophorus mit ruhigen Worten feststellt: Es ist nicht wahr, daß alles, was besteht, wert ist, daß es zugrunde geht; es gibt ernste Dinge, für die es sich aufzuopfern lohnt und das Größte von allem Großen ist ein Christusträger zu werden, selbst wenn die Wasser schäumen und die Wogen über dem Kopf zusammenschlagen. Wahrhaftig, es ist eine unabsehbare und vordringliche Leistung, das ewige Christuskind durchs Leben zu tragen. Darüber hochtönende Worte zum besten zu geben, ist der Aufgabe nur abträglich; hingegen schlicht und einfach einen Schimmer vom aufblitzenden Glanz der Christusgestalt auszustrahlen, Christi Sein im eigenen Leben zu verkörpern versuchen, so daß jeder spürt: dieser Christ verdient seinen Namen, mit ihm hat es eine ans Mysterium grenzende Bewandtnis, das ist uns aufgetragen.

Angesichts der alten Christophoruslegende ist noch einmal die Anfangsfrage aufzuwerfen: Hat diese Antwort Gewicht genug? Enthält sie eine Losung für die Jungend von heute? Schwerlich dürfte es eine fundierte Antwort geben, die dem Menschen einen festeren Lebensinhalt vermittelt, als der Hinweis auf den bildhaften Christophorus. Seine Legende umreißt die zeitlose Wahrheit: Christusträger zu sein bedeutet die schwerste Bestimmung, die einem Menschen auferlegt werden kann. Sie schließt eine solche Last in sich, daß niemand imstande ist, sie auf sich zu nehmen, es sei denn, daß ihn die erschreckende, alles umkehrende Vision durchzuckt hat, daß er längstens zuvor und allezeit in seiner ganzen menschlichen Schwachheit von Christus durchs Leben getragen wird.

SANKT EUSTACHIUS

„O daß man doch meinen Unmut wöge und mein Unglück zugleich auf die Waage legte! Denn nun ist es schwerer als der Sand der Meere; darum ging irre meine Rede." Hiob faßt in diesen Worten am prägnantesten den Inhalt seiner Reden zusammen. Der aus dem Dunkel des Landes Uz aufgetauchte Mann war eine der einsamsten Gestalten im Weltenraum, der die Daseinsfragen bis zur Herausforderung Gottes steigerte und sich nicht vorzeitig mit einer zurechtgelegten Antwort beruhigte.

Der Unmut Hiobs ist nicht nur die verdrossene Stimmung eines übelgelaunten Greises, nein, sein Gram war so tieferschütternd, daß das Leiden sich schließlich zur religiösen Empörung auswuchs. Hiob lehnte sich gegen die Welteinrichtung auf, die für ihn in einem unausdeutbaren Zwielicht lag, er brachte es nicht fertig, sich mit der herrschenden Weltordnung abzufinden, schüttelte verständnislos den Kopf und sagte ganz offen: „Das kann und das will ich nicht begreifen!" In der Seele des aufgewühlten Menschen stürmte es wie in einer Gewitternacht. Hiob nahm in seiner Auflehnung kein Blatt vor den Mund, er mußte seinem gepreßten Herzen Luft machen und schrie seinen Schmerz in die Welt hinaus. Seine alle konventionelle Pietät weit hinter sich lassende Ehrlichkeit verbindet ihn mit dem heutigen Menschen – „unsere Zeit ist Hiobreif geworden" – zwischen ihnen beiden besteht keine Sprachverschiedenheit, und wir verstehen seine Ausführungen von der ersten bis zur letzten Zeile. Mit seiner Rebellion gegen Gott ist Hiob von allen biblischen Gestalten die brüderlichste Figur, sie ist uns nahe, steht schlicht neben uns und überragt uns nicht turmhoch wie Abraham, Mose oder Elia.

Hiobs Schmerz hat einen realen Grund: es ist das eigene Unglück und das Unglück der Welt, das den Zusammenbruch seiner vorbildlichen Frömmigkeit verursachte. Er konnte und konnte es nicht begreifen, warum es in der Welt so viele Tränen, so viele Seufzer, so viel Leid und so viele Schmerzen gab. Fragen stiegen in ihm auf, unheimliche Fragen, an die er früher gar nicht gedacht hatte und die seine fromme Überzeugung zum Einsturz brachten: Was haben die Schrecknisse des Lebens zu bedeuten? Warum muß der religiöse Mensch ganz besonders viel leiden und kann sich der Gottlose immer wieder ins Fäustchen lachen? Die Fragen der schuldlosen Schuld ließen Hiob nachts nicht schlafen und machten ihm das Blut im Leibe erstarren. Hiob ist nicht durch unfruchtbares Grübeln auf diese Probleme gestoßen, sondern das Leid ist wie ein Bergsturz über sein eigenes Dasein hereingebrochen und hat das Glück seines Lebens unter sich begraben; es blieb nur noch ein grauenhafter Trümmerhaufen übrig, der ihn gesellschaftsunfähig machte. Zuletzt lag Hiob zerschmettert am Boden, heulte wie ein verwundeter Schakal in die Nacht hinaus und quälte sich, mit einer Scherbe seinen Aussatz wegzukratzen.

Wer Hiob beschwört, der nennt das Leiden der Welt beim Namen. Aber der Mann aus dem Lande Uz klagte nicht wie eine Jammergrete, noch weniger kokettierte er mit den Tränen wie einer, der sich in seinem Weltschmerz gefällt, er nahm das Unglück in beide Hände und legte es auf die Waage. Die seltsame Vorstellung von Hiobs Waage eröffnet eine neue Dimension des Denkens, das nichts mehr damit zu tun hat, den Jammer der Welt fein säuberlich in einem Theodizeesystem zu bewältigen. Die von Hiob mehrfach erwähnte Waage gleicht keiner andern Waage der Welt, sie wägt auch ohne Gewichtssteine minuziös das Unglück der Welt.

Als Hiob das Leiden der Menschen auf die Waagschale legte, da blieb sie nicht im Gleichgewicht, sondern der eine Teil sank unaufhörlich, während die andere Schale jäh empor schnellte. Denn „das Unglück ist schwerer als der Sand des Meeres“, stellt er bestürzt fest, eine entscheidende Einsicht, die sich der zutiefst aufgebrachte Mann durch keine philosophische Spekulation mehr ausreden ließ. Schwerer als der Sand am Meer, das heißt doch nichts anderes, als daß das Unglück der Welt nie und nimmer wägbar ist. Es ist so umfangreich, verschiedenartig und schwerwiegend, daß es kein Mensch nur von entfernt zu ermessen imstande ist.

Für den Mann aus dem Lande Uz war dies kein theoretisches Problem, es war keine Frage des abstrakten Denkens, denn das Unglück war ihm persönlich auf den Leib gerückt, er stieß sich fortwährend daran, begriff es nicht, und jede Überlegung erhöhte das Unverständnis. Es wurde ihm immer unmöglicher, es aus der Hand Gottes entgegenzunehmen, und, verzweifelt darüber, stieß er die entsetzlichsten Verwünschungen aus. Durch die Heimsuchung hatte das Irrationale des Lebens ihn förmlich erdrückt, und er wußte nicht mehr, ob Gott sein Beschützer oder sein schlimmster Gegner war. Hiob zweifelte nicht an dem Sein Gottes, er wußte nur zu gut und war auch bis ins Innerste davon überzeugt, daß der Allmächtige ihn getroffen habe. Sein Aufschrei ist gerade ein Zeichen von Gottes Existenz. Aber Hiob kann Gott nicht begreifen, er ist- für ihn zu einem völlig unfaßlichen Wesen geworden; das Entsetzen darüber, daß die Stimme Gottes auf die Stimme des Menschen gar nicht antwortet, verschlang ihn. Das Gottesverhältnis verdunkelte sich für Hiob von Tag zu Tag mehr; Gott wurde für ihn unverständlich und unbegreiflich, und je mehr er über ihn nachdachte, um so mehr entzog er sich ihm. Hiob war der Mann, den „der Schrecken Gottes verstörte“, er verfluchte den Tag seiner Geburt, er verwünschte das ganze Dasein, am liebsten wollte er tot sein, und noch begehrenswerter schien ihm das Schicksal, nie geboren worden zu sein. Es war nicht bloß eine unwirsche Äußerung eines alten Mannes, er führte lästerliche Reden wie der Prophet Jona, der behauptete: „Ja, mit Recht zürne ich so“, er überspannte den Bogen, geriet aus dem seelischen Gleichgewicht und verlor zuletzt vor Gram das Bewußtsein. Hiob selbst wußte es auch und gestand ehrlich, „darum ging irre meine Rede“. Das ist eine treffsichere, hellsichtige Selbstcharakterisierung. Hiob redete nicht in vernünftigen und wohlabgewogenen Worten. Seine Äußerungen gingen mit ihm durch, er sprach wie ein Rasender, er war seiner nicht mehr mächtig und erging sich schließlich in unerträglichen Blasphemien. Kein Wunder, daß darob seine Freunde in helles Entsetzen gerieten. Sie waren Söhne des Ostens und hatten sich über das Problem des Lebens auch Gedanken gemacht, aber sie verstanden ihn nicht. Trotzdem sind Hiobs Reden, wenn schon in schäumender Wut vorgebracht, viel wesentlicher denn die wohlabgewogenen Tröstungen seiner Freunde, die er als Pfuschärzte beschimpfte, weil sie Gott mit Lügen verteidigen und mit ihren ausgeklügelten Überlegungen daneben griffen. Während die Darlegungen der Freunde bei aller Frömmigkeit und Gescheitheit den Leser kühl lassen, greifen Hiobs rasende Reden ans Herz, weil sie das aussprechen, was die Menschen sonst kaum zu denken wagen. In ihm kommen die metaphysischen Leiden an der Welt mit einer dramatischen Wahrhaftigkeit zur Sprache, so daß die Empörung zuletzt in Anbetung umkippt.

Das Unglück, das Hiob auf die Waage legt, wiegt schwer; es ist nicht bloß ein tanzendes Schneeflöcklein, es mit ein paar gutgemeinten Worten aus der Welt zu schaffen ist unmöglich, und doch sind seine Worte nicht das Richtige, er selbst bezeichnet sie als irre Reden. Bei dieser Wahrnehmung beginnt das Problem schwer und immer noch schwerer zu werden, alle Wege scheinen sich in einem Dickicht zu verirren, ratlos suchen die Menschen den Ausweg und finden ihn doch nicht. Unbequeme, nicht zu bezweifelnde Feststellung: Hiob wirft in seinen irren Reden Fragen auf, auf die die Menschheit nie verzichten kann und die ohne Antwort bleiben müssen, heute und auch in einer gesellschaftlich besser organisierten Welt. Bis ans Ende der Geschichte hallen seine gequälten Schreie in den Weltenraum hinaus.

Man möchte diesem Manne, der mit Gott gegen Gott kämpfte, leise ins Ohr flüstern: „Es ist dem Menschen nicht gegeben, Gott zu verstehen.“ Das vermeint nur die theologische Überheblichkeit, die voll Würde mit dem Heiligen doch ein unwürdiges Spiel treibt. In Wirklichkeit ist und bleibt Gott eine unverständliche sogar schrecklich unverständliche Macht, die sich dem menschlichen Denken völlig entzieht. Gott offenbart sich nur in seltenen Augenblicken, viel häufiger aber verhüllt er sich. Dieser seiner Verhüllung hat sich der Mensch zu erinnern, wenn er vor den quälenden Rätseln des Lebens steht. „Gott ist ein verborgener Gott“, formuliert der Prophet Jesaja, diese Wahrheit und diese Erkenntnis gelangt in die Nähe des echten Gottesverständnisses: „Zu wissen, daß wir Gott nicht wissen“. Die Einsicht, daß Hiobs Fragen aller Tiefenpsychologie zum Trotz nie und nimmer zu beantworten sind, ist keine Lösung, sie wurde dem verstummenden Manne aus dem Lande Uz erst in dem Augenblick zuteil, als er Gott nicht mehr nur vom Hörensagen kannte, sondern ihn mit eigenen Augen gesehen hatte.

Hiobs Schicksal wiederholt sich in unzähligen Variationen, es kehrt auch in der christlichen Ära wieder. Freilich ist es stets wieder von anderer Färbung, in allen Situationen behält aber das Unglück das gleiche Zentnergewicht. Einen christlichen Hiob nennt die Legende ausdrücklich Eustachius dessen Geschichte keineswegs nur eine Kopie des Mannes aus dem Lande Uz ist.

Eustachius war seiner Herkunft nach ein Heide namens Placidus und versah das Amt eines Heerführers. Auch die Evangelien berichten von einem Hauptmann, der sich für seine Knechte überaus besorgt zeigte. Placidus gehörte zu den Heiden, die nach dem ihnen ins Herz geschriebenen Gesetz lebten und sich von ihrem Gewissen leiten ließen. Obschon er den Göttern opferte, übte er die Werke der Barmherzigkeit. Seine von gleicher Gesinnung erfüllte Gattin Theospite gebar ihm zwei Söhne, Agapitus und Theospitus, denen er eine sorgfältige Erziehung zuteil werden ließ.

Placidus ging in seiner freien Zeit auf die Jagd. Zwar gehörte er nicht zu den üblichen Grünröcken, denen eine ergiebige Jagdbeute das Wichtigste ist. Der Stolz auf die vielen Hirschtrophäen entspricht Anfängerart, die nicht um den tieferen Sinn des Weidmannswerks weiß. Der echte Jäger ist von einer Verantwortung um den Wildbestand getragen und wird trotzdem den Gewissenskonflikt nie ganz los: Ist es recht, Tiere zum Vergnügen zu töten? Auch das Tier ist in Gottes Schöpfung einbezogen und nicht ausgeschaltet, es wurde vor dem Menschen erschaffen, war in Bethlehems Stall anwesend und nach Paulus sehnt sich die Kreatur unter Seufzen nach der Offenbarung der Söhne Gottes, um von der Vergänglichkeit frei zu werden. Anläßlich einer Jagdpartie sprang ein prachtvoller Hirsch vorüber. Placidus verließ die Gesellschaft und verfolgte das Tier durch den Wald. Er sah, wie der Hirsch auf einen steilen Felsen sprang und überlegte sich, wie er ihm am besten den Rückzug abschneide. Mit gespanntester Aufmerksamkeit betrachtete er das selten schöne Tier und plötzlich sah er zwischen den Hörnern des Hirsches das heilige Kreuz aufflammen, das heller denn die Sonne glänzte. Placidus starrte zu Tode erschrocken auf das noch nie wahrgenommene, wundervoll leuchtende Zeichen, und seine Überraschung steigerte sich ins Unfaßbare, als der Hirsch wie einst Bileams Eselin zu reden begann: „O Placidus, warum verfolgst du mich? Ich bin dir zuliebe in dieses Tieres Gestalt erschienen, denn ich bin Christus, welchen du wissend ehrest. Deine Almosen sind zu mir emporgestiegen, darum bin ich so zu dir gekommen, daß ich dich durch diesen Hirschen fahe, den du selber zu jagen wähntest." Bei dem Hinweis auf den Jäger, der im tieferen Sinn selbst ein Gejagter ist, fiel Placidus vor Schrecken vom Pferd zur Erde. Über eine Stunde lag er in einer Ohnmacht auf dem Boden und zu sich selbst kommend, stammelte er mühsam die Worte hervor: „Erkläre mir, was du da sagst, so will ich an dich glauben." Darauf sprach die Erscheinung zu ihm: „Ich bin Christus, der Himmel und Erde erschaffen hat; ich machte das Licht aufgehn und teilte die Finsternis; ich habe die Zeiten gesetzt und Tag und Nacht, und habe den Menschen aus einem Erdenkloß erschaffen: ich bin zum Heil menschlichen Geschlechts im Fleisch auf Erden erschienen, ich ward gekreuzigt und begraben, und bin am dritten Tage auferstanden." Bei dieser Eröffnung stürzte Placidus erneut zu Boden, überwältigt stammelte er: „Herr, ich glaube, daß du es bist, der alles erschaffen hat und die Irrenden bekehrst." Hierauf befahl ihm die Erscheinung, in die Stadt zu gehen und sich taufen zu lassen. Nach dieser Vision brach Placidus sein Jagdvergnügen ab und begab sich sofort nach Hause.

Wird sonst nicht die Vision mit dem leuchtenden Kreuz zwischen dem Hirschgeweih von Hubertus erzählt? Gewiß, aber die Placiduslegende ist älter und die Kreuzerscheinung über dem Hirschgeweih wurde von ihr erst im Spätmittelalter auf die Hubertusfigur übertragen. Hubertus hat die alte Legende verdrängt, an seinen Namen knüpfte sich gar ein Ritterorden an, der sich bis zum heutigen Tag erhalten hat. Seither betrachtet man die Kreuzerscheinung zwischen dem Hirschgeweih als eine Wanderlegende von „rein erbaulichem Charakter", wie die Historiker sich ein wenig mitleidig auszudrücken pflegen, eine Meinung, die man ihnen bereitwillig zur Kauung und Verdauung überlassen muß, zumal da mit dieser wissenschaftlichen Erklärung wieder einmal gar nichts erklärt ist.

Nach Hause zurückgekehrt, erzählte Placidus nachts im Bette seiner Gattin von der wundersamen Kreuzvision, und sie glaubte ihm aufs Wort. Am Morgen machten sie sich auf, ließen sich vom Bischof von Rom taufen, er, seine Frau und die beiden Söhne. In der Taufe erhielt Placidus den Namen Eustachius, und unter dieser Bezeichnung ist er in der Christenheit bekannt.

Anderntags begab sich Eustachius nochmals in den Wald; er wollte die Stelle sehen, wo ihm das leuchtende Kreuz zwischen dem Hirschgeweih erschienen war. Wiederum widerfuhr ihm eine Vision, und erneut fiel er auf sein Angesicht. Die Stimme sagte ihm jedoch nicht dasselbe wie beim ersten Male; sie pries ihn selig, daß er die Taufe angenommen und der Abgötterei abgeschworen habe, dann aber fuhr sie unerwartet fort: „Darum, daß du den Teufel verlassen hast, wird er sich grimmig wider dich wappnen, und du wirst viel leiden müssen, um die Krone des Sieges zu erlangen; und wirst mancherlei erdulden, daß du erniedrigt werdest von den hohen Eitelkeiten der Welt und in geistlicher Beziehung dafür erhöht. Dann verzage nicht, und schaue nicht zurück nach deinem vorigen Ruhm; denn du sollst in den Versuchungen dich als ein zweiter

Hiob erweisen.“ Was die Stimme zum zweiten Male sprach – immer kommt es auf die Stimme an, die in das Leben der Menschen hineintönt und die es zu hören gilt und nicht auf den Buchstaben – stand an Bedeutung nicht hinter der ersten Vision zurück. Sie umschrieb seine Aufgabe näher, sagte aus, daß er ein zweiter Hiob werde und widerlegte damit die Behauptung, daß „in keiner früheren Periode der Christenheit irgend jemand Hiob begegnet war“. Gewiß waren die aufrührerischen Reden Hiobs jahrhundertelang in der Christenheit tabu, man überging sie stillschweigend, doch Eustachius begegnete wieder dem Mann aus dem Lande Uz, denn ihm wurde die ungewöhnliche Aufgabe übertragen, ein zweiter Hiob zu werden.

Der zweite Hiob kann nicht gleich sein wie der erste. Jede bloße Nachahmung im Geistigen wirkt lächerlich und tut dem Vorbild Abbruch. Gerade wer vor einer Gestalt Ehrfurcht hat, darf sie niemals imitieren. Der erste Hiob lehnte sich gegen das Übermaß seiner Leiden auf, dem er ausgesetzt war, und gab seiner wilden Empörung im Dialog mit den drei Freunden dramatischen Ausdruck, einem Gespräch, über dem das Innerste seiner Seele erzitterte und das man noch heute nicht lesen kann, ohne von den Darlegungen betroffen zu werden. Der zweite Hiob dagegen muß stillschweigend das Leiden auf sich nehmen, seine Bestimmung war, die Geduld nicht wie der Mann aus dem Lande Uz unter der Prüfung zu verlieren. Eustachius ist der christliche Hiob.

Dem zweiten Hiob kündigte die visionäre Stimme an, daß er „viel leiden müsse“. Eustachius muß demgemäß dulden und erniedrigt werden, weil er Christ geworden ist. Das Problem des Leidens ist das unerschöpfliche Thema der Eustachiuslegende. Offensichtlich betrachtet die göttliche Stimme das Leiden nicht als Strafe, was einer populären, allzu unzureichenden Auffassung entspräche. Wer wollte bezweifeln, daß Leiden oft Züchtigung ist, aber es muß es nicht unbedingt sein. Es gibt mannigfache Heimsuchungen, die nicht unter diesen Aspekt gerückt werden dürfen und vor allem gibt es kein sinnloses Leiden. Das Leiden ist auch Prüfung, ist Auszeichnung, ist Adel, es bietet dem Menschen die einzigartige Gelegenheit sich zu bewähren, es ist göttliche Sendung, die das Beste aus dem Menschen herausholt: Verstehen, Güte, Erbarmen. Der Weg des Christen geht durch Leiden und immer wieder durch Leiden; es darf nicht aus dem Leben ausgeschaltet werden, ansonst das Dasein unweigerlich verflacht. Ohne Schmerz gibt es keine Wahrheitserkenntnis. Das Christentum hat das Leiden immer positiv bewertet, werden doch im Evangelium die Leidtragenden selig gepriesen, und der Menschensohn selbst hat sich unzweideutig zu den Leidensankündigungen bekannt.

Einige Zeit nach seiner zweiten Vision erfuhr Eustachius, daß die ihm geoffenbarte Weissagung in Erfüllung gehe. Ein großes Sterben kam über seine Knechte und Mägde, er verlor sie alle. Nicht lange darnach fiel auch sein Vieh einer Seuche anheim. Und wie selten ein Unglück allein kommt, sondern eines dem anderen auf den Fuß folgt, das erfuhr auch Eustachius, dessen Haus nun geplündert wurde, während er selbst mit seinem Weibe und den beiden Kindern fliehen mußte. Arm war er jetzt, er hatte sich und den Seinen das nackte Leben gerettet. Nun verließ er Rom ohne Abschied von Kaiser und Senat und begab sich nach Ägypten. Wahrhaftig, Eustachius hat Hiobsbotschaft und Hiobsschicksal an sich erfahren, alle Wasser sind über ihn hergegangen, und nun hatte er es selbst erfahren: „Aus der Tiefe rufe ich zu dir.“

Schon die Reise nach Ägypten stand unter keinem günstigen Stern. Der Besitzer des Schiffes sah Eustachius’ Weib an, fand sie schön und begehrte sie. Er forderte die Bezahlung für die Reise, doch Eustachius konnte den Preis nicht bezahlen. Hierauf verlangte der Schiffsinhaber die Frau als Pfand und hegte dabei den Hintergedanken, auf diesem Weg zu seinem Ziel zu gelangen. Eustachius lehnte das Ansinnen ab, aber der Schiffsherr bestand auf seinem Willen. Es kam zu einer heftigen Auseinandersetzung, in deren Verlauf der Besitzer nicht nachgab und dem widerstrebenden Ehegatten drohte, ihn ins Meer zu werfen, sollte er auf die Abmachung nicht eingehen. Der arme Mann geriet in die schwerste Not seines Lebens, er vermochte sich nicht daraus zu befreien und was blieb ihm anderes übrig, als auf den hinterhältigen Vorschlag einzugehen. Trauernden

Herzens nahm er seine beiden Kinder und verließ mit einem Seufzer das Schiff: „Weh mir und euch, daß eure Mutter einem fremden Manne ist zugefallen." Wieder einmal mehr ist in der Welt Recht nicht Recht geblieben, dem zuletzt alle Herzen zufallen müssen. Das Schicksal, das Eustachius mit seiner Frau erlebte, zeigt deutlich, daß die Legende keine Nachzeichnung des Hiobbuches war. Eustachius' Gattin Theospite dachte nicht daran, wie Hiobs Frau in das Lager der Feinde zu gehen, und sie erteilte auch keine höhnenden Ratschläge, wie „sag Gott ab und stirb", so reden nur die närrischen Weiber und treiben ihre Männer noch vollends in die Verzweiflung. Eustachius' Weib war nicht so beschaffen und doch blieb auch sie durch höhere Fügung zunächst in den Händen des Feindes und war nicht mehr Eustachius' stützende Gefährtin auf seinem kummervollen Weg.

Auf seiner Wanderung gelangte Eustachius schließlich an einen Strom, den er der großen Wassermenge wegen nicht mit beiden Knaben zugleich überqueren konnte. Er ließ den einen Knaben am Ufer zurück und trug den andern hinüber. Wie er auf dem Rückweg mitten im Strome stand, sah er einen Wolf daherkommen, sah, wie er den Knaben raubte und mit ihm im Wald verschwand. Während Eustachius dem Unglück zuschaute, ohne es abwenden zu können, bemerkte er, daß der zurückgebliebene Knabe im gleichen Moment von einem Löwen angefallen wurde, der ihn wegschleppte. Ohnmächtig sah Eustachius dem von zwei Seiten kommenden Unheil zu; er schlug sich vor Verzweiflung an die Brust, raufte sich das Haar und hätte sich am liebsten ertränkt, wenn ihn nicht die Vorsehung Gottes vor der unbedachten Handlung bewahrt hätte. Namenlos war sein Schmerz, er machte ihn unfähig, weitere Nachforschungen nach den beiden Kindern anzustellen, und deshalb vernahm er auch nichts von ihrer Errettung durch die Hirten, die sie bei sich auferzogen. Von all dem erfuhr Eustachius nichts, er wußte nur eines, daß das schlimmste Unglück ihn heimgesucht hatte.

In seinem grenzenlosen Leid brach er in die Klage aus: „Weh mir, ich grünete als ein Baum, nun bin ich gar entblößet;

ich hatte allezeit viele Ritter, die mir dienten, nun bin ich gar allein und beraubet meiner Söhne. Herr, ich gedenke daran, daß du sprachest, ich sollte versucht werden als Hiob" – und jetzt entrang sich Eustachius' gequälter Brust der Schrei, in dem sich seine innerste Seele kundtat – „aber siehe, ich glaube, mir geschieht mehr denn ihm: denn da er seines Gutes beraubt war, so hatte er doch einen Misthaufen, darauf er saß; ich aber habe gar nichts. Er hatte Freunde, die ihn trösteten; ich dagegen wilde Tiere, die mir meine Kinder haben genommen. Ihm blieb sein Weib; das meine ist mir genommen. Herr, gib Ruhe meiner Trübsal und behüte meinen Mund, daß mein Herz nicht ausbreche in Worte der Ungerechtigkeit und ich verworfen werde vor deinem Angesicht." Die erschütternde Rede aus Eustachius' Mund zeigt mit unmißverständlicher Deutlichkeit die Parallele zu Hiobs Schicksal. Der Name „ein zweiter Hiob" ist kein frecher Griff nach einer Bezeichnung, die ihm nicht zugekommen wäre. Auch über seine Lippen kamen bittere Klagen, die salzig schmeckten; er beneidete seinen Vorgänger aus dem Alten Bund sogar um den Misthaufen, darauf er sich mit einer Tonscherbe kratzte. War dies alles, was vom hellglänzenden Kreuzeszeichen zwischen dem Hirschgeweih übrig geblieben war? Hatte es ihm jetzt gar keinen Trost und Stärkung zu bringen? Eustachius schien es, seine Leiden seien noch gesteigert gegenüber denjenigen Hiobs, seine Bürde sei schwerer denn anderer Leute Bürde – hat aber nicht jeder Leidende das Gefühl: so viel wie ich muß niemand ertragen? Auch er ertrug den lastenden Druck nicht und auch er machte sich in schmerzlichen Klagen Luft. Jammernde Worte auszustoßen ist dem Menschen nie verwehrt, sie erleichtern sein Gemüt. Herzzerreißend wird auch in den Psalmen gestöhnt. Eustachius bat in seinem trostlosen Elend nur noch Gott, daß er seinen Mund behüte und sein zerschlagenes Herz nicht in Worte der Ungerechtigkeit ausbreche, wie es dem ersten Hiob geschehen ist, dessen rasende Reden in die Irre gingen. Die Gefahr der Auflehnung ist nahe, denn wenn die Wogen der inneren Verzweiflung zu hoch gehen, drohen sie den Menschen zu verschlingen. Es kochte gewaltig in Eustachius' Herz, der

Name „zweiter Hiob“ ist nicht aus der Luft gegriffen, aber er verstieg sich zu keiner Blasphemie wie sein Vorgänger: „Habe ich gesündigt, was schadet es dir, du Menschenhüter?“ Zuletzt aber mußte er auch nicht sagen: „Darum habe ich geredet in Unverstand Dinge, die zu wunderbar für mich, die ich nicht begriff. Darum widerrufe ich und bereue in Staub und Asche.“

Eustachius' Augen standen voller Tränen, als er seines Weges weiterging. Bei einem Bauern wurde er Knecht und blieb fünfzehn Jahre bei ihm. Der ehemalige Kriegsoberst ist fürwahr tief hinabgestiegen und hat das Christentum als eine Schule der Demut erfahren. Daß seine Kinder in einem anderen Dorf aufwuchsen, blieb ihm unbekannt, und er erfuhr auch nichts von seinem Weibe, nichts vom Schiffsherrn, der gleich hernach erkrankte und starb, ehe er sie zu sich genommen hatte. Alle diese Geschehnisse blieben für ihn zunächst in undurchdringliches Dunkel gehüllt; schweren Herzens wanderte er die mühsame Straße seines Lebens weiter, sie schien ihm ohnehin mit lauter Leidenssteinen gepflastert zu sein.

Der Kaiser aber vergaß seinen Kriegsobersten nicht, so sehr er auch bedauerte, daß dieser unter dem Einfluß des Christentums eine Wandlung durchgemacht hatte. Er erinnerte sich seiner noch mehr, als er in eine kriegerische Bedrängnis geriet und er sich sagen mußte, wie gut es wäre, stände ihm jetzt Eustachius zur Verfügung. Unter diesem Druck erteilte der Kaiser den Befehl, nach Placidus zu forschen und versprach denen, die ihn ausfindig machen würden, eine reiche Belohnung. Zwei Ritter kamen auch in das Dorf, in dem Eustachius als Knecht arbeitete; er erkannte sie sofort an ihren Schritten, sie aber erkannten ihn nicht. Unwillkürlich mußte Eustachius daran denken, wie er einst in großer Würde vor diesen Männern gestanden sei und jetzt ein erniedrigtes Leben führe. Betrübt darüber sprach er zu sich selbst: „Ach Herr, wie ich diese da, die einst mit mir waren, wider alle Erwartung zu Gesicht bekam, so gib, daß ich meine Frau noch einmal schauen möge, denn daß meine Kinder nicht mehr leben, das weiß ich ja.“ Es ist bezeichnend für ihn, daß er das geliebte Antlitz seiner Lebensgefährtin nicht vergaß. Da vernahm er wieder die Stimme, die sich mehr als einmal in seinem Leben meldete. Sie redete ihm zu, er solle Vertrauen haben, denn er stehe unmittelbar vor einer neuen Wende.

Die Ritter ahnten zunächst nichts von dem, was in Eustachius' Brust vor sich ging. Ahnungslos fragten sie ihn, ob er einen Mann mit Namen Placidus kenne. Eustachius verneinte die Frage, lud sie aber ein, bei ihm Herberge zu nehmen und bewirtete sie. Dabei fiel ihm immer wieder seine frühere Stellung ein, die Tränen traten ihm in die Augen, und damit man es nicht sehe, ging er schnell hinaus und wusch sein Antlitz, wie es Joseph einst getan hatte, als er seinen Bruder Benjamin wiedersah. Während seiner Abwesenheit sahen die Ritter einander an und der eine sprach zum andern: „Wie ähnlich doch dieser Mann dem Placidus ist, den wir suchen." Der Angesprochene erwiderte ihm: „Wohl sieht er ihm ähnlich, aber wir müssen schauen, ob er jene Narbe am Kopf habe." Als Eustachius wieder ins Zimmer trat, blickten sie auf das Erkennungszeichen und nahmen es zu ihrer großen Überraschung wahr. Sie fielen vor ihm nieder und begrüßten ihn als ihren ehemaligen Herrn. Nachdem sie sich von ihrer Überraschung erholt hatten, fragten sie ihn nach seinem Weibe und seinen Knaben, und Eustachius erzählte ihnen sein leiderfülltes Erleben. Die Ritter taten überall seine Herkunft kund, zogen mit ihm zum Kaiser, der ihn überaus huldvoll empfing und ihn wieder in sein altes Amt als Heerführer einsetzte, das Eustachius wie zuvor verwaltete. Er erkannte sofort mit Scharfblick daß der Mannschaft viel zu wenig sei, um gegen den Feind zu ziehen, und befahl, überall, in den Städten und Dörfern Soldaten anzuwerben. Die Werber begegneten auch seinen zwei Söhnen, nahmen sie ins Heer auf, und Eustachius zog mit ihnen ins Feld, ohne zu wissen, daß sie sein eigenes Fleisch und Blut waren.

Auf dem Feldzug bezog die Mannschaft Quartier und es geschah durch Gottes Fügung, daß die beiden Söhne in ein Haus kamen, da ihre Mutter wohnte. Um die Mittagsstunde saßen die Soldaten beisammen und die beiden Söhne erzählten aus ihrer Kindheit, während die Quartierfrau daneben stand und ihren Lebensberichten gespannt lauschte. Der ältere Sohn begann zu berichten: „Meine früheste Erinnerung besteht darin, daß mein Vater Marschall und die Mutter überaus schön war, nicht anders als mein junger Bruder.“ Er erzählte weiter, wie bei der Überfahrt ihre Mutter zurückbehalten wurde, wie sie ihren Vater verloren, und er nie erfahren habe, was aus ihm geworden sei. Einer der Zuhörer war von der Erzählung ganz benommen und erwiderte ergriffen: „Ach Gott, nun höre ich wohl, daß ich dein Bruder bin; denn die mich auferzogen, sagten zu mir, wir haben dich einem Wolf entrissen.“ Die beiden Brüder fielen einander in die Arme und weinten vor Freude. Die zuhörende Mutter schaute sich dabei die beiden Soldaten genauer an und suchte an ihnen die Merkmale ihrer Söhne zu erkennen.

Am anderen Tag begab sich die Frau zum Heeresmeister, bat um eine Unterredung und flehte ihn an: „Ich bitte dich, Herr, laß mich wieder fahren in mein Vaterland, denn ich bin aus dem Lande der Römer und bin hier fremd.“ Während sie diese Worte zu ihm sprach, sah sie die Narbe an seinem Haupte, erkannte ihren Gemahl, fiel vor ihm nieder, umklammerte seine Füße und sprach: „Herr, ich bitte dich, sage mir, wie du dein Leben habest zugebracht, denn mich bedünket, du seist Placidus der Heermeister, welcher mit anderem Namen Eustachius ist genannt; den der Herr bekehrte und der jene Versuchung mußte erleiden; ich bin sein Weib, die ihm auf dem Meere ward entrissen, doch blieb ich rein von aller Befleckung; er hatte auch zwei Söhne, Agapitum und Theospitum.“ Eustachius blickte sie hierauf genauer an, erkannte in ihren Gesichtszügen sein Weib, und es kam zu jener Wiedererkennungsszene, wie sie die Menschen seit den Tagen Homers und Penelopes lieben. Eustachius stürzte sich in ihre Arme und dankte unter vielen Küssen Gott, dem Tröster aller Betrübten. Die Frau erkundigte sich hierauf nach ihren Söhnen und er gestand ihr, sie seien bei einer Flußüberquerung von wilden Tieren geraubt worden. Theospite aber antwortete: „Ich glaube, daß Gott sie uns wiedergeben wird, wie er uns beide wiederfinden ließ.“ Eustachius schüttelte traurig den Kopf und wandte ein: „Ich sagte dir doch soeben, daß sie von wilden Tieren geraubt worden sind.“ Die Frau ließ sich nicht beirren und berichtete, was sie am Tage zuvor gehört hatte, wonach ein Soldat eine ungewöhnliche Geschichte erzählt und darauf der Zuhörende in ihm seinen Bruder erkannt habe. Ihr sei ganz wundersam zumute geworden und es dünkte sie, daß es ihre Söhne seien, doch solle er sie selber befragen. Eustachius rief die beiden Soldaten zu sich, ließ sich von ihnen alles genau erzählen und war überzeugt, daß sie seine Söhne waren. Eine unbeschreibliche Szene des Wiedersehens spielte sich ab, sie umarmten, küßten sich und weinten zugleich; es wäre nicht recht, wollte man sich dieser Rührung schämen, denn es gibt im Leben immer wieder Begebenheiten, die man sich nicht anders als gerührt ansehen kann, ein Gefühl, das an seinem Ort auch seinen Platz hat. Über alle Maßen groß war Eustachius’ Freude, nach so vielen Jahren der Trennung wider alle Erwartung die Seinen wieder bei sich zu esehen.

Die Legende nimmt beinahe Märchenform an, alles scheint ein gutes Ende zu nehmen, wie man es nicht schöner erfinden kann und wie es die Kinderherzen befriedigt. Wann aber trat der freudvolle Abschluß ein? Das läßt sich kaum beschreiben: Die Wiederholung ereignete sich in dem Moment, da sie aller menschlichen Wahrscheinlichkeit nach ganz unmöglich war und keine Minute früher. Und dann noch endigte sie nicht nach dem Rezept: „Ende gut, alles gut“, das würde nur zu einem stilisierten Bild führen, aber nicht der Wahrheit der Legende entsprechen.

Nach dem siegreichen Feldzug kehrte Eustachius nach Rom zurück. Inzwischen aber war Kaiser Trajan gestorben und Hadrian an seine Stelle getreten. Er nahm Eustachius mit allen Ehren auf, schon weil er den Sieg über die Barbaren errungen hatte und weil er von der ungewöhnlichen Familiengeschichte gehört hatte. Da aber Eustachius den Göttern keine Dankopfer darbrachte, mißfiel diese Weigerung dem Kaiser denkbar stark und er ermahnte ihn eindringlich, das Opfer nachzuholen. Eustachius blieb seinem Bekenntnis zu Christus treu, er wollte nur ihm allein dienen. Hadrian wurde darob unwillig, er zürnte Eustachius, und damit begann die zweite Leidenszeit, die noch schwerer war als die erste. Voller Zorn ließ der Kaiser die ganze Familie in die Arena werfen, damit sie von dem Löwen zerfleischt werde. Wie einst Daniel, mußte auch Eustachius mit seiner Familie in den Rachen der wilden Bestie schauen. „Da lief der Löwe hinzu und neigte vor ihnen sein Haupt, als bete er sie an, und ging darnach demütig von dannen. Hadrian wurde darob noch wütender und befahl nun, sie lebendigen Leibes zu verbrennen. Er ordnete an, unter einem ehernen Stier ein Feuer anzuzünden und sie lebend hineinzustoßen. In dieser glühenden Hitze starben sie den Märtyrertod.

Eustachius' Ende erfordert nochmals den Rückblick auf Hiob. Das Hiobsschicksal hat etwas Atemberaubendes an sich, es läßt den Menschen nicht los, und immer wieder muß er sich mit dem ungeduldigen Dulder beschäftigen, weil er an die letzten Fragen alles Daseins rührt. Hiob ist nicht Vergangenheit, er kann gar nie Vergangenheit werden, immer wieder kehrt er in die Gegenwart zurück und lebt heute noch mitten unter uns. Trotzdem er denMenschen nahe steht, ist er im Grunde schwer zu begreifen, weil die Leidensfrage nicht zu beantworten ist. Es ist uns aufgetragen, diese ergreifende Gestalt zu umkreisen, bis man endlich aus dem Blitz und Donner die legitime Antwort Gottes auf unsere Fragen verstanden hat.

Hiob und Eustachius haben vieles gemeinsam, beide erleiden mehr als einen inneren Unfall; in ihrer drückenden Glaubensanfechtung befinden sie sich in Extremis. Sie werden an den äußersten Rand geführt, einen Schritt weiter und der Abgrund hätte sie verschlungen, dunkle Wasser drangen in ihre Seele und überfluteten alles. Trotz der Ähnlichkeit des Schicksals will der Unterschied zwischen Hiob und Eustachius beachtet sein; die beiden Männer schauen einander verständnisinnig an und doch gehen ihre Blicke zuletzt in ganz verschiedene Richtungen.

Der Hiob des Alten Bundes hatte Schweres und Schwerstes durchzumachen, aber seine Prüfung klingt in eine unerwartete Wiedergutmachung aus, in der er alles doppelt wiederbekommen hat. Wird doch am Schluß des Hiobbuches berichtet:

„Und der Herr segnete Hiob hernach mehr als zuvor, und er bekam vierzehntausend Schafe, sechstausend Kamele, tausend Joch Rinder und hundert Eselinnen. Er bekam auch sieben Söhne und drei Töchter.“ Gerade wegen dieses glücklichen Ausganges ist das Buch Hiob keine Tragödie, die es im jüdischen Raum im Unterschied zum griechischen aus tieferen Gründen nicht gibt. Eine Tragödie endet in Qual und Untergang, ein Schicksal, das dem ersten Hiob trotz aller Bitternis nicht widerfährt. Man hat schon zu diesem Ende bemerkt, er habe aber die ersten Kinder, die ihm geraubt wurden, doch nicht wiederbekommen. Der neue Reichtum Hiobs gibt zu denken, nicht weniger die lächelnden Namen der Töchter, Täubchen, Wohlgeruch und Schminkbüchschen. Trotzdem wird die Septuaginta recht behalten, wenn sie zuletzt noch die Worte hinzufügt: „Es ist aber geschrieben, daß er wieder mit denen auferstehen wird, die der Herr auferstehen läßt.“

Eustachius als Hiob des Neuen Bundes ist trotz aller Ähnlichkeit eine andere Gestalt, er mutet wie eine Korrektur seines großen Vorgängers an. Bei allem Druck, der auf ihm lastete, ist er nicht in eine innere Auflehnung gegenüber Gott geraten, er verlor nicht die Geduld wie der erste Hiob, der wohl zu Beginn seiner schweren Heimsuchung die überaus gefaßten Worte sprach: „Haben wir Gutes empfangen von Gott und sollten das Böse nicht auch annehmen?“ Er hat diese seine Worte nachher völlig vergessen und hat sie durch seine rebellischen Reden sogar ausgelöscht. Eustachius verhielt sich anders: Das Kreuz zwischen dem Hirschgeweih hatte ihn zu stark erleuchtet. Eustachius ist auch nicht der Prototyp des christlichen Stoikers, der unbewegt bleibt in allem Schmerz und zu sich selbst sagt: Es geht mich innerlich nichts an. Stoizismus ist trotz aller heldenhaften Haltung nicht Evangelium. Eustachius ist vielmehr der Mann, der „ohne Trost unendlichen Trost“ empfand, er ist groß im Hinnehmen und in aller Qual hat er die Worte der visionären Stimme nicht vergessen: „Du wirst viel leiden müssen.“ Er ist nach dem Vorbild Jesu Christi der Mensch, der sich Gottes Fügung gegenüber beugt und darum ist er das wahrhaftige Beispiel des „geduldigen Ausharrens“, das im Jakobusbrief gerühmt wird. Eustachius hat in der schrecklichsten Verlassenheit durchgehalten, selbst dann, als seinem Leiden nicht der harmonische Ausklang in einer schönen Abendsonne beschieden war. Der zweite Hiob hat für alle Zeiten die beliebte und ebenso verbreitete Vorstellung, daß Gläubigkeit zuletzt belohnt werde, widerlegt. Er hat wie Christus auf die Frage des aus Rom fliehenden Petrus „Quo vadis, Domine" geantwortet: „Nach Rom, um mich noch einmal kreuzigen zu lassen!" Die Wiedervereinigung mit den Seinigen – von der Erlangung des früheren Besitzes ist nicht die Rede – war nur ein rasch vorübergehendes Zwischenspiel, eine kleine Atempause, in der Eustachius ein wenig verschnaufen konnte, dann aber schritt er auf dem schweren Leidensweg weiter, der Kelch mußte bis zur bitteren Neige geleert werden. Für Eustachius blieb Frömmigkeit bis zur letzten Minute heroischer Widerspruch gegen die belohnte, erfolgreiche Lebenslaufbahn, „eine unbedingte Hingabe an den stummen Fährmann im schutzlosen Boot auf der Fahrt durch die kosmische Nacht". Es gab in seiner ihm auferlegten Prüfung keine Abschwächung, Drangsal und Schmerz steigerten sich und am Ende seines Daseins harrte seiner noch das Schwerste: Er mußte sein Blut für Christus geben. Eustachius' Passion endigte im Feuerofen, er konnte nur in den Gesang der drei Männer im Feuerofen einstimmen und damit bezeugen, daß das Martyrium ein christlicher Hymnus auf das Fürchterliche des Lebens ist, dessen Verständnis dem Menschen erst in der ewigen Glorie aufgeht.

SANKT MARIA VON ÄGYPTEN

Fürchte nichts, und fürchte dich niemals, und ängstige deine Seele nicht. Wenn nur die Reue in dir nicht verarmt – wird Gott dir alles verzeihen. Gibt es doch keine Sünde, kann es doch auf der ganzen Welt keine so große Sünde geben, die Gott der Herr dem wahrhaft reuigen Sünder nicht verziehe. Trage nur Sorge um die Reue, sei unermüdlich im Bereuen, doch die Angst sollst du von dir scheuchen" sprach Staretz Sossima zu einer Bäuerin und erhob damit die Reue zu den Urgefühlen, die mit dem menschlichen Selbst gegeben sind.

Im neuzeitlichen Denken dagegen hat die Reue eine verständnislose Abwertung erfahren, man drängte sie in den Hintergrund und maß ihr keinerlei Bedeutung mehr zu. Spinoza rechnete sie nicht unter die Tugenden und bezeichnete den Menschen, der eine Tat bereut, doppelt gedrückt. Nietzsche gab die Losung aus, „niemals der Reue Raum geben", weil man sonst zugeben müßte, mit einem Erlebnis nicht fertig geworden zu sein, was einem Zeichen der Dekadenz gleichkäme. Seither ist es beinahe eine Selbstverständlichkeit geworden, in der Reue eine Art Feigheit gegenüber der eigenen Tat zu sehen, die für einen starken, das Leben bejahenden Menschen eine gänzlich überflüssige Gefühlsregung bedeutet. Sie wird rein negativ bewertet, einer unbewußten Rache an sich selbst gleichgesetzt und oft sogar als eine seelische Katerstimmung verspottet. Reue wird verächtlich einem unfruchtbaren Herumwühlen in der eigenen Vergangenheit gleichgestellt, das sich für einen modernen Menschen nicht mehr schickt.

Diese psychologische Betrachtungsweise macht sich einer Oberflächlichkeit schuldig. So kann man nur über die Reue reden, wenn man sie zu einem bloß interessanten Diskussionsgegenstand erniedrigt. Wer jedoch den inneren Realitäten des Lebens in die Augen schaut, der wird nicht für alle Zeiten auf die reinigende Kraft einer aufrichtigen Reue verzichten können. Jedes tiefere Nachdenken über die menschliche Situation muß auf die Reue zurückkommen, denn sie ist nach Scheler „eine Form der Selbstheilung der Seele, ja der einzige Weg zur Wiedergewinnung ihrer verlorenen Kräfte". In der Reue reinigt sich die Seele von ihrer Schuld. Sie ist einem notwendigen operativen Eingriff vergleichbar, der entfernt, was sich Unheilvolles im Personkern eingenistet hat und damit die verschüttete Seelenschicht im Menschen freilegt. Niemals ist der Reueakt ein müßiges Verweilen bei längst geschehenen, unabänderlich festgelegten Ereignissen, vielmehr steigt in ihm die Seele zu einem höheren Lebensniveau auf. Gewiß ist die Reue ein Schmerz, sogar oft ein brennender und aufwühlender Schmerz, aber wie alle seelischen Schmerzen von transzendierender Kraft. Es wird kaum ein Menschenleben geben, das, über sich selbst reflektierend und über die Geschehnisse nachdenkend, nicht auch von der Reue gepackt wird. Augustinus hat seine „Bekenntnisse" außerordentlich eindrucksvoll unter dem Aspekt der Reue konzipiert, wodurch das gewichtschwere Buch den modernen Autobiographien weit überlegen ist.

Es läßt sich viel Tiefsinniges über die Reue als den wahren Weg zur Wiedergeburt sagen, aber man hat sich bei diesen Überlegungen doch immer wieder der Worte des Thomas à Kempis zu erinnern: „Besser ist es, Reue zu empfinden als metaphysisch das Wesen der Reue zu ergrübeln." Die Empfindung der Reue, die dem Antlitz einen veränderten Ausdruck aufprägt, haben die Heiligen bis ins Innerste gespürt und haben auch gewußt, wie man sie verarbeiten muß. Zu diesen Reumütigen gehört auch Maria Ägyptiaca, deren tiefstes Wesen eine leibhaftige Verkörperung der Reue ist.

Maria Ägyptiaca war einst in der früheren Christenheit eine bekannte Gestalt; sie zählte namentlich in der Ostkirche zu den Lieblingsfiguren. Auf den Glasfenstern wurde ihre Geschichte festgehalten, Goethe läßt sie im zweiten Teil des

„Fausts" bedeutungsvolle Worte sprechen und noch Rilke hat sie in seinen „Neuen Gedichten" besungen. Das Beste über die bestürzende Lebensgeschichte der Maria Ägyptiaca schrieb Fedor Dostojewskij: „Es war kaum möglich, sie ohne Tränen anzuhören und zwar nicht so sehr vor Rührung als aus einer ganz eigenartigen Begeisterung: man empfand etwas Ungewöhnliches und Glühendes, etwas von der Gewalt und Großartigkeit jener glühenden Wüste, durch die die Löwen streifen, und in der die Heilige umherirrte. Übrigens will ich diese Geschichte nicht wiedergeben: ich könnte es auch gar nicht." Schwerlich wurde ein zutreffenderes, dem inneren Gehalt entsprechenderes Wort über die Legende der Maria Ägyptiaca gesagt, als dies der Dichter der Sonjagestalt getan hat, dessen Aussage eine hohe Erwartung erweckt. Dostojewskijs Äußerung enthält aber auch ein hemmendes Moment: wenn einer der Größten im Reiche des Geistes sich nicht zutraute, über Maria Ägyptiaca zu schreiben, wie sollte ich dies denn können? Doch ist so viel Erstaunliches, Ganzes, Abgeschlossenes in dieser altchristlichen Legende enthalten, daß es unrichtig wäre, nur des eigenen Unvermögens wegen nicht von der ägyptischen Maria ein Zeugnis abzulegen, die mit der Gebärde ihres Lebens die schrecklichste Gottesferne und die unbegreiflichste Gottesnähe dermaßen zusammengeknüpft hat, daß ihr Dasein jeden aufnahmebereiten Menschen die Kräfte einer lebendigen Reue zu wecken lehrt.

Maria Ägyptiaca war eine Frau. Im Unterschied zu dem Spektakel der Weltgeschichte, in der die Frauen stark zurücktreten, so daß dadurch der falsche Eindruck erweckt wird, als würde Geschichte ausschließlich von Männern gemacht, lassen die Legenden die Frauen ganz anders zur Geltung kommen, wohl aus der Einsicht, welch' wesentliche Aufgabe ihnen im Bereich des Religiösen zukommt. Gerade Maria Ägyptiaca veranschaulicht, zu welch' ungewöhnlichem Tun eine heroische Frauenseele fähig ist, welche Spannweite sie vom Pol der Verworfenheit bis zum Pol der Gottesliebe in sich hat und welche Kraft diese beiden Extreme miteinander verbindet. Überwältigt steht man vor der Seelenleistung dieser mit all ihren

Kräften dem Ewigen entgegenfiebernden Frau, die durch die innere Läuterung das Abgründigste in das Höchste zu verwandeln vermochte.

Eine Schilderung der ägyptischen Landschaft trägt kaum zur Erhellung dieser außerordentlichen Frau bei. Die Legende gibt keinen Aufschluß über das Land der Pyramiden, das vom kalten Hauch des Totenkultus angeweht ist. Bei aller Fremdheit hat Maria auch nichts mit dem versteinerten Rätsel zu tun, das aus dem unausdeutbaren Blick der Sphinx den Betrachter so fragend anschaut. Was man eine geistige Hieroglyphe nennen könnte, ist bei der ägyptischen Maria durch das Evangelium gelöst. Nicht aus dem Niltal ist diese Frau zu verstehen, die an Größe Antonius von Ägypten, dem Begründer des Eremitentums, ebenbürtig ist, sondern ausschließlich durch den Strahl, der sie von oben traf.

Die Lebensgeschichte der Maria beginnt mit einem unerfreulichen Ereignis: der Flucht der Zwölfjährigen aus dem Elternhaus in Oberägypten. Schon damals und nicht erst heute bereiteten die heranwachsenden Töchter ihren Eltern oft schweren Kummer, wenn sie in den Entwicklungsjahren schon Damen sein möchten und seelisch dabei noch die reinsten Kinder sind. Maria floh nicht, um in ein Kloster des Pachomius einzutreten, sondern um frei von der verhaßten elterlichen Aufsicht in der Weltstadt Alexandrien den unreifen Sehnsüchten ihres jugendlichen Herzens nachzugehen. Aus den romantischen Jungmädchenträumen einer aufkeimenden Liebe, die sich im süßen Duft einer afrikanischen Mondnacht abspielte, wurde in kürzester Zeit ein unverantwortliches Spiel mit dem Feuer, das mit dem jähen Absturz in ein Lasterleben endigte. Maria wurde in der Hafenstadt Alexandrien in das glitzernde und verdorbene Nachtleben hineingerissen und ehe sie sichs versah, war sie im Strudel der Vergnügen zur Dirne geworden, die von der Sünde lebte, aus dem Eros ein feiles Gewerbe machte und ihren Namen durch ihre schändlichen Begierden entehrte. Mit allen erdenklichen Mitteln suchte sie die Blicke der Männer auf sich zu ziehen und sie in ihre ausgeworfenen Netze zu verstricken. Die antike Hetäre bewegte sich ungescheut auf der Straße der fischenden Katze, sie sprach es selbst aus, wie sie sich der „offenen Sünde der Welt“ ergab und „niemandem ihren Leib verweigerte“. Keineswegs war Maria ein bedauernswertes Opfer der gesellschaftlichen Unfähigkeit, die erotischen Beziehungen der Menschen untereinander anständig zu ordnen, ein Gesichtspunkt, mit dem allzuoft das Dirnenunwesen entschuldigt wird. Vielmehr war sie selbst eine aktive Buhlerin. Von triebhaftem Verlangen erfüllt, lebte sie ungehemmt ihre Leidenschaft aus und stürzte sich von Abenteuer zu Abenteuer. Wer ihre Sinne reizte, dem gab sich das ägyptische Freudenmädchen hin; ihre Hemmungslosigkeit kannte keine Grenzen. Sie frönte dem Laster nicht nur, wie es die Dirnen gewöhnlich tun, um des schnöden Geldes willen, sondern weil sie selbst die Wollust bis zur Besinnungslosigkeit liebte. Unbedenklich brachte sie ihre Zeit in den Armen vieler Männer zu. Siebzehn Jahre lang hatte sie Glanz und Elend des Kurtisanenlebens in vollen Zügen ausgekostet. Was war aus der liebeslüsternen Phantasie ihrer Jungmädchenjahre geworden? Nichts als Schande und Schmach. Zwar wagte kaum eine der vielen ikonographischen Darstellungen Maria in ihrem besinnungslosen Lasterleben zu schildern, einzig die Legende brachte den Mut auf, es nicht im geringsten zu verschweigen. Sie schildert sie zwar nicht in den Farben einer verlogenen Hurenromantik, darin sich oft haltlose Bohemienkreise gefallen, sondern hebt die jammervolle Entehrung hervor, die mit der zügellosen Lebensgier und der verächtlichen Selbstwegwerfung unweigerlich verbunden ist. Im großstädtischen Sumpf von Alexandrien hat die Lebenskurve von Maria ihren tiefsten Punkt erreicht, sie war so weit von Gott entfernt, daß sie kaum mehr eine Ahnung von ihm besaß; „das wahre Leben ist abwesend“, hätte sie zuletzt mit Baudelaire sagen können.

Da begab sich einmal eine Wallfahrtsgruppe von Alexandrien nach Jerusalem. Maria befand sich gerade in der Hafengegend und rief den Matrosen zu: „Nehmt mich mit!“ Durch diesen spontanen Anruf geriet das emanzipierte Mädchen sonderbarerweise unter eine Pilgerschaft. Die Beteiligung geschah nicht aus innerem Verlangen, davon kann bei ihr nicht die

Rede sein. Sie dachte sich wohl, unter der Schiffsgesellschaft ein ganz anders geartetes Abenteuer zu erleben, das eine Abwechslung in ihr verlorenes Dasein bringen würde. Im Augenblick ihrer unüberlegten Abfahrt war sie nicht einmal in der Lage, den Fahrpreis zu entrichten; abgebrannt und schamlos wie sie war, sagte sie lachend zu den Schiffsleuten: „Geld kann ich euch nicht geben, aber nehmet meinen Leib und macht euch mit ihm bezahlt." Es war eine ihrer ersten Enttäuschungen, daß nicht ein Matrose nach dem andern sie hierauf in die Arme schloß, sondern alle sich sichtlich reserviert von ihr abwandten. Durch ihr langjähriges Dirnenleben war sie in sittlicher Beziehung so abgestumpft, daß sie eine ernsthafte Pilgergruppe nicht mehr von einer bloßen Vergnügungsgesellschaft zu unterscheiden vermochte. Die Leute achteten ihrer nicht weiter, zu ihrer großen Überraschung begannen sie bei der Überfahrt sogar Psalmen zu singen. Sie gaben Maria wohl zu essen, ließen sich aber nicht weiter mit ihr ein, so daß sie ungewollt in eine moralische Isolation geriet.

Das Schiff legte in der Nähe von Gaza an, die Pilger zogen singend nach Jerusalem hinauf und begaben sich in die Kirche. Maria wußte nichts anderes zu tun, als mitzugehen, ganz am Ende des Zuges schritt sie wie ein verlorenes Anhängsel hinterher und paßte gar nicht zu der andächtig gestimmten Gruppe. Allein, sie war die Geringschätzung der Menschen gewohnt. Bei der Ankunft in Jerusalem aber widerfuhr ihr ein höchst seltsames Erlebnis, auf das sie in ihrer nimmersatten Lebensgier in keiner Weise vorbereitet war. Gleich den andern Pilgern, die, sich bekreuzigend, in die Kirche eintraten, wollte auch Maria das heilige Kreuz sehen. Zwar leitete sie nicht das Bedürfnis der Anbetung, sie war eher darauf erpicht, in ihrer ungezügelten Neugierde sich keine Attraktion entgehen zu lassen. Als sie, inmitten der wogenden Menschenmenge im Begriff war, ihren Fuß in die Kirche zu setzen, stieß sie auf ein unerwartetes Hindernis. Es war kein Türhüter da, der sie auf das Verbot aufmerksam gemacht hätte, nicht mit ausgeschnittenen Kleidern, nackten Armen und ohne Strümpfe das Gotteshaus zu betreten. Keine menschliche Gestalt trat ihr entgegen und trotzdem wurde sie unbegreiflicherweise plötzlich festgehalten. Eine unsichtbare Macht stand ihr entgegen, wie eine seelische Lähmung kam es über sie; erstarrt blieb sie stehen. Kam der Widerstand von oben oder von unten? Befand sich der Urheber rechts oder links? Sie konnte es zunächst in ihrem Alleinsein inmitten des ärgsten Gewühles nicht sagen, noch viel weniger war es ihr klar, daß es durchaus von innen kam. Gebannt, unwillig und erschrocken schaute Maria umher und wußte nicht mehr, was Merkwürdiges mit ihr geschah. Obwohl sie nichts Greifbares wahrnehmen konnte, wer und was sie zurückhielt, war sie ungeachtet aller Anstrengungen nicht in der Lage, mit der feierlichen Prozession in das Innere der Kirche zu gelangen. Maria rührte sich nicht von der Stelle, wie angewurzelt blieb sie auf der Schwelle stehen, trotz allen energischen Willensbemühungen war sie unfähig, das eine Bein vor das andere zu setzen und auch nur den kleinsten Schritt nach vorwärts zu tun. Es grenzt ans Unerklärliche und Unheimliche, Maria im geheimnisvollen Stillstand zu beobachten. Sie war an der Schattenlinie ihres Lebens angelangt, wie Joseph Conrad eine meisterliche Novelle überschrieben hat, und in diesem allerwichtigsten Moment ihres Daseins wird erstmals ein Schimmer von der tieferen Anlage dieser Frau spürbar: Sie war zu einer Figur auf der Schwelle geworden. Auf der Schwelle zum Kommenden zu stehen, das ist bei aller Vorläufigkeit eine Situation voller Verheißung.

Für das leichtlebige, gewissenlose Mädchen, das bis dahin mit tänzerischer Eleganz alle schweren Probleme des Lebens übersprungen hatte, und ohne sich einen Gedanken zu machen, einfach über sie hinweg gehüpft war, bedeutete es eine unbegreifliche, ja unangenehme Erfahrung, plötzlich nicht mehr das ausführen zu können, was sie sich eigensinnig in den Kopf gesetzt hatte. Während es bis dahin für Maria keine Schranke, keine Scham, kein Verbot gab, das sie nicht in ihrem oberflächlichen Leichtsinn einfach auf die Seite geschoben hätte, jetzt, in diesem Augenblick, stand sie an der Kirchentüre von Jerusalem einer rätselvollen Macht gegenüber, die ihr ein unmißverständliches Halt zurief, einen Befehl, der stärker war als sie und dem sie gehorchen mußte. Sie war in den Bereich der höheren Gewalten geraten, hatte es mit den überirdischen Mächten zu tun, die sie mit unsichtbaren Kräften so stark umklammert hielten, daß ihr der Atem stockte.

Wie von einem Blitz erleuchtet, erkannte Maria den seelisch-leiblichen Schmutz als die Barriere, die sie nicht in die Kirche eintreten ließ. Sie, die Unreine, konnte und durfte sich nicht dem absolut Reinen nähern. Maria begriff intuitiv, ohne daß ihr ein Mensch nur ein einziges Wort mitgeteilt hätte, wo die Ursache ihrer Hemmung lag. Das Schuldgefühl erwachte mit elementarer Gewalt in ihr, einem Sturzbach gleich brach aus ihrem Innern die Reue hervor, sie schlug sich in wilder Verzweiflung an die Brust und begann bitterlich zu weinen. Die Tränen flossen über ihre geschminkten Wangen, worüber ihr gemaltes Antlitz arg entstellt wurde. Auch im Leben der Maria Ägyptiaca fehlen die Tränen nicht, wie sie in keinem echten Christenleben fehlen, weil der Weg zu Gott nur über Ströme von Tränen führt. Vom Abgrund der Seele und dem Aufschrei aus der Tiefe weiß die Legendenwelt vieles zu erzählen, und auch aus dem Dasein der Maria Ägyptiaca ist der Ausbruch einer inneren Verzweiflung über ein verlorenes Leben erschütternd zu hören. Es ist wirklich wahr: nur den Tränen öffnet sich das Heilige. „Wer niemals weint, wird Christus niemals erblicken. Und wer weint, wird ihn mit Gewißheit schauen.“ Das Christentum hat von jeher die Tränen als eine Gabe bewertet und hat deswegen auch von den „Donna Lacrimarum“ gesprochen.

Es gibt Stunden im Leben, wie sie wahrscheinlich jeder Mensch kaum mehr als einmal in seinem Dasein erlebt. In einer solchen Stunde entscheidet der Mensch über sein Schicksal, indem ihm unter einem Sturzbach von Tränen klar wird, wo die Wahrheit liegt und welchen Weg er gehen muß, um zum wahren Leben zu gelangen. Wie in einem Spiegel, mit einer Schärfe ohnegleichen, sah Maria ihr verfehltes Leben vor sich und der Tränenstrom schwoll zu einem durchdringenden Reueschmerz an, der alles mit sich fortschwemmte. Sie riß den billigen Schmuck mit wahrer Wut von sich und warf ihn weit weg. In grenzenloser Zerknirschung ihres Herzens auf der Schwelle der Kirche hob sie ihre Augen auf und erblickte von ferne die Ikone der Jungfrau Maria, die, in ihrem unbefleckten Magdtum Gottes, das direkte Gegenteil ihres Sündenlebens darstellte. „Zu ihr betete ich mit bitteren Tränen, wünschte von ihr, daß sie die Vergebung meiner Sünden erwirke und mich eintreten lasse in die Kirche." Um ihrem aufgelösten Weinen den entscheidenden Nachdruck zu verleihen, gelobte sie inmitten ihres seelischen Sturmes, fortan aller Unzucht zu entsagen und sich der Reinheit zu befleißigen. Was Maria in der qualvollen Stunde ihres Stillstehens versprach, war nichts Geringeres als die Umkehr, sie allein ist allezeit jene religiöse Möglichkeit, die das menschliche Dasein völlig zu verändern imstande ist. Wenn alles zerbrochen und zertreten am Boden liegt, wenn das ganze Leben nur noch ein elender Scherbenhaufen ist, eines gibt es immer noch und zu dem ist es nie zu spät: die Umkehr, die Wende zu den Wurzeln der Dinge. Merkwürdig ist nur, wie selten der Mensch zur Rückbesinnung gelangt und sie auch wirklich vollzieht. Die Umkehr ist die größte und seltenste Tat, die der Mensch vollbringen kann und an der die Freude des Himmels beteiligt ist. Im Moment, da das Mysterium der Wandlung über Maria kam, wich augenblicklich das unsichtbare Hemmnis, das sie auf der Schwelle der Kirche festgehalten hatte und nun konnte sie, wie die andern, in das Gotteshaus eintreten.

Was Maria am Portal der Kirche zu Jerusalem erlebt hat, war die Reue, die eine Kraft ist, die den Menschen zu regenerieren vermag. Sie ist kein bloß zuständliches Gefühl, das vom Vergangenen nicht loskommt, sondern ein vorwärtstreibender Impuls. Sie zeigt mit überwältigender Anschaulichkeit, daß die Reue eine über sich hinausweisende Seelenkraft von größtem Ausmaß ist. Unübersehbare Wirkungen gehen von ihr aus. Sie vernichtet den Menschen im brennenden Reueschmerz und baut ihn gleichzeitig von Grund auf neu auf. In der seelischen Nacht ihres Zusammenbruchs hat Maria sich dem Anruf von oben geöffnet; damit war auch ihr Dasein in eine ganz neue Bahn gelenkt. Sie hat den Widerstand der unsichtbaren

Mächte richtig gedeutet und sich blindlings in die Arme der göttlichen Barmherzigkeit gestürzt, die sich zu ihr herabneigten. In der Sternstunde ihres Lebens waren die ewigen Würfel auf die rechte Seite gefallen und damit war wohl der erste, wenn auch noch nicht der letzte Schritt getan. Die göttliche Stimme sprach zu ihrer Seele: „Gehe über den Jordan, so bist du gerettet."

Die Echtheit von Marias Reue erwies sich darin, daß es bei ihr nicht mit einer Augenfeuchtigkeit und einigen Gewissensbissen sein Bewenden hatte. Im Gegenteil, sie kam der inneren Weisung nach und ging in die jenseits des Jordans gelegene Wüste, womit der zweite unfaßliche Abschnitt ihres Lebens begann, der die Szenerie völlig verwandelte. Unmöglich läßt sich mit dürren Worten das Wüstendasein der Maria Ägyptiaca schildern. Angesichts dieser Aufgabe kann man nur Dostojewskijs Äußerung wiederholen: „Ich könnte es auch gar nicht." Sie übersteigt jede schriftstellerische Fähigkeit, weil sie eine Angelegenheit der Realisierung und nicht der Literatur ist. Tintoretto hat in der Scuola die San Rocco zu Venedig auf einem visionär geschauten Landschaftsgemälde voll flackernden Lichtes und exotischer Farbe versucht, das von innen beleuchtete Wüstenleben Maria mit ungewöhnlicher Transparenz anzudeuten. Die Wüste ist neben dem Meer und dem Gebirge jenes Naturphänomen, das der Mensch sich nie völlig untertan und dienstbar machen kann. Unheimlich und übergreifend dringt die schweigende Wüste auf ihn ein, sie steht außerhalb aller menschlichen Kultur. Maria begann in diesem überdimensionierten Naturrahmen jenen Weg zu Gott zu beschreiten, dessen bloße Erwähnung Furcht und Schrecken einjagt. Der Wüstengeist mit seiner wilden Askese kam über sie, beinahe geriet sie in die magische Atmosphäre der Wüste, die noch das Tun der altchristlichen Anachoreten ins Übermenschliche steigert und die ins Innerliche gewendet, von zeitloser Gültigkeit ist.

Das Bestreben, in ernsthafter Reue umzukehren, ohne dadurch in eine Fadheit hineinzugeraten, bedingte den absoluten Abschied von allen Bequemlichkeiten des Lebens, was für Maria überaus schwer zu ertragen war. Wohl hatte sie in einer Stunde innerer Bedrängnis feierlich gelobt, inskünftig in Reinheit zu leben, der Entschluß aber war schneller gefaßt als durchgeführt. Die lockenden Sinne waren gar nicht einverstanden und meldeten sich bald wieder mit betörender Stimme. Die verführerischen Situationen von einst, die sie überwunden glaubte, erregten ihre Phantasie, standen plötzlich wieder in irrlichtelierendem Glanz vor ihr, riefen nach ihr und streckten gleichsam ihre Arme nach ihr aus. Fleisch und Blut sind eine höchst massive Realität, die sich nicht wie ein Stäubchen wegblasen läßt. Sie rächen sich für alle Verdrängung und Unterdrückung, machen wohl jedem Menschen zeitlebens zu schaffen und peinigten auch Maria durch unablässige Versuchungen. Die Sandstürme, die über die Wüste dahinfegten, waren ein Kinderspiel gegen den Orkan der unterdrückten Sinnlichkeit, der in ihrem Innern tobte. Wie Meereswellen, eine höher denn die andere, brachen die Anfechtungen über Maria herein, die in heiliger Raserei förmlich gegen ihren Körper zu wüten begann. Mehr als anderthalb Jahrzehnte lang hatte sich Maria mit dem schlüpfrigen Dämon der Sinnlichkeit in der Wüste herumzuschlagen und erst dann besiegte sie mit Aufbietung aller ihrer Kräfte das triebhafte Verlangen – und der heutige Christ meint, ohne die geringsten seelischen Kämpfe, wohlgenährt und schön gekleidet, auf einem gemächlichen Spaziergang bequem ins Himmelreich eingehen zu können. Marias jahrelanger Kampf beweist einmal mehr, daß der Weg zu Gott nie und nimmer eine leichte Selbstverständlichkeit ist; er fordert stets das Innerste des Menschen heraus und führt ihn bei der anstrengendsten Bemühung doch nur ans Ziel, wenn der Ewige ihm die Hand entgegenstreckt und ihn an sich zieht.

Zu den inneren Schwierigkeiten Marias gesellten sich auch die äußeren Nöte. Aller Unbill der Witterung wehrlos ausgesetzt, gab es auch das Problem der Nahrung für sie zu lösen. Die drei Brote, die sie bei ihrem Gang in die Wüste mit sich genommen hatte, wurden hart wie Stein, aber in all den Jahren aß sie davon. Was für übernatürliche Erlebnisse stehen hinter diesem einen Satz der alten Berichterstattung, der Wunderbares mehr andeutet als ausführt. Die Kleider Marias hingen ihr zuletzt wie Fetzen am Leibe. Neues hatte sich nicht anzuziehen, was blieb ihr anderes übrig, als ihre Nacktheit mit ihrem langen, herabhängenden Haar zu verhüllen. Jeder Kontakt mit den Menschen hatte ohnehin aufgehört. Volle siebenundvierzig Jahre irrte sie in der Wüste umher und lebte in vollständiger Einsamkeit, was für sie, die einst das rauschende Leben in Alexandrien genoß, eine harte Entbehrung war. Das jahrelange Schweigen vermittelte eine Ahnung davon, wie es um den Wüstenaufenthalt der ägyptischen Maria bestellt war. Ihre Tat grenzt beinahe an göttlichen Wahnsinn, und jede Schilderung versagt, wollte man in würdiger Form von ihrer zum Himmel lodernden Glut reden. Man spürt sofort, wie groß Maria war und wie klein man selbst ist. Es gibt nur eine Bezeichnung für Marias Tun und die lautet: Sühne. Was es heißt, ein verlorenes Leben wirklich zu sühnen und es nicht nur mit ein paar unverbindlichen Worten zu bedauern, das hat niemand eindrücklicher verkörpert als Maria Ägyptiaca. Weit entfernt von allen uneinsichtigen Selbstrechtfertigungen und nutzlosen Selbstverkleinerungen hat sie in einem wilden Reueschmerz Sühne im großen Stil geleistet. Das Lechzen nach Sühne ist wohl das törichteste Ding der Welt, sofern man nur ein wenig davon nippt, es steigt aber zur höchsten Form des Christentums auf, wenn es mit ganzer Seele vollzogen wird. Maria ist wirklich den Weg der Reue gegangen, sie ist nicht auf halber Strecke stehen geblieben und nicht vor der äußersten Konsequenz zurückgeschreckt. Sie hat ihr Lasterleben restlos gesühnt und steht schließlich in ihrer heroischen Daseinsverwirklichung als die heilige Dirne da – ein geradezu unfaßliches Paradoxon.

Auch Maria hätte die übermenschlichen Anstrengungen nicht ohne den Geist der Mystik zu vollbringen vermocht. Die Sünderin von Alexandrien erlebte während ihres langjährigen Wüstenaufenthaltes wunderbare Erleuchtungen, in denen sie in die Geheimnisse der ewigen Welt eingeweiht wurde und die Vereinigung mit Gott erfuhr. Dadurch kam die letzte Steigerung in das Leben dieser Frau, die schließlich ganz im Übernatürlichen beheimatet war; Wunder erlebte sie, unerklärliche und unfaßliche. Ohne die visionären Erlebnisse, die Maria in die obere Welt entrückten, hätte sie niemals die vielen Jahre der Entbehrung ausgehalten. Die mystische Verbundenheit mit dem Ewigen allein befähigte die Reumütige, die außerordentliche Existenz in der Wüste zu ertragen. Durch das mystische Leben strahlte Maria das Göttliche in einer Intensität aus, dessen Leuchten bis in die Gegenwart hineinreicht.

Marias ungewöhnliche Lebensführung blieb nicht für alle Zeiten unbekannt. Am Ende ihres Daseins begegnete sie überraschend dem alten Zosima. Er führte von Jugend an ein frommes Leben, keine Leidenschaft gewann über ihn Gewalt. Nach fünfzig Jahren hielt er sich für vollkommen. Aber es wurde ihm in einem Gesicht gezeigt, wie oft er fehlte, worauf er sich entschloß, in die Einsamkeit zu gehen. Auf dem Weg durch die Wüste stieß er in der Gegend des Jordans, nahe der Stelle, wo der Herr von Johannes getauft worden war, auf ein menschliches Wesen. Obwohl von einem Wald von Haaren bedeckt, schien es nackt und von der Sonne schwarz gebrannt zu sein, welk wie ein dürrer Baum und von hohem Alter. Maria sah sich entdeckt und floh sogleich von dannen, aber Zosima verlor sie nicht aus den Augen. Wiederum ist es ein beinahe gewagtes Bild der Legende, wie inmitten der weiten Wüsteneinsamkeit eine halbnackte Frau davoneilt und ein Abt ihr unentwegt nachsetzt. Die Symbolik der kühnen Szene ist evident: Maria Ägyptiaca entzieht sich hartnäckig den menschlichen Blicken, man erhascht sie noch heutzutage nicht leicht, und wer nur mit einem schöngeistigen Interesse auf das Pikante erpicht ist, dem entgleitet sie ohnehin. Ehe der Mönch sie eingeholt hatte, rief Maria: „Warum verfolgest du mich, Abt Zosima? Reiche mir wenigstens deinen Mantel, damit ich mich bedecken kann und dich ohne Scham mag ansehen.“ Da Zosima sich von der Unbekannten beim Namen nennen hörte, verwunderte er sich, warf ihr den Mantel zu und fiel auf die Erde nieder, um ihren Segen zu erbitten. Maria aber erwiderte: „Vielmehr sollst du mich segnen, denn dich ziert priesterliche

Würdigkeit." Zosima staunte noch mehr, daß sie außer seinem Namen noch um sein Leben am Altar wußte, offenkundig war sie mit der überirdischen Welt der unaussprechlichen Dinge vertraut. Seine Verwunderung erreichte den Höhepunkt, als er sah, wie sie mit ausgebreiteten Händen eine Elle hoch von der Erde aufgehoben wurde – ein sichtbares Zeichen ihrer mystischen Begnadung. Ein Staunen überkam den ehrwürdigen Abt beim Anblick der wundersamen Erhebung, ein Schauer des Unheimlichen schüttelte ihn und in seiner Furcht vermeinte er das Opfer einer teuflischen Erscheinung geworden zu sein. Voller Angst beschwor Zosima mit feierlicher Gebärde das notdürftig bekleidete Weib, ihm doch zu sagen, ob sie eine Ausgeburt der Hölle sei oder der Lichtwelt angehöre. Maria Ägyptiaca wollte zunächst seine Bitte nicht erfüllen, erzählte aber auf das Drängen des Abtes hin kurz die Stationen ihres Lebens. Am Schluß bat sie ihn, er möge im nächsten Jahr doch wieder in die Wüste kommen und ihr das heilige Sakrament bringen, das sie mit ihrem Aufenthalt in der Einöde entbehre. Der Greis kehrte zu seiner Behausung zurück und erfüllte nach einem Jahr ihre Bitte. Ein maßloser Schrecken durchfuhr ihn jedoch am Ufer des Jordans, denn er sah Maria über das Wasser schreitend ihm entgegenkommen, um die Eucharistie zu empfangen.

Maria bat ihn, ihr nach Jahresfrist nochmals das Sakrament zu spenden, und Zosima begab sich erneut in die Wüste. Allein, dieses Mal fand er die Heilige an der angegebenen Stelle tot liegen. Betroffen stand er vor dem entseelten Körper und gedachte des verlassenen Sterbens inmitten der grenzenlosen Wüsteneinsamkeit. Er überlegte, was er wohl am besten mit dem Leichnam tue, als er plötzlich die im Sand geschriebenen Worte wahrnahm: „Zosima, begrabe meinen Leib, gib der Erde das Ihre wieder, und bete für mich zu Gott, nach dessen Willen ich von dieser Welt geschieden bin, am zweiten Tag des April." Da merkte der Greis, daß Maria sogleich nach dem letztjährigen Empfang des Abendmahles gestorben war. Er begann ein Grab auszuheben, aber infolge seines Alters reichten seine Kräfte nicht mehr aus. Ehe er richtig begonnen hatte, brach er traurig seine Arbeit ab. Unerwartet sah er einen Löwen neben sich, den er bat, die Gruft statt seiner auszugraben, eine Szene, die bezeichnenderweise der Expressionist Emil Nolde in einem mit starken Farben gemalten Triptychon festgehalten hat. Nachdem Zosima den Leichnam ins Grab gelegt hatte, ging der Löwe sanft wie ein Lamm von dannen und der Abt kehrte, den Frieden Gottes lobend, in sein Kloster zurück.

Sinngemäß wäre es, an dieser Stelle zu verstummen und auf die im Leben der Maria Ägyptiaca selbst beschlossene Geistesgewalt zu vertrauen, die auch den heutigen Leser noch zu ergreifen fähig ist. Diese Schlichtheit des Erlebens aber bringt der moderne Mensch nicht mehr auf, allzu vielen Eindrücken hat er sich in seiner Zerstreuungssucht ausgesetzt und allzu skeptisch denkt er auch über die ins Übernatürliche gehenden Geschehnisse. Er hat das unglückliche Bedürfnis, über alles und jedes zu diskutieren, obschon bei diesem endlosen Gerede doch nur das wirklich Gehörte und Erlebte hinweggeschwemmt wird. Das Verlangen des heutigen Menschen geht dahin, die Legende in eine Beziehung zur Gegenwart zu setzen. „Maria Ägyptiaca in unserer Zeit“, das ist das Thema, das ihn allein fesselt. Bei dieser Fragestellung ist an eine Bemerkung des genialen Rosanows zu denken: „Maria Ägyptiaca ist ein Ideal der Heiligkeit, Messen und Kirchengesänge wurden ihr gewidmet. Weshalb? Welche Verdienste hat sie? Sie kam und küßte die Hand der Kirche; sie setzte sich ins Gefängnis und warf den Schlüssel ins Meer.“ Rosanows wilde Äußerung ist von innerem Widerspruch erfüllt, bringt aber die Subtilität einer Interpretation von Marias Leben zum Bewußtsein. Undeutbar ist Marias Schicksal jedoch nicht, weil ihre verborgene Krone als Schlüssel in der Legende selbst enthalten ist.

Marias Lebensgeschichte enthält keinen direkten Beitrag zur Lösung der verworrenen Weltlage der Gegenwart. Wie der Konflikt zwischen der freien Welt und dem Kommunismus zu überwinden ist, was gegen die Vertechnisierung der Welt getan werden muß, wie dem alles zersetzenden Nihilismus begegnet werden kann und wie all die schweren Probleme der modernen Zeit lauten, wird zunächst durch die Erzählung nicht beantwortet. Der heutige Mensch verlangt stets nach einer Beantwortung der Weltfragen, er sehnt sich nach einer Entzifferung der Lebensrätsel, aber der Wunsch nach einer Patentlösung wird ihm nie und nimmer erfüllt. Eine gerechte Weltordnung herzustellen hat sich noch immer als unmöglich erwiesen, und heute läßt sich die Erde als Ganzes schon gar nicht mehr verwalten. Der Mensch überschätzt seine Fähigkeiten, wenn er glaubt, die aus den Fugen geratene Welt mit seinen Kräften wieder in Ordnung bringen zu können; das Dasein ist und bleibt eine höchst rätselhafte Angelegenheit, und die Schrecknisse des Lebens sind nicht zu bewältigen.

Demgegenüber zeigt das Leben der Maria Ägyptiaca, daß der Mensch, auch der babylonische Mensch der chaotischen Gegenwart, unter Einsatz der ganzen Persönlichkeit sein eigenes Leben ordnen kann, sofern er der Wege des Verderbens müde geworden und sich voller Reue die Frage vorlegt: „Was hat uns unsere Vermessenheit genützt?" Eine ausgesprochen individuelle Bewältigung des eigenen Daseins vollbrachte Maria Ägyptiaca, die ihr verlorenes Leben mit der nie ermüdenden Kraft der Reue unter den allerschwersten Umständen ins Gegenteil umgewandelt hat. Es käme einem uneinsichtigen Mißverständnis gleich, wollte man die Gestaltung des persönlichen Lebens als eine rein ichbezogene Angelegenheit bezeichnen, als ein Tun, das nur an das eigene Seelenheil denkt. Die Bemühung, vor allem dem eigenen Dasein die innere Form zu geben, ist niemals ein religiöser Egoismus, und überraschenderweise wirkt sich das zunächst vorwiegend persönliche Tun zuletzt überaus altruistisch aus. Das eigene, kleine Leben endlich, endlich einmal ins Geleise zu bringen, ist dem Menschen aufgetragen, dazu mahnen ihn unablässig die mit dumpfen Tönen an die Tore seines Daseins pochenden Schicksalsschläge nicht weniger, als die denkwürdige Aufforderung der Bibel: „Rette deine Seele!" Maria Ägyptiaca suchte nicht einen zufälligen Weg, ihr Ziel ging dahin, den Weg zu Gott zu finden, auf dem den Menschen allein die Sonne der Gerechtigkeit aufgeht.

Die Straße des Lebens ist für die meisten Menschen ein oft

unbegreiflicher Zickzackweg. Obwohl die überzeitlichen Gesetze in ihr Gewissen gelegt sind, bleiben sie ihnen nicht treu. Das Leben mit seinen Lockungen ist zu stark und die Widerstandskraft des Menschen zu gering. Der Mensch verirrt und verstrickt sich, er findet sich im Labyrinth des Daseins nicht mehr zurecht und stürzt während seiner Lebenswanderung allzuoft in die schauerlichsten Abgründe hinab. Maria Ägyptiaca aber ist all den versagenden, sich ihrer Verlorenheit bewußten Menschen ein unvergängliches Beispiel dafür, daß der Weg der göttlichen Traurigkeit den Zugang zum wahren Leben öffnet. Der durch die Sünde über die Reue zu Gott heimfindende Mensch ist ein Erlebnis, das sich nur erfahrungsmäßig und nie lehrhaft dem Menschen erschließt. Es wird ihm plötzlich, wie durch eine Art von Vision klar, wenn er in den Strahlungsraum Gottes gerät. Dieses Erleben ist nicht eine statische Wahrheit, sondern gilt nur in dem Moment, wo es sich ereignet. In Maria Ägyptiaca gewinnt diese Erfahrung eine Anschaulichkeit, die die Reue dem Menschen wieder als ein religiöses Urgefühl zum Bewußtsein bringt.

Die Aufgabe, den engen Pfad zum Leben zu finden, war für die ägyptische Maria um so schwerer, als sie anlagemäßig den von sinnlichen Leidenschaften bewegten Menschen verkörpert. Sie hat die Qualen einer von den Stacheln der Lust umhergetriebenen Frau an sich erfahren, hat unter dem Zwang einer maßlosen, nicht zu löschenden Lebensgier gestanden und gespürt, daß das verzehrende Jagen nach immer neuen Erlebnissen den Menschen am Bewußtwerden seiner selbst hindert. Doch hatte dieser sündige Mensch in aller Verlorenheit den einen, nicht in Abrede zu stellenden Vorzug: sie besaß eine sich verströmende Gelöstheit und eine schenkende Hingabefähigkeit, die bis zur Preisgabe der eigenen Persönlichkeit ging. Dank der grenzenlosen Selbstverschwendung wurde die Sklavin der Sinnenlust zu dem Punkt geführt, wo das Laster plötzlich in das Gegenteil umschlägt und alles von der neuschaffenden Kraft der Reue verwandelt wird. Sie kam in eine viel größere Nähe Gottes als der moralisch einwandfreie Mensch in all seiner braven Tugendhaftigkeit je gelangt und dies aus keinem andern Grund, als weil sie sich dessen für gänzlich unwürdig hielt. Der Christ muß sich in all seiner bürgerlichen Korrektheit seiner Kleinheit und seines Unvermögens bewußt werden, muß sein gestrandetes Wesen erkennen, um je von Gott zum Heiligen auserwählt zu werden. Die unergründliche Verkettung von Sünde und Heiligkeit ist wohl das tiefste Problem, das in der Legende der Maria Ägyptiaca aufleuchtet. Das unfaßliche Geheimnis geht über den Verstand des Menschen. Wer wollte den inneren Zusammenhang des Doppelschicksals begreifen, wie eine Stadtsünderin von Alexandrien zur wahren Braut des Hohenliedes aufgestiegen ist? Gewiß ist sie nicht aus eigener Kraft zur Heiligen geworden, sondern durch den völlig irrationalen Anruf von oben. Maria von Ägypten veranschaulicht den Griff Gottes nach dem verlorenen Menschen, sie ist eines der überwältigsten Beispiele für die Allwirksamkeit der Gnade, die alle Widerstände, alle Rangordnungen und Weltanschauungen über den Haufen wirft und den Menschen lehrt, das geheimnisvolle Wort des Paulus ganz neu zu verstehen: „Denn die göttliche Traurigkeit wirkt zur Seligkeit eine Reue, die niemand gereut; die Traurigkeit aber der Welt wirkt den Tod.“

SANKT JOHANNES, DER ALMOSENGEBER

Die ganze Welt ist eine einzige große Herberge. Unzählige Menschen gehen fortwährend in ihr ein und aus. Schön gekleidete Leute und häßliche Gesichter sind da zu sehen, Gestalten, die von der eigenen Wichtigkeit überzeugt sind und andere wiederum, die einfach tun, was alle tun. Zum größten Teil sind es abgearbeitete Menschen, deren seelische Müdigkeit nicht die beste Stimmung schafft. Sie zechen zuweilen in der Weltherberge, spielen Karten und erzählen einander ihre Abenteuer, ihre lustigen Vergnügungen, ihren Schmerz und ihr Ungemach. Oft pflegt es lebhaft in der Herberge zuzugehen, es läuft etwas, und die Menschen fühlen sich ebenso angezogen wie abgestoßen. Je länger sie sich gegenseitig im wörtlichen und übertragenen Sinn zutrinken, um so unbeherrschter werden sie, immer weniger legen sie ihrer Zunge Zügel an, und nur zu bald fliegen unfreundliche, verletzende Worte durch die Luft. Schnell gibt es Streit in der Weltherberge, haßerfüllte Blicke begleiten die Wutausbrüche, und zu oft kostet es nicht wenig Mühe, den bedrohten Frieden wiederherzustellen. Ach, es ist eine seltsame Sache um diese Herberge – weshalb fügen sich die Menschen gegenseitig soviel Leid und Schmerz zu und schaffen eine unheilschwangere Atmosphäre, während sie doch froh sein sollten, ein Dach über dem Kopf zu haben?

Von Zeit zu Zeit kehrt ein Wanderer in die Weltherberge ein, ein Mensch, der, wie ein russischer Dichter sagt, von allem fortgegangen, und nirgends angekommen ist, und den man noch zutreffender mit dem altväterischen Wort Pilger bezeichnet. Er ist von gleichem Fleisch und Blut wie die andern, er unterscheidet sich äußerlich in nichts von den übrigen Besuchern. Ohne die geringsten Umstände zu machen, setzt er sich mit den andern an den gleichen Tisch. Was sollte er auch anderes tun? Weiß er doch, daß wir alle miteinander unterwegs sind. Er spricht mit den anderen wie mit seinesgleichen, nur, daß er nichts Selbstrühmendes von sich erzählt und sich auch nicht an den streitsüchtigen Auseinandersetzungen beteiligt. Manchmal setzt er sich in einen Winkel, hört stillschweigend zu, und wenn er seltenerweise das Wort ergreift, berichtet er mit einigen Andeutungen von der Brüderlichkeit und von dem Licht, das da scheint in einem dunklen Ort. Der Pilger erzählt nicht nur davon; eigenartigerweise ist seine unscheinbare Person von diesem Licht erhellt. Es gehen von ihm merkwürdige, nicht ohne weiteres erklärbare Strahlen aus. Im ersten Moment lachen die andern darüber, sie finden es unmöglich, was der Pilger berichtet und es steht auch in einem allzustarken Gegensatz zu der von Miasmen gesättigten Luft, in der sie leben. Hie und da verstummt für einen Augenblick der anfängliche Spott, es gibt Momente, in denen alle gespannt lauschen und das Gehörte sogar als Wohltat empfinden. Es ist etwas Unerklärliches um den Pilger, der sich gelegentlich in der Weltherberge einfindet, sich eine Zeitlang in ihr aufhält und dann wieder weiterwandert – er ist neben den Kindern und Dichtern das Tröstlichste auf Erden.

Johannes der Almosengeber war ein solcher Pilger. Seine Legende ist keine erfundene Geschichte. Obschon man nicht allzu viel über seine jungen Jahre weiß, hat er doch in Leontios von Neapolis einen Biographen gefunden. Darnach wurde Johannes der Almosengeber auf der Insel Zypern als Sohn einer reichen, adligen Familie geboren. Der Vater war Statthalter der Insel und ließ seinem Sohne eine vorzügliche Bildung zuteil werden. Herangewachsen, vermählte sich Johannes, doch verlor er seine junge Frau und die beiden Kinder durch einen vorzeitigen Tod. Das Erlebnis war niederschmetternd für ihn; als Folge davon ergab er sich einem streng asketischen Leben. Johannes wurde Schriftsteller und schrieb in rhetorischem Stil eine Lobrede auf Tychon, den Heiligen von Zypern, unter dessen Einfluß er groß geworden war. Später übersiedelte Johannes nach Alexandrien und führte dort ein zurückgezogenes, der schriftstellerischen Arbeit gewidmetes Leben. Das Volk wählte ihn im ersten Dezennium des siebten Jahrhunderts zum Patriarchen von Alexandrien, und obwohl er gegen die Wahl zuerst Widerstand leistete, mußte er das dornenreiche Amt antreten.

Nun begann das Unerwartete. Mit der Rhetorik war es vorbei, sie gehörte zu seiner Jugend und fiel somit unter das Urteil: „Da ich ein Kind war, da redete ich wie ein Kind und war klug wie ein Kind und hatte kindische Anschläge; da ich aber ein Mann ward, tat ich ab, was kindisch war." Er verteidigte zwar gegenüber den monophysitischen Christen die zweifache Natur Christi, wie es sich für einen rechtgläubigen Kirchenführer schickte und verbot den Geistlichen streng, sich bestechen zu lassen, was bereits ein trauriges Licht auf die damaligen kirchlichen Zustände wirft. Wer sich unter einem Patriarchen einen Menschen vorstellt, der mit langem Bart, wallenden Kleidern und einem mit Edelsteinen besetzten Kreuz auf der Brust gravitätisch einherwandelt, der würde sich bei Johannes einer irrigen Vorstellung hingeben. Er war ein Pilger in der Weltherberge und benahm sich auch durchaus wie ein christlicher Peregrinus. Seine Lebensführung fällt aus dem Rahmen des ehrwürdigen Patriarchenschemas heraus; er tat Dinge, die man von einer hochgestellten Persönlichkeit nie erwarten würde. Sein unkonventionelles Tun überraschte und verblüffte alle auf steife Vorschriften eingestellten Leute. Verbirgt sich doch hinter dem zeremoniellen und förmlichen Getue nur zu oft eine innere Unsicherheit, die dieser Schutzmauer bedarf. Johannes trachtete nicht darnach, sich ja nichts zu vergeben und seine Würde auf jeden Fall zu wahren. Nie fand er, „das bin ich mir schuldig", auf derart läppische Allüren kommen nur Leute, die selber nichts sind. Das ängstliche Auf-die-Etikette-Schauen ist kleinlich und macht kleinlich. Wer durch Pose sein Ansehen glaubt wahren zu müssen, hinter dem steckt keine geistige Kraft. Gerade seine Unbekümmertheit um die vorgeschriebenen Gepflogenheiten ist das überaus Reizvolle an Johannes, die Freiheit von allen bischöflichen Vorschriften bezeugt die Stärke und Überlegenheit seiner außergewöhnlichen Persönlichkeit.

Trotz Leontios Biographie kann das Leben Johannes' nicht in allen Einzelheiten erzählt werden. Das überlieferte Material reicht nicht zu einer psychologisch motivierten Lebensbeschreibung aus, die die heutigen Ansprüche befriedigt und die den Legendenschreiber gerade nicht interessiert. Eine ausführliche Monographie zu schreiben ist bei einem Pilger kaum möglich, weil er auftaucht und plötzlich wieder verschwindet. Auch Johannes' Dasein weist zu große Lücken auf, nur Bruchstücke sind überliefert, die keine kunstgerechte Biographie ergeben, Steinchen zu einem Mosaik, die, selbst kunstvoll zusammengestellt, ein Fragment bleiben. Die einzelnen Momentbilder, die bald dieses und bald jenes Verhalten beleuchten, sind von einem seltenen Glanz, sie sagen mehr aus, als wenn wir wüßten, welche Pasta er zur Pflege seiner Zähne benutzte. Bedeutsam ist nicht das Wissen um alle Details; das Licht gesehen zu haben, das Johannes auf den Tisch der Weltherberge stellte und damit den dunklen Raum erhellte, genügt durchaus.

Die Geschichte des Johannes beginnt mit einer Vision. Mögen darüber die Klüglinge eine Grimasse schneiden und von einem bloßen Traum reden; man muß ihnen dieses harmlose Vergnügen nicht nur lassen, sondern auch Johannes zubilligen, daß er zwischen Vision und Traum zu unterscheiden vermochte. Natürlich widerfährt einem vielbeschäftigten Generaldirektor in der Regel keine Vision, obwohl auch dies möglich ist, weil Gott seine wunderbarsten Zeichen zuweilen gerade Unwürdigen zukommen läßt, um sie zu erretten. Bei Johannes geschah das visionäre Erleben in einer Nacht, da er im Gebet versunken war. Plötzlich sah er eine schöne Jungfrau neben sich stehen, sie hatte ein grünes Kränzlein aus Blättern des Ölbaumes auf dem Haupte. Verwundert fragte er, wer sie sei, und die Jungfrau gab ihm die Antwort: „Ich bin die Barmherzigkeit, die den Sohn Gottes vom Himmel auf die Erde gezogen; und du sollst mich zu deiner Braut ersehen, so wird dir ganz wohl dabei." Das Gesicht scheint denkbar einfach zu sein, für die Intelligenzler ist es zu simpel, und doch enthüllt es in aller Schlichtheit höchst merkwürdige Dinge. Sie verbieten, Johannes vorwiegend aus der Geschichte der christlichen Liebestätigkeit erklären zu wollen. Die Caritas ist zwar eines der schönsten Kapitel der Kirchengeschichte, daran gibt es nichts zu rütteln, und natürlich gebührt auch Johannes ein Platz in ihr. Er aber war allzusehr Außenseiter, als daß man ihn darin restlos unterbringen könnte. Die Vision ist der Ausgangspunkt, sie hat ihm die Barmherzigkeit als Braut zugeführt. Johannes steht zu ihr in einem bräutlichen Verhältnis voll Innigkeit, Zärtlichkeit und Reinheit. Seit dem visionären Erlebnis war er ein Vertreter der wundersamen Brautmystik, einer Überzeugung, die man bei einem regierenden Patriarchen nicht zu oft antrifft, jedenfalls aber rückte es alles Nachfolgende zum voraus in eine ganz andere Dimension.

Das Erbarmen versteht sich in der Welt nie von selbst, es kommt immer einer Vision gleich. Anders wird die wahre Barmherzigkeit nicht sichtbar. Mit der Barmherzigkeit hat es seine eigene Bewandtnis. Sie ist ein bekanntes Wort, und doch ist sie das, was der Welt fehlt und gegen das der Mensch andauernd frevelt, und dies nicht nur im Gleichnis vom unbarmherzigen Knecht. Sie wird in ihrem tieferen Wesen nur selten erkannt. Von den umwertenden Seligpreisungen lautet die fünfte: „Selig sind die Barmherzigen, denn sie werden Barmherzigkeit erlangen." Das ist keine Tautologie, wohl aber eine Verheißung, auf die kein Mensch verzichten kann. Er soll Barmherzigkeit spenden und wird dafür Barmherzigkeit erlangen. Es ist etwas Großes um die Barmherzigkeit, sie hat Glanz und Schimmer. Sie vor allem erleuchtet die finstere Nacht. Johannes' Leben ist eine Inkarnation des Wortes „ die Barmherzigkeit triumphiert über das Gericht". Nie setzte er eine barmherzige Miene auf, das käme einer Karikatur der wahren Barmherzigkeit gleich. Sie nahm bei ihm einen ganz anderen Charakter an, denn sie erschien ihm als eine geschmückte Jungfrau, die ihn aufgefordert hatte, sich mit ihr zu vermählen. Er sollte also um sie werben, sich mit ihr verloben und vermählen, um mit ihr eins zu werden – was heißt das? Dies ist nicht leicht zu sagen und wenn einmal das Wort von der Identitätsmystik am Platze ist, dann hier. Bei der Vermählung mit dieser Braut darf man sagen: „Ich bin du und du bist ich“; es ist eine Verschmelzung im Geist, und nicht im Fleisch.

Seit der Vision nannte man Johannes seiner Mildtätigkeit wegen den Almosengeber. Auch das Wort Almosen hat für den heutigen Menschen keinen guten Klang. Es ist mit dem Geruch von Wohltätigkeitsverein und amtlicher Armenpflege umgeben; der Arme muß bittend die Hand ausstrecken und bekommt dann eine kleine Gabe, für die er ewig dankbar sein muß. Mit der Gabe erhält er gewöhnlich auch noch eine Ermahnung, keinerlei unnötigen Gebrauch davon zu machen. Gerechtigkeit, und nicht Almosen, das ist die Losung der modernen Zeit. Die Parole ist berechtigt, wenn sich auch die neuzeitliche Gerechtigkeit nur zu oft als eine umgekehrte Ungerechtigkeit auswirkt. Das Almosen verliert sofort seinen unangenehmen Geschmack, sobald es nicht mit gönnerhafter Miene verabreicht, sondern aus übervollem Herzen gegeben wird, es ist etwas vom Allerschönsten, was es auf dieser Welt gibt, wenn es als eine bräutliche Gestalt daherkommt. Johannes gab, er gab so viel er geben konnte, er gab alles was er hatte und blieb dabei eingedenk: „Wenn ich alle meine Habe zur Speisung der Armen verteilte und hätte der Liebe nicht, so wäre es nichts.“ Nach allen Seiten verschenkte er grenzenlos, und seine Maßlosigkeit veranlaßte einen modernen Philologen, die Nase zu rümpfen und verächtlich zu schreiben, er habe in den Augen der Vernünftigen „ein schrullenhaftes Leben“ geführt. Weit entfernt, das abfällige Werturteil mit Entrüstung zurückzuweisen, möchte man dem Herrn Philologen ruhig antworten: Zu allen Zeiten haben die Neunmalklugen alles, was nur ein wenig von der bürgerlichen Gepflogenheit abwich, als närrisch verdächtigt, sich davon distanziert und es mit der herablassenden Bezeichnung „sonderbare Heilige“ disqualifiziert. Vom Standpunkt der Schicklichkeit, der Vernunft und der Rentabilität aus geurteilt, haben sie auch recht. Johannes ist zu weit gegangen und hat die vernünftigen Grenzen überschritten. Aber dort, wo man zu weit gegangen ist, da fängt das Leben, das wahre Leben an, es beginnt genau an der Stelle, wo der brave Bürgersmann von Schrullenhaftigkeit redet. Almosen als Brautstand und Hochzeitsfeier verstanden, ist natürlich eine Schrulle, anders hat die Welt das Evangelium nie aufgefaßt, immer erschien es den Menschen als eine heilige Raserei. Darum haben die Menschen zu Jesus gesagt: „Du bist von Sinnen“, und nicht anders äußerte sich Festus zu Paulus: „Du bist verrückt.“ Daß Johannes nicht nur ab und zu zur Beschwichtigung seines Gewissens einen kleinen Fetzen von Almosen gab, sondern sich restlos verausgabte, ist großartig und imponierend an ihm; sein Tun trug ihm denn auch den Namen Almosengeber ein. Sein Schenken nahm die Form der Narrheit an, die allein dem ursprünglichen Christentum entspricht. Die sich verströmende Mildtätigkeit im großen Stil auszuüben bringt alle Einwände zum Verstummen.

Johannes' Barmherzigkeit hatte es mit den Armen zu tun. Sie waren für ihn kein notwendiges Übel und keine Landplage. Er wußte, daß der Herr gesagt hatte: „Arme habt ihr allezeit bei euch und wenn ihr wollt, könnt ihr ihnen Gutes tun.“ Wollen wir? Johannes jedenfalls begehrte es, und deswegen wußte er um die tiefere Bedeutung des Armen. Nach Jakobus hat Gott die Armen erwählt, und selbst Meister Eckart blieb in all seinen hohen mystischen Spekulationen eingedenk, daß man die Verzückung lassen müsse, wenn es gelte, einem Bedürftigen ein Süpplein zu kochen. Erst in der Neuzeit verlor der Arme seine Würde und sank zum Proletarier ab, der sich arm zu sein schämte, der von Haß und Neid auf den Reichen erfüllt ist und an seiner Stelle zu stehen wünscht. Die politischen Parteien wollten die Armut aus der Welt schaffen und gelangten damit nur zum fragwürdigen Sozialstaat, wenn nicht noch zu einer viel schlimmeren Gesellschaftsform, von der jetzt nicht zu reden ist. Johannes war der mit der Braut Barmherzigkeit vermählte Mensch und sah daher den Armen in einem andern Licht; für ihn war er der verkleidete Christus.

Bei seinem Amtsantritt fand Johannes den Kirchenschatz von achttausend Goldstücken vor; für die Heiden bedeutete Bischof sein und reich sein ein und dasselbe. Doch Johannes fühlte sich von diesem Kirchenreichtum nur bedrückt und gab seinem Diener den Auftrag, die Namen all der Herren von Alexandrien in ein Buch aufzuschreiben. Dem Diener war die Anweisung nicht recht verständlich und Johannes präzisierte den Befehl dahin: „Welche ihr Arme heißet und Bettler, die nenne ich meine Herren und Helfer; sie mögen uns wahrlich helfen, das Himmelreich zu erwerben." Das war nicht eine bloß spaßhafte Äußerung des gutgelaunten Patriarchen, er nannte tatsächlich die Armen allezeit seine Herren. Es macht natürlich einen ganz andern Eindruck auf die Dienerschaft, wenn ihr Vorgesetzter in diesem Ton von den Armen redet, die Bettler an der Tür des Patriarchenpalais werden dann nicht mit barschen Worten weggeschickt. Das Verzeichnis umfaßte über siebentausend Namen. Johannes weinte über die viele Not in seiner nächsten Umgebung – wie er ihr aber begegnete, ist kein bloß anmutiges Geschichtlein, das zu schön ist, um wahr zu sein.

Es kam einst ein armer Mensch in armseligem Gewand zu Johannes und bat ihn um ein Almosen. Johannes rief seinen Säckelmeister und ließ ihm sechs Silberlinge geben. Der Bettler nahm das Geld entgegen und ging; nach kurzer Zeit kam er in einem andern Gewand wieder und bat erneut. Johannes ließ ihm sechs Goldstücke geben. Als der Bettler gegangen war, konnte sich jedoch der Säckelmeister der Bemerkung nicht enthalten: „Dieser Mensch hat zweimal bekommen, er hat nur ein anderes Kleid angezogen." Johannes tat, als verstünde er ihn nicht. Der Bettler kam jedoch zum dritten Male in einem andern Kleid vor die Türe. Diesmal konnte der Säckelmeister seine Wahrnehmung nicht unterdrücken und gab Johannes einen Wink, daß es derselbe Mann sei. Johannes ließ sich nicht irritieren und gab zur Antwort: „Geh hin und gib ihm zwölf Goldstücke; denn es mag unser Herr Jesus Christus sein, der mich will versuchen, ob ich eher des Gebens werde müde, denn er des Nehmens." Die Antwort hat schlechterdings mit Gutmütigkeit nichts mehr zu tun. Für Johannes war geben wirklich seliger als nehmen, er fand eine Seligkeit ohnegleichen im Geben, es kam einer Vereinigung mit der Braut Barmherzigkeit gleich. Er war unermüdlich im Geben, er fragte nicht, was der andere damit mache, sondern er gab einfach und schenkte mit vollen Händen. Die Antwort ist zugleich ein Schlüssel zu seinem Verhalten. Er sah im Armen nicht eine beliebige Gestalt, ein Mensch, der zu kurz gekommen war, er sah in ihm den verborgenen Christus und deswegen nannte er ihn seinen Herrn.

Wie unermüdlich er in seiner Gebefreudigkeit war, bewies Johannes auch in seinem Verhalten gegenüber dem reichen Mann, der einmal sah, daß der Patriarch auf seinem Lager schlechte Decken hatte, da er alle guten den Armen gegeben hatte. Der vornehme Herr ging hin, kaufte köstliche Bettdekken und gab sie Johannes. In der darauffolgenden Nacht, da Johannes sich in das feine Bettzeug einhüllte, durchströmte ihn nicht etwa ein grenzenloses Wohlbehagen, nein, er fand keinen Schlaf und mußte immer wieder daran denken, daß er aus dem Erlös der kostbaren Decken gar viele Arme hätte kleiden können. Er weinte die ganze Nacht hindurch und sagte sich immer wieder: „Wie sind der so viel, die heute ungegessen sich haben niedergelegt, die naß vom Regen auf den Straßen schlafen und vor Frost mit den Zähnen klappern, während ich heute guten Fisch gegessen habe und hier auf einem weichen Bett mit allen meinen Sünden liege, und bin gedeckt mit dem Tuche, das sechsunddreißig Silberlinge hat gekostet. Doch soll es mir nicht zum zweiten Mal widerfahren." Am Morgen ließ er das Bettzeug verkaufen und gab das Geld den Armen. Dem reichen Manne wurde das Geschehen hinterbracht, er kaufte die Bettdecken aufs neue, brachte sie Johannes und bat ihn eindringlich, sie doch für sich zu behalten und nicht wieder zu verkaufen. Johannes nahm sie, verkaufte sie zum andern Mal und gab das Geld wiederum den Armen. Der Reiche ging wieder hin, kaufte die Ware nochmals zurück und gab sie Johannes mit lachendem Munde: „Laß uns sehen, wer eher müde wird, du des Verkaufens oder ich des Wiederkaufens." Aber auch Johannes verlor den Humor nicht, sondern vertrat mit Vehemenz die Überzeugung: „Wer einen Reichen auf diese Weise beraubt, daß er den Armen es mitteilt, der tut keine

Sünde, sondern er wirkt zwei gute Werke: eines, daß er des Reichen Seele rettet, das andere, daß er selbst großen Lohn davon gewinnt."

Mit seinem vorbehaltlosen Geben riß er auch die andern Menschen mit. Einst veranlaßte er einen dem Gelde verfallenen Menschen eine große Summe für die Armen zu stiften. Nach einiger Zeit reute es den geldliebenden Menschen und er bat um Rückgabe der Summe. Johannes antwortete ihm: „Mir macht es nichts aus, doch mußt du eine schriftliche Erklärung unterschreiben, daß du auf den himmlischen Lohn für deine Stiftung verzichtest." Das machte den reuigen Geber stutzig, das Verwerfliche seines Tuns kam ihm zum Bewußtsein und er überließ dem Patriarchen die Summe.

Johannes hatte das Bedürfnis wohlzutun: er gründete Herbergen für durchreisende Christen, in denen sie unentgeltlich übernachten konnten. Er bestimmte regelmäßige Getreidelieferungen an die Hospitäler und bezahlte sie aus den Einkünften der Kirche, er kaufte Häuser für arme Wöchnerinnen und entfaltete eine Liebestätigkeit auf breiter Grundlage. Dabei blieb er bei aller beruflichen Arbeit von jener Kindlichkeit, deren Heimat das Paradies ist und die nicht mit einem bloßen Charme verwechselt werden darf. Man konnte denn auch nur schwer seiner Arglosigkeit widerstehen. Der Patriarch war ein humoristischer Mensch, bei dem es viel zu lachen gab und der Späße verstand. Warum begegnet man auch in der Kirchengeschichte so wenig Heiterkeit, während es doch „nichts besseres gibt, als daß der Mensch fröhlich sei bei seinem Tun". Humor ist der Sieg über den Geist der Schwere, niemand weiß dies mehr zu schätzen als der gegen melancholische Anwandlungen kämpfende Mensch.

Johannes verstand auch vortrefflich, Anekdoten zu erzählen, und das Bild von ihm wäre unvollständig gezeichnet, blieben sie unerwähnt. Einem Kreis von Menschen erzählte Johannes einst: „Einmal saßen einige arme Menschen an der Sonne und wärmten sich. Sie redeten miteinander von den Almosenspendern und rühmten die Freigebigen, während sie die Geizigen schmähten. Das Gespräch kam auch auf den reichen

Zöllner Petrus, der hartherzig war und jeden Bettler davonjagte, der an seine Tür klopfte. Da noch kein einziger Armer von ihm ein Almosen empfangen hatte, sagte einer der Bettler: ‚Was wollt ihr mir geben, wenn ich diesem Geizhals doch einen Brocken abjage?' Sie machten eine Wette miteinander. Der Bettler ging und setzte sich vor des Zöllner Petrus Tür. Nachdem er dort einige Zeit gesessen hatte, kam der Hartherzige heim, geriet schon beim Anblick des Bettlers in Wut, sah sich nach einem Stein um und wollte den Lästigen davonjagen. Aber es lag gerade keiner zur Stelle, und da in diesem Augenblick sein Hausknecht die Weizenbrote ins Haus trug, ergriff der Zöllner Petrus in seinem Ärger eines der Brote und warf es nach dem Bettler. Dieser aber hob es schnell auf und lief zu seinen Gesellen, sich rühmend, wie er dem Geizhals ein Brot abgenommen habe. Zwei Tage nachher wurde der reiche Zöllner auf den Tod krank und in seinem Fieber träumte ihm, er stehe vor dem ewigen Gericht. Er sah eine große Waage, und in eine Waagschale legten einige Mohren alle seine Sünden, während die lichtvollen Gestalten bei der andern Waagschale vergeblich sich mühten, etwas zu finden, das sie darauf legen konnten. ‚Wir finden wahrlich nichts anderes, denn dies Weizenbrot, das er vor zwei Tagen wider seinen Willen Christo gab', sagten sie, legten es auf die Waagschale, und in diesem Moment stunden die Schalen gleich. Sie sagten zu ihm: ‚Lege doch noch mehr gute Werke zu dem Brot, sonst packen dich die schwarzen Mohren.' In diesem Moment erwachte der Zöllner aus seinem Angsttraum und er sagte zu sich selbst: ‚Ei, wenn ein Brot mir also wohl zu statten ist gekommen, das ich im Zorn einem Bettler an den Kopf geworfen habe, wie viel mehr wird es mir nützen, wenn ich mein Gut aus freiem Willen Gott schenke.' Nachdem er wieder gesund geworden war, ging er köstlich gekleidet in seiner besten Gewandung auf der Straße spazieren und nach einiger Zeit begegnete ihm ein Schiffbrüchiger, der ihn um ein Kleidungsstück bat, damit er seine Blöße bedecken könne. Aufgerüttelt durch seinen Traum, zog er auf der Stelle sein vornehmes Gewand aus und gab es dem Armen. Der aber ging hin und verkaufte es einem

Händler, der es in sein Schaufenster legte. Der Zöllner erblickte es dort und war ganz betrübt über dem Anblick, so daß er jenes Tages weder essen noch trinken mochte. ‚Ach, ich bin nicht würdig, daß der Arme mein gedachte bei dem Kleide‘, klagte er. Nachts aber träumte ihm wieder und er sah eine Gestalt lichter denn die Sonne, sie hatte ein Kreuz auf dem Haupte und war mit dem Gewand gekleidet, das er dem Armen hatte gegeben und sprach zu ihm: ‚Petrus, warum bist du traurig?‘ Als er seinen Grund gesagt hatte, erwiderte die Gestalt: ‚Kennst du dieses Gewand?‘ Petrus antwortete, er kenne es sehr gut. Da sprach Christus zu ihm: ‚Siehe, mit diesem Kleide bin ich bekleidet, weil du es mir gegeben hast, und danke dir deines guten Willens: denn ich habe gefroren und du hast mich gekleidet.‘ Beim Erwachen war Petrus überaus froh und gelobte sich, den Armen alles zu geben, was er hatte. – Er ließ einen Schreiber kommen und sagte ihm: ‚Ich will dir ein Geheimnis anvertrauen und wenn du es verrätst, so verkaufe ich dich als ein Sklave.‘ Hierauf befahl er ihm, in die heilige Stadt zu ziehen und ihn dort an einen Christen zu verkaufen, den Erlös aber unter die Armen zu verteilen. Der Schreiber weigerte sich zunächst und erst unter Bedrohung führte er seinen Willen aus, verkaufte den in schlechte Kleider gehüllten Herrn einem Silberschmied um dreißig Silberlinge und verteilte das Geld. Petrus verrichtete im Dienste seines Vorgesetzten die niedrigsten Arbeiten, also daß ihn jedermann verachtete und das andere Gesinde seinen Spott mit ihm hatte, sie trieben Schabernack mit ihm und hießen ihn einen Narren. In dieser Demütigkeit erschien ihm unser Herr gar oft und zeigte ihm das Kleid und die dreißig Silberlinge zu seinem Trost. Einige seiner früheren Nachbarn aus Alexandria kamen in die heilige Stadt und wurden vom Silberschmied zu Tische geladen. Beim Schmause raunte einer dem anderen zu: ‚Wie ähnlich ist doch dieser Knecht unserm ehemaligen Nachbar Petrus.‘ Einer behauptete sogar, er sei es und wollte ihn fragen. Petrus aber kam seiner Frage zuvor und stahl sich davon. Der Pförtner war taubstumm und pflegte das Tor nur auf ein verabredetes Zeichen zu öffnen. Petrus vergaß es in der Eile zu machen und sprach: ‚Tu auf die Tür.‘ Der Taubstumme hörte es plötzlich und schloß fröhlich das Tor auf. Als sich alle darüber verwunderten, sagte er zu den herbeigeströmten Hausbewohnern und Gästen: ‚Petrus, der Küchenknecht ist eilends hinweggegangen, aber sehet zu, ob er nicht Gottesknecht ist, denn bei seiner Aufforderung, die Tür zu öffnen, ging eine feurige Flamme aus seinem Munde.‘ Alle waren höchst erstaunt, liefen Petrus nach, aber keiner konnte ihn mehr finden.“

Ein anderes Mal erzählte Johannes von einem Serapion, der seinen Mantel einem Armen gegeben hatte; hierauf begegnete er einem andern Bettler, der litt vor Kälte große Not; dem gab er auch sein Gewand hin, also daß er nackt am Wege saß, das Evangelium in der Hand. Da er gefragt wurde, wer ihn dermaßen hätte beraubt, zeigte er auf das Evangelium und sprach: „Das hat mich beraubt.“ Einige Zeit hernach begegnete ihm ein Armer, und da Serapion ihm nichts zu geben hatte, verkaufte er sein Evangelium und gab jenem das Geld. Seine Bekannten erkundigten sich hierauf nach seinem Evangelium, aber Serapion antwortete: „Das Evangelium gebot mir ‚gehe hin und verkaufe alles, was du hast und gib das Geld dem Armen‘, da ich nichts hatte als das Buch, so habe ich es eben verkauft, wie es selber es gebot.“

Man darf diese Anekdoten nicht mit der Bemerkung abtun: „Ach was, das sind nur Worte, Erfindungen der Phantasie, denen keine historische Wirklichkeit entspricht.“ Natürlich sind es Anekdoten, aber in ihnen lebt die Seele des Johannes; sie sind ein Bestandteil seiner Persönlichkeit und wer ihn kennenlernen will, der muß auch diese Erzählungen in sich aufnehmen. Denn was ein Mensch zu erzählen weiß, das lebt in ihm und das ist ein Bestandteil seiner selbst. Johannes tat es nicht mit tierischem Ernst; ein gütiges Lächeln umspielte seine Lippen, wenn er seine Geschichten zum besten gab. Taten und Anekdoten stehen in einem inneren Verhältnis zueinander, sie bilden eine Einheit und sind nicht zu trennen. Die Anekdoten haben in der religiösen Welt immer eine Rolle gespielt, es gibt „heilige Anekdoten“, man denke nur an ihre Bedeutung in der Welt des Chassidismus! Es ist auch nicht gleichgültig, ob das

Volk mit gehaltvollen Geschichten genährt wird, die ihm Anlaß geben nachzudenken oder ob es seinen geistigen Hunger mit aufgebauschten Sensationsnachrichten aus minderwertigen Zeitschriften stillen muß. Von beiden geht ein Einfluß aus, und es ist nicht unwichtig, nach welchem man greift. Johannes Taten und Anekdoten sind im Sinne Ferdinand Ebners zu verstehen: „Überall da, wo in die Not und das Elend dieses Lebens hinein ein Wort der Liebe gesprochen, eine Tat der Liebe getan wird, überall da ist Christ erstanden."

Almosen zu geben und von Almosen zu erzählen, das spielte in Johannes' Leben eine große Rolle. Davon hat er auch seinen Zunamen bekommen. Es war aber nicht der einzige Inhalt seines Lebens. Seine Gebefreudigkeit floß aus einem tiefen Verständnis der Barmherzigkeit, die seine Braut war. Die selig gepriesene Barmherzigkeit zeigte sich außer in der Verteilung von Almosen auch in einer ungewöhnlichen Versöhnlichkeit. Sie steht mit der Barmherzigkeit in einer nahen Verbindung und bringt sie nach einer andern Seite zur Entfaltung. Von besonderer Bedeutung ist sie in der Weltherberge, da es in ihr trotz aller Geräumigkeit eng ist. Die Leute stoßen sich, es treten Meinungsverschiedenheiten auf, und wenn es auch oft nur Kleinigkeiten sind, so trennen sie doch die Menschen voneinander. Die Mahnung zur Versönlichkeit – „so lange du mit ihm unterwegs bist" – ist deswegen allezeit angebracht und das Bild von Johannes wäre geradezu unvollkommen gezeichnet, würde nicht auch von seiner Versönlichkeit gesprochen, die seine Legende noch vollends zum Leuchten bringt.

Der Neffe des Johannes wurde einst von einem Krämer gröblich beschimpft und trug schwer an dieser Beleidigung. Er kam nicht darüber hinweg, zumal da ihm niemand seelisch dabei behilflich war, und schließlich klagte er das erlittene Unrecht seinem Oheim. Johannes sprach zu ihm: „Wie konnte jemand wagen, wider dich zu reden und den Mund wider dich aufzutun? Sohn, glaube mir, ich will den Menschen noch heute etwas tun, darüber ganz Alexandrien sich verwundern soll." Dies hörte der beschimpfte Neffe über die Maßen gern, es war Balsam auf seine Wunden und er erwartete nichts geringeres, als sein Onkel werde den Krämer öffentlich auspeitschen lassen. Nachdem der Jüngling ganz getröstet war, zog ihn Johannes an sich, küßte ihn und sprach zu ihm: „Lieber Sohn, willst du der rechte Neffe meiner Demütigkeit sein, so bereite dich dazu, mit Worten und mit Werken Schmach zu leiden von der Welt; denn die wahre Verwandtschaft kommt aus der Kraft des Geistes, und nicht von Fleisch und Blut." Darnach sandte er nach dem Krämer und erließ ihm alle Zinsen und Steuern. Alle, die es vernahmen, verwunderten sich darüber, aber Johannes hatte seine Worte wahr gemacht, daß er etwas tun wolle, worüber sich ganz Alexandrien verwundern solle.

Ein Mitglied der kirchlichen Behörde schlug vor, das Kirchenvermögen in Kaufmannsgut anzulegen, damit es einen guten Zins bringe. Davon wollte jedoch Johannes nichts wissen, weil es im Grunde den Armen gehöre und das Zinsnehmen zudem in der Bibel verboten sei. Da er seine Zustimmung verweigerte, ergab sich eine hitzige Auseinandersetzung, und zuletzt schieden die beiden Männer im Zorn voneinander. Sie hatten sich gründlich verzankt, weil jeder von der Richtigkeit seines Standpunktes überzeugt war. Um die elfte Stunde sandte der Patriarch seinen Archipresbyter zu dem Behördenmitglied und ließ ihm sagen: „Herr, es will Abend werden." Als der Mann diese Mitteilung hörte, traf sie ihn ins Gewissen; bitterlich weinend begab er sich zu Johannes und bat um Vergebung. Wie es der Apostel befohlen hatte, ging die Sonne nicht über ihrem Zorn unter.

Keineswegs verlangte Johannes vom andern Menschen den ersten Schritt. Quälte ihn der Groll, dann streckte er durchaus zuerst dem Mitmenschen die Hand entgegen. Während der Messe kam ihm einst sein Zwist mit einem Priester in den Sinn, und gleichzeitig fielen ihm die Worte aus der Bergpredigt ein: „Darum, wenn du deine Gabe auf dem Altar opferst und wirst allda eingedenk, daß dein Bruder etwas wider dich habe, so laß allda vor dem Altar deine Gabe und gehe zuvor hin und versöhne dich mit deinem Bruder und alsdann komm und opfere deine Gabe." Das Gewissen schlug ihm darob so sehr, daß er den Diakon bat, das Gebet, das er eben las, so lange zu widerholen, bis er zurückkehre. Johannes eilte aus der Messe weg und suchte fieberhaft den Priester auf, und als er ihn gefunden hatte, warf er sich vor ihm auf die Knie und bat ihn um Verzeihung. Der Priester, erschrocken über den Anblick, kniete ebenfalls nieder. Mit den Worten „Gott sei uns beiden gnädig“, erhob sich Johannes und kehrte so rasch als möglich in die Kirche zurück, las die Messe zu Ende und betete nun mit gutem Gewissen: „Vergib uns unsere Schulden, wie auch wir vergeben unsern Schuldnern.“

Wenn Johannes von einem Christen hörte, er behandle die Sklaven hart, dann ließ er ihn zu sich rufen und redete ihm gütig zu: „Mein Gott, bedenke doch, daß Gott gerade auf das Niedrige besonders sieht. Auch der Sklave ist ein Mensch, seinetwegen ist der Himmel, seinetwegen die Erde, seinetwegen die Sterne, seinetwegen die Sonne, seinetwegen das Meer und was darin ist, erschaffen; ihm dient auch ein Schutzengel, und Christus hat sich kreuzigen lassen und alles für ihn gelitten. Du aber verachtest denjenigen, welcher von Gott selbst in Ehren gehalten wird, und behandelst ihn, wie wenn du nicht dieselbe Natur hättest. Sag' selbst, möchtest du, daß dir Gott jede deiner Sünden vergelte? Gewiß nicht. Und doch betest du selbst: vergib uns unsere Schulden, wie auch wir vergeben unsern Schuldnern. Verzeih' also auch jedesmal deinem Sklaven, wenn er sich verfehlt.“ Das ist in aller Kürze eine mächtige Rede, aus innerer Vollmacht heraus gesprochen; hätten die Christen allezeit darnach gehandelt, dann wäre keine Klassenkampftheorie und kein Rassenproblem in ihrer Mitte entstanden – beides sind Gottesgeißeln, mit denen sie für ihre Hartherzigkeit gezüchtigt wurden.

Einmal geschah es, daß Johannes einem Bettler fünf Geldstücke reichen ließ, dieser aber, erbost darüber, daß er ihm keine größere Gabe schenkte, schmähte ihn ins Angesicht. Über die Unverschämtheit erbost, warfen sich die Diener des Patriarchen auf den frechen Kerl und wollten ihn bestrafen. Das aber verhinderte Johannes und sprach zu ihnen: „Liebe Kinder, lasset ihn mich schelten; habe ich doch sechzig Jahre durch meine Werke Christus betrübt und geschmäht und sollte eine Schmähung dieses Menschen nicht ertragen?“ Das war eine echt patriarchalische Antwort, ebenbürtig den Worten, die einst König David gesprochen hatte: „Lasset ihn fluchen, denn der Herr hat ihn fluchen geheißen.“ Daraufhin ließ Johannes einen Sack Geld bringen und vor den Armen hinstellen, damit er daraus nehme, so viel er begehre.

Johannes' mildtätige Gesinnung, die allezeit zur Verträglichkeit riet, erwies sich auch in seinem Urteil. Alles Aburteilende lag ihm fern. Dies scheint eine Nebensache zu sein und ist doch so schwer. Hält es denn ein Mensch eine Woche aus, ohne ein veruteilendes Wort über seinen Nächsten zu sprechen? Das merkt er erst, wenn er es einmal ernstlich probiert. Johannes, der die Menschen grundsätzlich im Lichte der Vergebung betrachtete, rüttelte nie an der Ehre der Menschen, er verstand es, geschickt das Gespräch auf ein anderes Thema zu lenken, wenn einer über Abwesende tadelnd sprach.

Es geschah einmal, daß ein Jüngling eine Klosterfrau verführte. Als die Geschichte ruchbar wurde, gingen die Priester zu Johannes und verklagten den Sünder. Sie verlangten, daß der Jüngling aus der kirchlichen Gemeinschaft ausgeschlossen werde, weil er seine eigene Seele und die der Klosterfrau verdorben habe. Johannes jedoch besänftigte ihre Entrüstung und sagte zu den Priestern: „Nicht also, Kinder. Ich will euch zeigen, daß auch ihr zwei Sünden tut: die erste, daß ihr wider Gottes Gebot handelt, das da spricht: ‚Richtet nicht, auf daß ihr nicht gerichtet werdet‘, die andere, daß ihr nicht klärlich wisset, ob jene noch sündigen oder Buße haben getan.“ Johannes' Worte sind aus der übermoralischen Betrachtung des Evangeliums hervorgegangen und zeigen, daß er Barmherzigkeit auch in der Beurteilung der Menschen walten ließ.

Stets forderte er den Menschen zur nachsichtigen Beurteilung auf, indem er darauf hinwies, daß Gott ebenfalls Nachsicht übe und fügte hinzu: „Wie viele Übeltäter, die auf Mord oder Diebstahl ausgehen, behütet Gott noch eine Zeitlang, daß ihnen nichts Übels geschieht! Wieviele Seeräuber bewahrt er, daß sie nicht auf dem Meer untergehen, um ihnen noch Zeit zur Bekehrung zu geben! Wie viele Menschen haben sich an

Leib und Blut des Herrn versündigt, und doch duldet er es und vergibt denen nicht nach ihrer Schuld. Und während Andere sich schändlicher Lust ergeben, sich betrinken, unzüchtige Reden führen und alle möglichen Sünden tun, fliegt die Biene fort durch Tal und Flur, den süßen Honig zu sammeln für so manchen Mund, der schändliche und sündhafte Reden spricht. Und reift die Traube in Sonnenglut, um die Zunge und das Herz zu erfreuen, welches an seinem Schöpfer sich versündigt hat, und die Blumen wetteifern miteinander, die Augen zu ergötzen, welche mit unzüchtigem Blick zu Lastern gelockt haben." Das ist nicht nur schön, beinahe poetisch gesagt, sondern einfach im großen Stil empfunden.

Was ist eigentlich das Legendäre an Johannes' Lebenslauf? Scheinbar nichts! Denn es werden keine Wunder berichtet, die angeblich das Wesen der Legende bestimmen. Und doch ist Johannes, des Almosengebers Leben legendärer als alle Legenden zusammen. Das Seltenste von allem Seltenen, das Menschliche in seiner edelsten Form ist durch ihn wieder unter den Menschen erschienen. Bei ihm sind Christsein und Menschsein eine Einheit und kein Gegensatz, er blieb auch als Patriarch Mensch, christlicher Mensch und nie hat eine Lehre, eine Theorie den Menschen in ihm erstickt. Die warme Menschlichkeit brach bei ihm immer wieder durch. Das Volk von Alexandrien hatte die Gewohnheit, schon während des Gottesdienstes aus der Kirche zu gehen und auf dem Platz draußen miteinander zu reden. Nicht viel Gescheites hörte man hier, der Klatsch des Tages wurde meistens durchgehechelt. Johannes kam es gar nicht in den Sinn, gegen diese Gewohnheit anzulaufen, sondern ging einst nach der Verlesung des Evangeliums ebenfalls auf den Platz hinaus und mischte sich mitten unter das Volks. Der Menge war das ein wenig ungemütlich und sie verwunderte sich darüber. Aber Johannes erwiderte ihr: „Liebe Kinder, wo die Schäflein sind, da soll auch der Hirte sein. Darum, gehet ihr in die Kirche, so gehe ich mit; bleibet ihr hier draußen, so bleibe ich bei euch." Mehr als einmal benahm sich Johannes so und brachte auf diese sanfte Art das Volk dazu, in der Kirche zu bleiben. Statt Predigten über die Liebe zu halten, hat er die Liebe gelebt und wo dies geschieht, ist das Leben zur Legende geworden.

Johannes' bewußtes Leben als Christ begann mit einer Vision, in der er die Aufforderung zu einer Vermählung mit der Barmherzigkeit empfing, und es endigte mit einer mystischen Entrückung. Es wird von ihm berichtet, er habe viel gebetet und sei zuweilen auch in Verzückung geraten. Freilich wird dies ganz diskret erwähnt und gar nicht breit ausgewalzt. Über eine solche Berichterstattung stolpert der heutige Mensch. Er kennt keine Entrückungen mehr und darum glaubt er, es sollte überhaupt keine geben. Entrückungen sind etwas Übernatürliches und zeigen dem Menschen, daß er nicht immer am Erdboden zu kleben braucht und daß ihm höhere Welten offen sind. Jedenfalls lebte Johannes in einem geistigen Raum, da es Entrückungen gab, und sie sind es, die auf die geheime Quelle seines christlichen Glaubens hinweisen. Johannes war ein mit der oberen Welt verbundener Mensch; in einem solchen Entzükkungszustand sprach er einmal: „Also, guter Jesus, soll man sehen wer den andern überwinde, du im Geben oder ich im Austeilen deiner Gaben." Johannes' mystische Verzückungen verführten ihn nicht zu einer Ichbezogenheit, denn selbst in den tiefsten Versenkungen nahm bei ihm die göttliche Barmherzigkeit die erste Stelle ein.

Schließlich setzte der Einfall der Perser in Ägypten seinem Patriarchat ein Ende. Der Kriegszug führte zur Eroberung von Alexandrien. Die leitenden Männer der Stadt flohen, und mitten unter den Fliehenden war auch Johannes, der sich an das Wort des Herrn hielt: „Wenn sie euch in einer Stadt verfolgen, so flieht in eine andere." Auf dem Weg nach Konstantinopel machten sie in Rhodos eine Zwischenlandung, und dort geschah es, daß ihm ein Engel in einer Vision gebot, nach seiner Heimatinsel Zypern zurückzukehren.

Johannes hatte zwar schon in Alexandrien sein Grab bestellt und angeordnet, daß bei gewissen Feierlichkeiten ihm zugerufen werde: „Herr, dein Grabmal ist unvollendet. Laß es ausführen, denn du weißt nicht, wann der Dieb kommen wird." Doch kam es für ihn nicht zur Verwendung, da er in Zypern erschöpft und von einem schweren Fieber heimgesucht ankam. Johannes spürte den Tod sich nähern und angesichts dieses bevorstehenden Abscheidens sprach er: „Herr, ich danke dir, daß du mich erlöst hast, denn so ich tot bin, wird man bei meinem Leibe nicht mehr finden denn einen Heller, den soll man auch den Armen geben.“ Die Beisetzung erfolgte in der Kirche des heiligen Tychon, dessen Leben er einst aufgezeichnet hatte. Man legte den Leichnam in eine Grabesgruft, in der schon zwei Bischöfe ruhten. Die beiden Toten merkten die Absicht der Bestattungsmänner, rückten liebevoll voneinander und gaben den Raum zwischen ihnen für Johannes frei – eine einzigartige Geste, mit der sie ehrfurchtsvoll bezeugten: dem Almosengeber gehört der Platz in der Mitte.

Johannes erwies sich über den Tod hinaus als der Mann, der die Menschen mit Gott und sich selbst versöhnte. Noch bei Johannes' Lebzeiten kam eine Frau zu ihm, die eine große Sünde getan hatte und sie vor Scham ihm nicht beichten wollte. Johannes drang nicht in sie, sondern gab ihr den Rat, die Sünde auf einen Zettel zu schreiben und darnach das Pergament zu versiegeln, er wolle dann Gott für sie bitten. Die Frau tat nach seinem Ratschlag. Kurze Zeit darauf aber erkrankte Johannes und starb. Jetzt erschrak die Frau, weil sie fürchtete, der Zettel sei in andere Hände gekommen, und sie ging mit Seufzen und Weinen zum Grab des Patriarchen und klagte ihre Befürchtung: „Ach, weh mir, ich wähnte meine Schande zu verhehlen, nun muß ich vor aller Welt zu Schanden werden.“ Sie flehte mit Andacht zum verstorbenen Johannes, damit er ihr zeige, wohin er den Zettel gelegt habe. Plötzlich aber trat Johannes im bischöflichen Gewand aus der Grabesgruft, begleitet von den beiden andern Bischöfen und sprach zum Weibe: „Warum bekümmerst du uns, und lässest uns nicht ruhen, unsere Stolen sind naß geworden von deinen Tränen.“ Bei diesen Worten gab er der Frau den Brief wieder, der noch versiegelt war wie zuvor und sagte ihr: „Schau dein Insiegel, und tue deinen Brief auf und lies.“ Die Frau öffnete den Brief und las: „Um meines Knechtes Johannes willen ist deine Sünde getilget.“ Darob war die Frau über alle Maßen froh und dankte

Gott für die über das Grab hinaus waltende Barmherzigkeit.

Diese schöne Erzählung kann jedoch nicht darüber hinwegtäuschen, daß Johannes endgültig die Türe der Weltherberge sorgfältig hinter sich zugemacht hatte und fortgegangen war, wie es einem Wanderer geziemt, der auf dem Weg zur Ewigkeit ist. Was aber sagten die Leute nach seinem Weggang über ihn? War er aus den Augen, aus dem Sinn? Seltsamerweise sprachen die Leute noch mehr über ihn als vorher. Wie ein Schatten geisterte er durch die Reihen und die Erinnerung an ihn ließ sich nicht auswischen. Man sprach noch lange, lange von Johannes, wenn auch das Urteil, wie immer in der Welt, nicht einheitlich war. Es gab Menschen, die kopfschüttelnd von seinem schrullenhaften Leben redeten, weil sie den Sinn dieses von innen heraus gelebten Daseins nicht begriffen, und es gab andere Herbergsinsassen, die, vom Widerschein des von ihm ausgehenden Lichtes erhellt, ihn den Almosengeber nannten. Ob nun das Urteil positiv oder negativ ausfiel, es änderte nichts daran, daß wieder einmal ein echter Pilger in der Weltherberge eingekehrt war. Er war ein Mensch, dessen Eindruck bis auf den heutigen Tag nachschimmert, und „brannte nicht unser Herz in uns, da er mit uns redete auf dem Wege?“

GERTRUDE UND THOMAS SARTORY

Die Meister des Weges in den großen Weltreligionen

Band 847, 176 Seiten

Die Autoren lassen an einigen beispielhaften Gestalten aus den verschiedensten Kulturräumen (Guru, Roshi, Scheich oder Pir, Zaddik, Starez und Altvater) den „Meister“ sichtbar werden. Der Meister ist – neben Priester und Prophet – eine der Urgestalten der Religion. Das Meister-Jünger-Verhältnis ist aus der Erfahrung erwachsen, daß der Weg nach innen ein schwieriger und gefährlicher Weg ist, für den gewöhnlich-menschliche Klugheit nicht genügt und alle rein psychologische Kenntnis und Erfahrung nicht ausreicht. Dieser Prozeß übersteigt menschliche Maße. Hier kann nur der selbst Geist-Erfüllte helfen, hier kann nur der des Weges zum Göttlichen Kundige Geleiter und Führer sein.

Der Heilige Nikolaus – Die Wahrheit der Legende

Band 897, 128 Seiten

Die geschichtliche Persönlichkeit dieses vorweihnachtlichen Gabenbringers ist unkenntlich hinter einem Kranz von Legenden, die in diesem Taschenbuch wiedergegeben werden. Sie spiegeln in markanten Szenen das ewige Bild dieses Heiligen, der in allen Nöten des Leibes und der Seele zur Hilfe eilt, wo immer man ihn ruft. Darum sagt, wie Gertrude und Thomas Sartory zeigen, die Legende die Wahrheit.

Herderbücherei

GERTRUDE UND THOMAS SARTORY

Benedikt von Nursia – Weisheit des Maßes

Band 884, 144 Seiten

Aus dem Meer der Veröffentlichungen zum 1500jährigen Benediktjubiläum ragt dieses Büchlein als eine echte Spitze hervor! Das Werk verbindet Betrachtungen zur Regel des hl. Benedikt mit Kapiteln aus dem II. Dialog des hl. Gregor d. Gr. über das Leben und die Wunder Benedikts zu einem interessanten Spiritualprogramm.... Die Verfasser zeigen sich außerordentlich beschlagen in modernster Literatur und Datierungsfragen.... Der Weg Benedikts vom Geburtsort Nursia über Rom, die Einsiedlerhöhle, das Pachomiuskloster bis zum Kloster auf dem Monte Cassino wird mit Texten aus Gregor nachgezeichnet – und gleichzeitig auch der innere Entwicklungsgang des suchenden Jünglings zum Vater der abendländischen Mönche aufgezeigt. Immer stehen dazwischen auch die Texte aus der Regel des hl. Benedikt, die zeigen, daß diese Regel ... ein Werk eigener Komposition ist, das einen schöpferischen und geisterfüllten Verfasser bezeugt. Ein Höhepunkt der Darstellung ist die Beschreibung der Discretio, der „Weisheit des Maßes", und die Schilderung der mystischen Erlebnisse des hl. Benedikt, die in seinen Tod münden. – Weitere Vorzüge des Werkes: Es stellt Benedikt in die Tradition des Mönchtums, die bereits 3 Jahrhunderte hinter sich hat – die ausgezeichnete Bebilderung, die Berücksichtigung der Welt- und Kulturgeschichte und schließlich die Vermittlung spiritueller Erfahrungsweisheit, die den Leser im eigenen Suchen nach einem Weg zugute kommen wird. Kurz: ein Meisterwerk, für das man nicht genug dankbar sein kann!

(P. Bonifaz Miller OSB)

Ich habe Benedikt von Nursia zu Ende gelesen – fast in einem Zug. Benedikt ist gekennzeichnet, wie er mir selbst zeit meines Lebens vor Augen steht. Ich bin sehr beeindruckt. Möge das Büchlein vielen ein Weg zu St. Benedikt werden.

(Altabt Immanuel Heufelder, Niederalteich)